高职高专"十三五"规划教材

辽宁省职业教育改革发展示范校建设成果

# 体育与健康

王 涿 主编　毛春风　李 鹏 副主编

化学工业出版社

·北京·

《体育与健康》共分为两大板块共四章和十四个项目，主要内容既包括高职体育与健康概述、体育竞赛的组织编排、体育游戏与欣赏、运动医务监督等理论性知识，又包括田径运动、球类、传统武术、休闲体育、健身体育等具体运动的详细情况介绍。在编写过程中，充分考虑教师的"教"与学生的"学"的发挥空间，力图体现本门课程基础、浓缩、实用的编写理念。

《体育与健康》可作为各高校学生学习公共体育课程及相关体育选修课教材使用，也适合体育运动爱好者作为参考资料使用。

### 图书在版编目（CIP）数据

体育与健康/王涿主编．—北京：化学工业出版社，2018.9（2023.8重印）
高职高专"十三五"规划教材
ISBN 978-7-122-32746-8

Ⅰ.①体… Ⅱ.①王… Ⅲ.①体育-高等职业教育-教材②健康教育-高等职业教育-教材 Ⅳ.①G807.4
②G717.9

中国版本图书馆 CIP 数据核字（2018）第 170454 号

责任编辑：满悦芝　石　磊　　　　　　文字编辑：丁文璇
责任校对：杜杏然　　　　　　　　　　装帧设计：张　辉

出版发行：化学工业出版社（北京市东城区青年湖南街13号　邮政编码100011）
印　　装：大厂聚鑫印刷有限责任公司
787mm×1092mm　1/16　印张15¾　字数382千字　2023年 8 月北京第 1 版第 6 次印刷

购书咨询：010-64518888　　　　　　　售后服务：010-64518899
网　　址：http://www.cip.com.cn
凡购买本书，如有缺损质量问题，本社销售中心负责调换。

定　价：42.00元　　　　　　　　　　　　　　　　　　　版权所有　违者必究

# 序

世界职业教育发展的经验和我国职业教育的历程都表明,职业教育是提高国家核心竞争力的要素之一。近年来,我国高等职业教育发展迅猛,成为我国高等教育的重要组成部分。《国务院关于加快发展现代职业教育的决定》、教育部《关于全面提高高等职业教育教学质量的若干意见》中都明确要大力发展职业教育,并指出职业教育要以服务发展为宗旨,以促进就业为导向,积极推进教育教学改革,通过课程、教材、教学模式和评价方式的创新,促进人才培养质量的提高。

盘锦职业技术学院依托于省示范校建设,近几年大力推进以能力为本位的项目化课程改革,教学中以学生为主体,以教师为主导,以典型工作任务为载体,对接德国双元制职业教育培训的国际轨道,教学内容和教学方法以及课程建设的思路都发生了很大的变化。因此开发一套满足现代职业教育教学改革需要、适应现代高职院校学生特点的项目化课程教材迫在眉睫。

为此学院成立专门机构,组成课程教材开发小组。教材开发小组实行项目管理,经过企业走访与市场调研、校企合作制定人才培养方案及课程计划、校企合作制定课程标准、自编讲义、试运行、后期修改完善等一系列环节,通过两年多的努力,顺利完成了四个专业类别20本教材的编写工作。其中,职业文化与创新类教材4本,化工类教材5本,石油类教材6本,财经类教材5本。本套教材内容涵盖较广,充分体现了现代高职院校的教学改革思路,充分考虑了高职院校现有教学资源、企业需求和学生的实际情况。

职业文化类教材突出职业文化实践育人建设项目成果;旨在推动校园文化与企业文化的有机结合,实现产教深度融合、校企紧密合作。教师在深入企业调研的基础上,与合作企业专家共同围绕工作过程系统化的理论原则,按照项目化课程设计教材内容,力图满足学生职业核心能力和职业迁移能力提升的需要。

化工类教材在项目化教学改革背景下,采用德国双元培育的教学理念,通过对化工企业的工作岗位及典型工作任务的调研、分析,将真实的工作任务转化为学习任务,建立基于工作过程系统化的项目化课程内容,以"工学结合"为出发点,根据实训环境模拟工作情境,尽量采用图表、图片等形式展示,对技能和技术理论做全面分析,力图体现实用性、综合性、典型性和先进性的特色。

石油类教材涵盖了石油钻探、油气层评价、油气井生产、维修和石油设备操作使用等领域,拓展发展项目化教学与情境教学,以利于提高学生学习的积极性、改善课堂教学效果,对高职石油类特色教材的建设做出积极探索。

财经类教材采用理实一体的教学设计模式,具有实战性;融合了国家全新的财经法律法规，具有前瞻性；注重了与其他课程之间的联系与区别，具有逻辑性；内容精准、图文并茂、通俗易懂，具有可读性。

在此，衷心感谢为本套教材策划、编写、出版付出辛勤劳动的广大教师、相关企业人员以及化学工业出版社的编辑们。尽管我们对教材的编写怀抱敬畏之心，坚持一丝不苟的专业态度，但囿于自己的水平和能力，错误和疏漏之处在所难免。敬请学界同仁和读者不吝指正。

周铭

盘锦职业技术学院　院长
2018 年 9 月

# 前言

2014年6月11日，教育部以教体艺〔2014〕4号印发《高等学校体育工作基本标准》（下简称《标准》）。该《标准》是对全日制普通高等学校体育工作的基本要求，也是评估、检查高等学校体育工作的重要依据。《标准》中明确规定，"必须为一、二年级本科学生开设不少于144学时（专科生不少于108学时）的体育必修课""为其他年级学生和研究生开设体育选修课""建立健全《国家学生体质健康标准》管理制度，学生测试成绩列入学生档案，作为对学生评优、评先的重要依据。毕业时，学生测试成绩达不到50分者按结业处理""深入推进课程改革，合理安排教学内容，高等学校开设不少于15门的体育项目"。这些规定充分体现了体育课在我国高等教育人才培养体系中的地位和重要意义，也为高校体育课程建设指明了方向。

本教材共分18项，其中理论部分4项，实践部分14项。全书以"健康第一"的思想为指导，以"项目教学"为基本方法，以传统体育课程为主，以休闲体育及传统体育项目为补充，力图通过体育项目的学习使学生掌握科学锻炼的基础知识、基本技能和有效方法，学会至少两项终身受益的体育锻炼项目，养成良好的锻炼习惯。并通过深入挖掘学校体育在学生道德教育、智力发展、身心健康、审美素养和健康生活方式形成中的多元育人功能，促进学校体育与德育、智育、美育有机融合，提高学生综合素质。

本教材由王涿任主编，毛春风、李鹏任副主编。王涿负责制定本书的编写框架。具体分工如下：第一章至第四章由王涿编写；项目一、项目四由李鹏编写；项目二、项目八由毛春风编写；项目三由罗庆慧编写；项目五由安品齐编写；项目六由田欣编写；项目七由裴玉东编写；项目九由白桐源编写；项目十、项目十一由裴迅编写；项目十二由梁秀平编写；项目十三由董吉发编写；项目十四由滕守峰编写。

王新老师、曲丽英老师、张云敏老师、苑春雷老师参与了本教材的项目设计工作，李朝阳老师在文字方面进行了指导和帮助，贺兵老师组织了本教材技术图片的拍摄工作。在此向付出辛苦的各位老师表示谢意。

本教材是根据高职院校体育教学改革的需要编写的，书中参考了国内大量的教材和文献资料，在此一并表示衷心的感谢。由于编写者水平有限，编写时间仓促，难免存在诸多不足，请大家批评指正。

编者<br>2018年8月

# 目录

## 第一篇 理 论

第一章 高职体育与健康概述 ……………………………………………………… 2
  第一节 高职体育的特点与目标 …………………………………………… 2
    一、高职体育的特点 ……………………………………………………… 2
    二、高职体育的目标 ……………………………………………………… 3
  第二节 高职体育的原则及内容 …………………………………………… 4
    一、促进职业教育遵循的原则 …………………………………………… 4
    二、高职学生体育锻炼的原则 …………………………………………… 5
    三、高职体育教育的内容与形式 ………………………………………… 6
第二章 体育竞赛的组织编排 ……………………………………………………… 7
  第一节 体育竞赛的意义与种类 …………………………………………… 7
    一、体育竞赛的意义 ……………………………………………………… 7
    二、体育竞赛的种类 ……………………………………………………… 8
  第二节 体育竞赛的组织与编排 …………………………………………… 9
    一、体育竞赛的组织 ……………………………………………………… 9
    二、体育竞赛的编排 ……………………………………………………… 10
第三章 体育游戏与欣赏 …………………………………………………………… 12
  第一节 体育游戏的特点与作用 …………………………………………… 12
    一、体育游戏的特点 ……………………………………………………… 12
    二、体育游戏的作用与健身价值 ………………………………………… 13
  第二节 体育游戏的分类 …………………………………………………… 14
  第三节 体育游戏创编 ……………………………………………………… 15
    一、创编遵循的原则 ……………………………………………………… 15
    二、体育游戏创编方法 …………………………………………………… 16
  第四节 体育欣赏 …………………………………………………………… 17
    一、体育欣赏的意义与作用 ……………………………………………… 18
    二、如何进行体育欣赏 …………………………………………………… 18
第四章 运动医务监督 ……………………………………………………………… 20
  第一节 常见运动损伤 ……………………………………………………… 20

一、常见运动损伤的原因及预防处理 …………………………………………… 20
　　二、预防损伤的10个注意事项 …………………………………………………… 22
　第二节　常见运动性疾病及夏冬锻炼须知 ……………………………………………… 22
　　一、常见运动性疾病 ………………………………………………………………… 22
　　二、夏冬锻炼须知 …………………………………………………………………… 23
　第三节　简单运动处方 …………………………………………………………………… 24
　　一、运动处方的组成 ………………………………………………………………… 24
　　二、制定运动处方 …………………………………………………………………… 24
　参考文献 …………………………………………………………………………………… 25

## 第二篇　实　践

**项目一　跑的训练** ………………………………………………………………………… 28
　学习任务一　短跑技术 …………………………………………………………………… 28
　学习任务二　中长跑技术 ………………………………………………………………… 32
　学习任务三　接力跑技术 ………………………………………………………………… 34
　学习任务四　跨栏跑技术 ………………………………………………………………… 38
　参考文献 …………………………………………………………………………………… 40
**项目二　田径——跳跃训练** …………………………………………………………… 41
　学习任务一　立定跳远技术 ……………………………………………………………… 41
　学习任务二　跳高技术 …………………………………………………………………… 45
　学习任务三　跳远技术 …………………………………………………………………… 48
　学习任务四　三级跳远技术 ……………………………………………………………… 51
　参考文献 …………………………………………………………………………………… 53
**项目三　投掷项目** ………………………………………………………………………… 54
　学习任务一　初识铅球项目 ……………………………………………………………… 54
　学习任务二　推铅球动作要领 …………………………………………………………… 55
　学习任务三　训练投掷铁饼技术 ………………………………………………………… 56
　学习任务四　训练抛实心球技术 ………………………………………………………… 57
　学习任务五　训练掷标枪技术 …………………………………………………………… 58
　学习任务六　训练掷链球技术 …………………………………………………………… 59
　参考文献 …………………………………………………………………………………… 60
**项目四　足球** ……………………………………………………………………………… 61
　学习任务一　初识足球 …………………………………………………………………… 61
　学习任务二　踢球 ………………………………………………………………………… 64
　学习任务三　停球 ………………………………………………………………………… 68
　学习任务四　头顶球 ……………………………………………………………………… 71
　学习任务五　运球 ………………………………………………………………………… 73
　学习任务六　抢截球 ……………………………………………………………………… 74
　学习任务七　掷界外球 …………………………………………………………………… 77
　学习任务八　守门员技术 ………………………………………………………………… 79

学习任务九　足球竞赛规则 ································································ 81
　参考文献 ································································································ 86
**项目五　篮球** ································································································ 87
　　学习任务一　认识篮球 ················································································ 87
　　学习任务二　篮球基本技术及练习方法 ························································· 89
　　学习任务三　篮球基本战术 ········································································· 95
　　学习任务四　篮球比赛组织、编排及规则 ····················································· 99
　　学习任务五　三人制篮球竞赛方法简介 ······················································· 103
　参考文献 ······························································································· 105
**项目六　排球** ······························································································· 106
　　学习任务一　初识排球 ············································································· 106
　　学习任务二　准备姿势与移动 ··································································· 108
　　学习任务三　传球 ··················································································· 110
　　学习任务四　垫球 ··················································································· 113
　　学习任务五　发球 ··················································································· 115
　　学习任务六　扣球 ··················································································· 117
　　学习任务七　拦网 ··················································································· 118
　　学习任务八　排球运动规则 ······································································· 120
　参考文献 ······························································································· 122
**项目七　乒乓球** ··························································································· 123
　　学习任务一　乒乓球发展史 ······································································· 123
　　学习任务二　乒乓球基本技术 ··································································· 128
　　学习任务三　技巧学习 ············································································· 131
　　学习任务四　主要战术 ············································································· 133
　参考文献 ······························································································· 136
**项目八　羽毛球** ··························································································· 137
　　学习任务一　初识羽毛球 ·········································································· 137
　　学习任务二　握拍与发球技术 ··································································· 140
　　学习任务三　接发球 ················································································ 143
　　学习任务四　击球 ··················································································· 143
　　学习任务五　羽毛球基本步法 ··································································· 146
　　学习任务六　羽毛球基本战术 ··································································· 148
　　学习任务七　羽毛球规则和裁判方法 ·························································· 152
　参考文献 ······························································································· 156
**项目九　网球** ······························································································· 157
　　学习任务一　初识网球 ············································································· 157
　　学习任务二　网球移动步伐 ······································································· 161
　　学习任务三　网球发球技术 ······································································· 164
　　学习任务四　网球基本技术 ······································································· 169
　　学习任务五　网球规则 ············································································· 172

参考文献 174

## 项目十　台球 175
学习任务一　初识台球 175
学习任务二　基本动作 177
学习任务三　击球方法 179
学习任务四　加旋转方法 180
学习任务五　传球与跳球 180
学习任务六　防守与解球 183
学习任务七　台球比赛规则 184
参考文献 186

## 项目十一　健美操 187
学习任务一　初识健美操 187
学习任务二　健美操分类 189
学习任务三　主要动作及特点 192
学习任务四　基本步法 193
学习任务五　注意事项 195
参考文献 196

## 项目十二　瑜伽 197
学习任务一　初识瑜伽 197
学习任务二　瑜伽坐姿 198
学习任务三　瑜伽呼吸 200
学习任务四　瑜伽身体四肢准备运动 201
学习任务五　语音冥想 203
学习任务六　站姿体式 204
学习任务七　伸展体式 206
学习任务八　坐姿体式 207
学习任务九　俯卧体式 209
参考文献 210

## 项目十三　二十四式太极拳 211
学习任务一　初识二十四式太极拳 211
学习任务二　二十四式太极拳的动作 211
参考文献 220

## 项目十四　蹴球 221
学习任务一　初识蹴球 221
学习任务二　蹴球基本动作 224
学习任务三　蹴球碰撞与力量分析 227
学习任务四　蹴球战术 230
学习任务五　蹴球竞赛规则 235
参考文献 239

# 第一篇 理论

# 第一章 高职体育与健康概述

【学习目标】

① 了解高职体育的特点、目标；
② 了解高职体育遵循的原则与相关要求；
③ 了解高职体育课程及阳光体育的内容与形式；
④ 培养并增强终身体育意识。

## 第一节 高职体育的特点与目标

人才是我国经济社会发展的第一资源。《中国制造 2025》强调要健全完善中国制造从研发、转化、生产到管理的人才培养体系，为推动中国制造业从大国向强国转变提供人才保障。因而目前我国高职教育的培养目标基本定位在"技术应用型人才"。美国管理学家彼·杜拉克把"技术人员"表述为"同时也做体力工作"的知识工作者。"应用型"与"体力"两词充分说明了高职体育教育是实现这一目标的基础，是培养技术应用型人才素质的重要手段。马克思曾说："未来教育对于所有已满一定年龄的儿童来说，就是生产劳动同智育和体育的结合，它不仅是提高社会生产的一种方法，而且是造就全面发展的人的唯一方法。"当今社会发展已将职业教育与体育融为一体，而且两者作为社会发展的产物，相互作用，相互支撑，缺一不可。

### 一、高职体育的特点

高职院校体育教育既有与普通本科学校共同的特性，又有学制短和职业教育的定向性、实用性和专业性的特点，因社会分工、职业差别的存在而出现了不同的素质培养目标、职业体能要求及自我锻炼需求。高职体育是培养德、智、体、美全面发展的专业技术应用型人才的重要课程，是职业教育的重要组成部分。应针对教学对象的不同特点，充分考虑学生未来就业的职业体能需要和终身体育发展需求，培养学生适应就业岗位所需要的良好身体素质和自我心理状态调整能力。

高职体育教育应当顺应社会提供就业岗位对人才的多维度需求，依据院校自身办学特点，在学生身体素质全面发展的基础上，加强与其职业特点相关的身体素质、运动技能、健身知识、职业病预防、观赏与组织小型比赛的能力等方面的教学。

## 二、高职体育的目标

体育是高等教育的基本组成内容,它与德育、智育、美育紧密结合,肩负着为社会培养全面发展的高层次人才的历史使命。高职体育教育的目标是指在一定时期内,高职生通过体育实践所要达到的预期结果。它是高职体育的出发点和最终目标,对学生具有导向和激励作用。高职体育教育目标包括目标定位、健康达成目标和职业素质发展目标。

### 1. 高职体育的目标定位

(1) 重视学生的兴趣,提倡快乐学习,主动锻炼

充分研究、探讨学生的体育兴趣爱好,结合新时期高职学生的个性特点和身心发展需要,为培养终身体育打好基础。

(2) 尊重专业特点,以增强体质为本位,服务就业为导向

从实际出发,体现职业教育特点,强调知识、素质、体能的全面提高,实现思想品德教育、文化科学教育、职业和体育技能教育与身体活动的有机结合,是实施素质教育和培养全面发展人才的重要途径。

(3) 重视阳光体育的开展

高职体育教育要走出课堂,打破传统教学方式的禁锢,重视学生课外体育活动的组织、指导和引导,以体育社团、体育俱乐部、院运动队等多种形式,面对多种学生群体,开展春秋季运动会、体育节等多类型、多层次的体育锻炼活动作为体育课堂的有效填充。

(4) 重视体育精神与意识的传播

由于高职教育的学制较短,在有限的课堂体育教学时间里不但要让学生掌握一二项在今后的工作生活中可以健康身心的体育技能,更要对学生加强体育精神的灌输,激发学生主动参与体育活动的欲望,才可能在较短时间内树立学生终身体育的意识。

(5) 重视德育教育的渗透

体育教学过程的特点决定了体育教学与德育有着密不可分的联系。体育教学在向学生传授知识、技能的过程中要培养学生的综合能力,影响学生思想感情,培养学生的意志品质和性格特征,对学生世界观的形成起到积极作用。高职教育的目的是使学生在德、智、体、美、劳等方面得到发展,成为有理想、有道德、有文化、有纪律的应用技术型人才。在体育教学中,针对不同的学生,有的放矢地进行思想品德教育,是高职体育教育责无旁贷的任务。

### 2. 健康达成目标

通过体育课程,使学生养成自觉参与锻炼的行为习惯,掌握科学的体育锻炼方式方法,全面发展身体素质,形成健康的心理品质,表现出良好的人格特征,积极的竞争意识与团队合作态度。

(1) 知识目标

了解体育运动的基本知识、运动特点和锻炼方法,树立正确的健康观,掌握基本的运动处方知识;了解常见运动竞赛规则与裁判知识、竞赛组织方法;理解常见运动技术、战术及实际运用方法;了解提高身体素质的知识和手段;了解与运动有关的损伤产生原因及简单处理方法和运动保健知识。

(2) 技能目标

掌握两项及以上的基本运动技术技能,并能在运动实践中运用,形成自觉锻炼的能力与习惯;掌握发展专项素质的方法与运用方式;能根据掌握的基本知识,利用体育锻炼调节与

改善自身心理状态，具备对运动损伤进行简单临场处理及制定简单运动处方的能力；熟悉一二项运动项目规则与裁判方法，并具有在校园及基层企事业单位临场执法与组织简单比赛的能力；具有一定的体育欣赏能力。

3. 职业素质发展目标

结合高职专业人才培养目标，针对职业岗位标准，利用体育教育的手段，来提升学生的身体素质和运动技能水平，提升职业素养，达到发展学生职业能力与素养的目的。

（1）知识目标

依据本专业人才培养方案，了解本专业相对应的职业岗位群的生理、心理负荷特征与水平，了解常见职业性疾病的成因与预防知识；了解增进职业体能和职业素质素养的锻炼方法和途径；了解体育文化与职业素养提升的关系。

（2）技能目标

能正确理解岗位体能要求，学会利用体育锻炼的方法来预防与纠正职业性疾病的方法；掌握提高本专业相对应的岗位群所需关键身体素质、体能的锻炼方法；掌握一二项与职业岗位相关度高的实用体育技能；借鉴体育文化特征，改善身体形态、心理素质和团队协同能力，提升自身职业素养，更好地胜任本职工作，提升个人魅力，提高个人生活品质。

## 第二节　高职体育的原则及内容

### 一、促进职业教育遵循的原则

高职院校的体育课程体系构建须符合社会的需要和改革发展的需要，从实际出发，体现职业教育特点，强调知识教育、素质、体能的提高，能力、习惯的培养，方法、技能的掌握，为终身体育打好基础。应根据自身的实际情况及专业特点，紧紧围绕专业设置、职业特征调整开发课程体系，以促进学生就业为出发点，把学生今后从事职业劳动应具备的身心素质和社会对高素质劳动者的要求为努力方向，以提高学生的职业体能和身体素质。应既符合职业发展需要，又满足学生个性需求，把体育与学习生活紧密结合。

1. 与学生未来所从事职业相适应原则

高职体育教育具有其特殊性，劳动者在从事职业劳动的过程中，所承受的心理、生理负荷，具体的工作形式、自然、社会条件均不同，在教学方法和课程设置上，要注意与学生未来所从事的职业相适应，充分考虑职业特点，以增强体质、提高体育能力、培养体育意识、促进学生身心健康为目标体系。

2. 针对性与多样性结合原则

在职业教育中，要围绕学生的专业特点，研究职业劳动的需要，分析学生今后从事的职业劳动对劳动者有哪些体能要求，有针对性地选择教学内容，进行职业实用性身体训练，重点提高身体素质，使学生获得适应职业的身体素质，可以很快地适应职业劳动要求。但锻炼的形式应力求丰富多彩，形式多样，使学生在愉快的练习中增进肌体机能能力，掌握运动技能。

3. 加强职业保健教育，预防劳动损伤原则

从事生产劳动容易使人产生职业病，任何一种职业，都会对劳动者身体造成一定程度的损伤和危害。每个从业者，都应了解自己所从事的职业劳动所具有的各种潜在危害因素，因

此，高职体育教育应把"提高、防止、补偿"作为原则，始终贯穿于教学过程之中。在教学中注意引导学生学会自我锻炼、自我评价、自我调节、自我预防，最大限度地维护自我健康，养成终生锻炼的习惯。因此，在体育教学内容安排上，应增加相关职业与健康有关联的理论知识，传授不同职业和专业学生所需要的职业养生健身知识和技能，使学生学会针对职业病的预防及锻炼方法，从而科学合理、有效地预防一些常见职业病的发生。

4. 实用性原则

劳动者在生产劳动过程中，必然受到时间、空间和环境的限制，高职体育教育要教会学生如何在有限的时空环境条件下，利用现有条件进行科学有效锻炼。如办公室和生产车间空间狭小，可练习简易健身操或哑铃操。

每一种职业劳动，都对应着特定的职业技能要求。在体育教学中，研究不同职业的基本工作方式，以体育为手段，进行有目的的身体锻炼，既可以发展学生的身体素质，又能培养学生的综合职业素质。

## 二、高职学生体育锻炼的原则

1. 自觉主动性原则

自觉主动性原则指体育锻炼者有明确的健身目标，在充分认识体育锻炼的目的、意义的基础上，自觉、自愿、主动、积极地从事体育锻炼活动。同学们首先应该树立"科学锻炼有益健康"的信念，其次体育锻炼是一个自我锻炼、自我完善，克服自身的惰性，战胜各种困难的过程。同时，还要有一定的作息制度作保证，把体育锻炼当作生活中不可缺少的一部分。

2. 因人而异原则

因人而异原则是指选择锻炼内容、方法和安排运动负荷时，应根据个人的性别、年龄、职业、健康状况，对锻炼的爱好、要求和原有的基础，以及生活条件等实际情况来确定。不搞"一刀切"，先确定一个经过努力能实现的目标，制定切实可行的计划，按科学方法进行锻炼，以取得最佳的锻炼效果。

3. 持之以恒原则

持之以恒原则是指体育锻炼必须经常进行，使之成为日常生活中的重要内容。体育锻炼对机体给予刺激，每次刺激都产生一定的作用痕迹，连续不断地刺激作用则产生痕迹的积累。这种积累使机体结构和机能产生新的适应，体质就会不断增强，动作技能形成的条件反射也会不断得到强化。因此，体育锻炼贵在坚持，不能设想在短时间内取得显著效果，必须要长久的积累。

4. 循序渐进原则

循序渐进原则是指体育锻炼必须遵循人体自然发展、机体适应的基本规律，从不同的主客观实际出发，合理安排运动负荷，在渐进的基础上提高锻炼水平。在体育锻炼过程中，运动负荷的大小直接影响人体机能的变化，负荷是否适宜，对锻炼效果的好差起很大的作用。运动负荷的大小因人、因时而异。即便是同一个人，在不同的机能状态、不同的时间，人体对负荷的承受能力也不尽相同。因此，进行体育锻炼时应循序渐进，随时调整运动负荷，逐步提高锻炼水平。

5. 全面性原则

全面性原则是指体育锻炼必须追求身心全面和谐发展，使身体形态、机能、身体素质及心理素质等方面得到全面协调的发展。人体是由各局部构成的一个整体，各局部均按"用进废退"的规律发展，体育锻炼能促进新陈代谢，使身体各系统、组织、器官和谐发展，达到身体相对的完善与和谐。

### 三、高职体育教育的内容与形式

高职体育是隶属于我国学校体育的范畴，主要是指非体育专业大学生在大学期间所接受的学校体育教育，按照"健康第一"和"终身体育"的要求，其含义是指传授体育文化与体育运动技能，增强学生体质，提高学生身心健康水平和适应能力的有目的、有计划、有组织的教育过程。

#### 1. 高职体育的目的与任务

（1）高职体育的目的

一方面通过大学体育的开展，促进大学生生长发育和体质的增强，保证大学阶段繁重学习任务的完成；另一方面是要求大学生掌握体育知识技能，提高运动能力，形成良好的体育习惯和体育意识，为毕业以后走向社会，坚持终身体育奠定基础。

（2）高职体育的任务

培养大学生的体育运动能力，树立健康第一的思想意识；增进大学生的身心健康，增强大学生体质；培养高水平运动员，为国家培养体育后备人才。

#### 2. 高职体育教育的途径与形式

实现高职体育目的与任务的主要途径包括大学体育课程教学多元化、课内外体育呈现一体化、课外体育形式多样化。高职体育的组织形式包括体育教学课、课外体育活动、运动队训练等。高职体育活动主要包括晨练（早操）、课外体育活动、运动竞赛、大学生体质健康标准测试等。

# 第二章 体育竞赛的组织编排

【学习目标】

① 理解体育竞赛的意义；
② 了解体育竞赛的种类；
③ 了解小型体育竞赛组织方法；
④ 掌握两种小型体育比赛编排方法。

体育竞赛是体育运动最显著的特征。它是指以争取优胜为直接目的，以某一项目或身体的某些活动为内容，在规则制约下平等进行的体力、技艺和心理素质的全面较量并结下深刻友谊的过程。

## 第一节 体育竞赛的意义与种类

### 一、体育竞赛的意义

学校体育竞赛是指以运动项目、游戏活动或身体练习活动为内容，利用课余时间组织学生进行各种体育竞赛活动的组织形式。体育竞赛是体育课外活动的重要组成部分，也是学校体育教育成果的重要展示形式之一。它有力地推动学校体育活动广泛开展，促进学校体育的普及与提高，是实现学校体育教育目标，发展"阳光体育"的基本途径之一。

参与体育竞赛，要求参加者在比赛中体现出和尽可能地发挥出最大机能潜力，在人体各种能力的极限水平甚至超极限水平上进行激烈的角逐。在体育竞赛过程中，其结果往往很难预料，在人们的心理上常常会引起种种悬念。而其最终结果，取决于参与者的技术、战术、身体素质、心理、智力等各种因素的激烈较量。

通过体育竞赛，强有力地宣传了体育运动，能吸引和鼓舞更多的人参加体育锻炼，发展学生的运动技能，增强体质，丰富学生的课余文化生活。通过有组织有计划开展各项体育竞赛，可有力地促进运动技术水平的提高，有利于相互增进团结和友谊，培养勇敢顽强、奋力拼搏、集体主义和爱国主义等优良品质。

学校体育教学和训练的效果如何，有什么进步和不足，通过体育竞赛可以反映出来，从而促进教学和训练质量的不断改进和提高，有利于更快地发现和培养优秀的运动人才，提高全民身体素质。

通过体育竞赛，可以调节和陶冶人们的道德情操，对社会主义精神文明建设，提高全民族素养有着重要的意义。在现代生活中，体育竞赛还可以加强国内各族人民之间的团结，促进世界各国人民之间的了解和增进友谊，推动国际交往。

在现代生活中，体育已成为人们生活的重要组成部分。各种形式的体育竞赛，受到了人们的普遍欢迎，我们必须充分认识体育竞赛的规律，发挥体育竞赛在推动体育运动中的杠杆运用，促进体育事业向广度和深度迅速持久的发展，为实现体育的任务、目的，认真办好各种体育竞赛活动。

## 二、体育竞赛的种类

（1）综合性运动会

它往往包含有若干个运动大项的比赛，其目的是全面展示各国家、地区、行业、单位的体育运动发展情况，广泛总结和交流经验，从而推动体育运动的发展，这种竞赛由于比赛项目众多、规模较大、组织工作较复杂，通常都是每几年举办一届。如奥运会、亚运会、全运会、全国大学生运动会等。

（2）单项锦标赛

只有一个单项比赛，并确定团体或个人冠军和其他名次，如世界男排锦标赛、世界体操锦标赛、大学生田径锦标赛等。

（3）联赛

这种比赛规定，每年定期举办一种列入计划的规模较大的比赛。

（4）邀请赛和友谊赛

各单位之间，为增进友谊和团结，互帮互助，共同提高某一运动项目的水平而举办的比赛均可称为邀请赛，此种比赛均为非正式比赛，各种访问比赛一般都属于友谊赛，其宗旨和邀请赛相同。

（5）选拔赛

为发现和挑选运动员，组织和补充代表队，准备参加高一级别的体育竞赛而进行的比赛，通常称为选拔赛。如各分院系为备战学院运动会组建运动队，组织有关同学进行比赛，从中发现和选拔人才。

（6）表演赛

为了宣传体育活动，扩大影响，参加庆祝，慰问纪念，集资等活动而举行的比赛。此项比赛着重技术、战术的发挥，一般不记名次。对准备开展的项目示范性介绍或参加重大比赛后的汇报表演均属于此类。

（7）对抗赛

指由两个以上实力相近的单位举办的竞赛，可以是双边、多边、定期或不定期的，目的是交流经验，切磋技艺，取长补短，共同提高。

（8）等级赛

按运动员不同技术水平分别举行的比赛。

（9）测试赛

为达到一定标准或了解运动员提高成绩的情况而组织的比赛。

（10）及格赛

一般在参赛人数过多,有可能影响正式比赛的正常进行时,先举行及格赛。

各类学校除组织上述比较正规的比赛外,还可以开展一些规则简单、形式灵活、对场地器材要求不高、容易组织和便于经常举行的各种非正规比赛,以吸引更多的人参加经常性的练习活动和锻炼,提高身体素质。

## 第二节　体育竞赛的组织与编排

### 一、体育竞赛的组织

为了顺利完成竞赛的任务,不论是综合性运动会或单项比赛,都应该是一项系统工程。这项工程大致可分为以下三阶段:赛前的策划组织,赛中的监控保障,赛后的总结收尾。组织规模较大的体育竞赛活动,应成立相应的大会组织委员会或筹备委员会。

在各类学校或各大学二级分院系组织校运会、体育节或单项比赛时,应建立领导小组,在主管院(校)长的领导下,由体育、学工、教务、后勤、医务、保卫等各方面领导或代表组成。根据工作需要分成若干小组,例如:宣传组、裁判组、场地器材组、医务组、后勤保障组等,各组的大致工作内容或任务如下。

1. 宣传组

搞好体育竞赛的宣传、教育工作。鼓励运动员赛出水平、赛出风格。宣传教育观众,争当"文明啦啦队"。

2. 竞赛组

制定大会法规性文件——竞赛规程。为使竞赛工作严密有序进行,还应做好以下工作。

① 审查报名表。

② 做好抽签和编排工作,编印和下发赛事秩序册。

③ 做好裁判员培训工作,保证裁判员的数量和专业知识与技术能力。

④ 预先确定分工,临场及时研究,解决竞赛中出现的和可能出现的有关问题。

⑤ 如确需要,下发补充通知,解决规程中未尽事宜。

⑥ 比赛前应认真全面检查场地器材,需要进行整改的应及早安排,保证安全。

⑦ 比赛期间要及时印发、公布成绩公报。

⑧ 比赛结束后,认真负责地核对好比赛成绩,编印成绩册,技术资料分类归类及时发送有关部门单位。

3. 裁判组

裁判员应本着"认真、公正、准确、及时"的执法原则认真履行职责。作为裁判员,应表现出高尚的道德准则和业务水准。裁判员在工作中应遵守好以下要求,认真履行好职责。

① 认真学好规程、规则,统一认识,统一裁判方法。对比赛中可能出现的问题加以研究并落实处理方案。组织必要的实习或考核。

② 裁判长要合理安排好裁判员,对抗性强或决定胜负的关键场次应重点关注。

③ 裁判员在履行职责时应精力集中。既要严格执行规则,又要讲文明礼貌。

④ 执法中不能弄虚作假。如发现反判、漏判、误判等应立即纠正。

⑤ 比赛结束后,广泛认真地听取各方意见,总结经验,改进工作。

在学校中举行的各种竞赛,应大胆积极地在学生中挑选和培养裁判人才,给他们创造在实践中学习和锻炼的机会。凡符合条件者,应向有关部门推荐,发放相应级别的裁判证书,充实裁判队伍,推动体育运动的发展。

#### 4. 场地器材组

根据规则和规程的要求,认真合理地布置好竞赛场地和器材设备。认真负责地做好场地的修整、清理等工作。

#### 5. 后勤保障组

后勤工作应向运动员、教练员、裁判员及工作人员提供良好的比赛、工作条件。

### 二、体育竞赛的编排

采用怎样的比赛方法,需根据比赛任务、项目特点、参赛人(队)数、时间安排、场地设备等因素来统筹考虑和选择,下面介绍的是几种常用的比赛方法。

#### 1. 淘汰法

淘汰法是指在比赛进行过程中逐步淘汰成绩靠后者,最后决出优胜者。淘汰法有两种淘汰情况:一是按预先规定顺序让参赛者一人(队)进行比赛,用展现比赛参与者最佳成绩的方式,通过及格赛、预赛、复赛、决赛等渐进赛次,淘汰劣者,比出优胜名次。如田径、游泳项目比赛多采用这种方法。另一种情况往往被球类和其他对抗性比赛项目所采用,即一对一按预先排定的淘汰表进行比赛,胜者进入下一轮,直到最后一对决出优胜者。

为了使比赛尽可能公正,淘汰编排时应注意以下几点。

① 根据实际水平设立若干种子队。种子队分开排列,以便使强者不过早相遇,尽可能使他们在决赛时相遇。

② 排定种子队后,为使参赛者机遇、机会均等,其余位置均应抽签排定。

③ 淘汰赛比赛场次的计算,以采用下列公式

$$比赛场次 = 参赛队数 - 1$$

④ 如参赛队数(人数)不是2的几次方时,则应在第一轮排出"轮空","轮空"位置要分散排列。

图1-2-1为8个队参赛的淘汰制比赛轮次表的示意图。

图1-2-1 8个队参赛的淘汰制比赛轮次表示意图

#### 2. 轮换法

将参赛者分为若干小组,在规定的同一时间内,分别进行各个项目的比赛。赛完一项后,各组按预先排定的比赛顺序依次轮换再进行下一轮比赛。如体操团体比赛的男子6个项目、女子4个项目均采用这种方法进行。

#### 3. 循环法

又称循环制,共包括单循环、双循环、分组循环三种方法。

单循环:所有参赛的人(队)在比赛中均能相遇一次,最后按参赛者在全部比赛的胜负场数、得分的多少来排定名次。这种方法一般适用于参赛人(队)不多,竞赛时间又较长的情况。

循环制的编排方法较多,比较复杂。现分别就8个参赛队和7个参赛队采用的单循环比赛的轮次表依次示范如表1-2-1和表1-2-2所示。

表 1-2-1　8 个参赛队单循环比赛轮次表

| 第一轮 | 第二轮 | 第三轮 | 第四轮 | 第五轮 | 第六轮 | 第七轮 |
|---|---|---|---|---|---|---|
| 1—8 | 1—7 | 1—6 | 1—5 | 1—4 | 1—3 | 1—2 |
| 2—7 | 8—6 | 7—5 | 6—4 | 5—3 | 4—2 | 3—8 |
| 3—6 | 2—5 | 8—4 | 7—3 | 6—2 | 5—8 | 4—7 |
| 4—5 | 3—4 | 2—3 | 8—2 | 7—8 | 6—7 | 5—6 |

表 1-2-2　7 个参赛队单循环比赛轮次表

| 第一轮 | 第二轮 | 第三轮 | 第四轮 | 第五轮 | 第六轮 | 第七轮 |
|---|---|---|---|---|---|---|
| 1—0 | 1—7 | 1—6 | 1—5 | 1—4 | 1—3 | 1—2 |
| 2—7 | 0—6 | 7—5 | 6—4 | 5—3 | 4—2 | 3—0 |
| 3—6 | 2—5 | 0—4 | 7—3 | 6—2 | 5—0 | 4—7 |
| 4—5 | 3—4 | 2—3 | 0—2 | 7—0 | 6—7 | 5—6 |

注：碰到 0 号队轮空一次。

单循环比赛场次 $Y$ 计算公式为

$$Y=\frac{N(N-1)}{2}$$

式中，$N$ 为参赛队数量。

单循环比赛轮次的计算方法：

① 参加比赛队数是奇数时，则比赛轮次等于队数，轮次＝队（人）数。

② 参加比赛队数是偶数时，则比赛的轮次为队数减 1，轮次＝队（人）数－1。

双循环：所有参赛的人（队）在比赛中均相遇两次，按最后比赛中的胜负场次、得分多少排列名次。这种方法适用于参赛的人（队）较少，而竞赛期限又较长时采用。

分组循环：把参赛的人（队）分成若干组，分别进行单循环。这种比赛方法适用于参赛人（队）数多而竞赛期又短的情况下使用。

循环赛的优点是不论参赛者的水平高低、技术优劣、实力强弱，都有机会与其他参赛者进行比赛，因此锻炼机会增多，有利于互相学习、共同提高，能比较准确地反映出参赛者的技术水平，产生的名次比较客观。

**4. 混合制**

竞赛在第一阶段预赛中采用分组循环制，第二阶段决赛中采用淘汰制；或者相反，在第一阶段预赛中采用淘汰制，在第二阶段决赛中采用循环制。任何一种赛制或方法的优缺点都不是绝对的，如其符合竞赛的目的、性质、队数、时间、场地等需要，就是相对正确和先进的。

**5. 顺序法**

分组顺序法：将参赛者分成若干组，分别进行比赛。如田径比赛中的径赛项目按预赛、复赛、决赛成绩评定名次。

不分组顺序法：在同一比赛时间内只能有一人依次进行比赛的项目。如田径比赛中的田赛项目。

# 第三章 体育游戏与欣赏

【学习目标】

① 了解体育游戏的作用与健身价值；
② 掌握简单体育游戏的创编方法；
③ 了解体育欣赏的作用和意义。

体育游戏是一种特殊的游戏。它是按照一定的目的和规则进行的一种有组织的体育活动，也是一种有意识的、创造性的和主动性的活动，其基本特征是大众性、普及性、娱乐性和易操性。

## 第一节 体育游戏的特点与作用

### 一、体育游戏的特点

1. 健身性

体育游戏是通过身体运动的方式进行的，本身就有锻炼价值，而在实施中，组织者又有意识地采用各种手段与形式，赋予游戏某些特定的锻炼价值，以便通过游戏达到预定的锻炼学生身体、增强体质的目的。

2. 趣味性

体育游戏作为游戏的一种，必须具有趣味性，如果没有趣味性则不能称为体育游戏，而只能称为体育练习或体育锻炼。趣味性是体育游戏的本质特点之一。

3. 无直接外在功利性

体育游戏是一种不带功利色彩，没有任何外因负担的集体活动。

4. 竞争性

竞争是体育的本质属性之一，源自于对日常生活中竞争现象的模仿，双方或多方在规则限定下追求卓越、永争第一、努力拼搏。

5. 结果的不确定性

体育游戏获胜的因素是多种多样的。竞争的内容可以随意变通，可以比体力、比技巧、比智力，也可以比运气、比与同伴的协作、比集体的力量、比应变能力、比勇气等，因此可能出现的结果也是多种多样的。体育游戏的这种竞争性，可以使弱者有成功获胜的可能，给强者提出新的挑战，只要全力以赴，参加者都有夺标的希望。

**6. 具有一定的规则性**

游戏是"玩"的一种，是一种有规则的"玩"，或者说是在一定的规则约束下的"玩"。规则能够约束犯规行为，维护游戏的安全，保证双方的公平竞争，引导游戏的技术与战术向正确的方向发展。

**7. 虚拟性**

在体育游戏中，可以通过假设与虚构的情节或"角色扮演"来增加游戏的趣味性。

**8. 综合性**

主要体现在以下几个方面。

① 几乎任何体育项目的练习都可作为体育游戏的素材。

② 几乎任何体育项目都可以将体育游戏作为教学与训练的手段。

③ 既能培养与提高身体的基本活动能力，又能运用它学习并提高运动技能、技术及战术。

## 二、体育游戏的作用与健身价值

**1. 体育游戏能激发学习兴趣**

兴趣是取得成功的重要条件，体育游戏形式活泼有趣，种类繁多，能极大地满足学生好动、好奇和追求新奇刺激的特点。参与者完全在轻松、平等、适度竞争的条件和氛围下进行活动，建立起轻松、愉快的心境，获得情感、情绪上的满足，从而由心底调动和激发参与者的学习兴趣，使参与者有"要我学"的被动式转变为"我要学"的主动式学习，主体地位得到有效地体现和发挥，更好地提高学习效果。

**2. 体育游戏能促进技术动作的掌握和提高**

在运动技术的训练中，很多都需要多次、反复地练习才能建立巩固的动力定型，练习时往往会感到枯燥乏味。当中枢神经处于兴奋状态时，最有利于条件反射暂时性神经通路的形成，因而有利于掌握各种运动技能。体育游戏能提高中枢神经系统的兴奋性，使大脑处于良性机能状态，使学生能够在愉快的心境下进行机能练习，从而提高技术掌握的效率和效果。

**3. 体育游戏有利于激发竞争意识，培养团队精神，提高创新能力**

体育游戏是激发参与者竞争意识、培养团队精神、调动比赛热情，产生成就感的过程。体育游戏是一种特殊的运动练习方法，是由一定的情节、形式、规则和结果等组成的综合性活动，参与者可以在可行范围内自行摸索或小组讨论探究取胜方法，也可以通过个人或小组创编游戏的方式来有效地激发参与者的竞争意识、合作精神，有利于参与者智力发展和创新能力的提高。

**4. 体育游戏能促进参与者非智力因素的发展**

体育游戏可带给参与者强烈的情感体验。合理、适当的体育游戏使参与者在趣味和娱乐中得到学习与锻炼，保持朝气蓬勃、乐观向上的精神状态。体育游戏把认知与实践、心理活动与肢体动作、有意识与无意识结合起来，表现出富有时代气息的刺激性和竞争性。参与者通过体育游戏相互交流，加深了解，增进友谊，极大地锻炼自我表达能力和组织协调能力，增长社会交往经验。

**5. 体育游戏的健身价值**

① 枯燥乏味的素质练习和重复单调的技能练习往往使练习者望而生畏。体育游戏不仅能提高参与者的速度、灵敏性等素质，还可以通过游戏中各种跑、跳、攀爬、平衡等组合身

体练习来有效伸展关节，拉伸韧带，增强肌肉力量，发展身体协调性，达到提高综合身体素质的目的。

② 体育游戏多在轻松愉快的情景中进行，在游戏过程中，能使人摆脱各种烦恼与焦虑的负面情绪，缓解心理压力，调整精神状态，促进心理健康发展。

③ 体育游戏过程中，参与者往往需要面对复杂、新鲜、随机的外界刺激，这些刺激通过神经系统传递到大脑，大脑又通过神经系统发出各种指令来指挥运动系统来应对，从而锻炼并改善参与者神经系统功能。

## 第二节　体育游戏的分类

1. 按人体基本活动能力分类

人的基本活动能力指人的基本活动技能。按人体基本活动能力可以把体育游戏分为行走类、奔跑类、跳跃类、投掷类、攀爬类、悬垂类游戏等。这种分类是以活动中的动作特征为划分依据，优点是能使人一目了然地了解活动过程中动作的基本特征，可以很容易地满足以发展某种基本活动能力为目的的选择。

2. 按发展身体素质的任务分类

身体素质是人体在运动中所表现的力量、速度、灵敏、柔韧、耐力等身体基本状态和功能能力，它是人体从事各种体育活动的基础。按照身体素质分类，可把体育游戏分为力量类、速度类、灵敏类、柔韧类、耐力类等，是以游戏活动对提高和发展某项身体素质能产生的作用划分的。

3. 按运动项目分类

借鉴现有的运动项目，以各运动项目的技术特点作为分类基础，可分为田径类、体操类、篮球类、足球类、排球类等。这种分类较明确地揭示了某项运动中技术动作、活动形式、场地和器材等方面的特征，同时也可作为相应项目训练的辅助练习手段。

4. 按体育课的结构分类

体育课的结构是指构成一节课的几个部分，各部分的教学内容、组织教法和时间分配等。我国目前的体育课通常分为三个部分，准备部分、基本部分和结束部分。体育游戏在其中各个部分都有体现，如准备部分的集中注意力、提高兴奋性类；基本部分的身体素质、运动项目辅助类；结束部分的整理与放松类等。

5. 按活动的形式分类

活动形式是指体育游戏的表现形态。按活动的形式可分为追逐类、角力类、接力类、综合类等。体育游戏的活动形式一般都具有较强的特异性，这样可以较清楚地区分某种游戏所采用的活动形式。

6. 按参加活动的人群特点分类

体育游戏具有无外在功利性、趣味性等特点，这也决定了活动参加人群的多样性和广泛性。如年龄分类、性别分类、工作性质分类等。这种分类的优点是，可以根据参与者的人群特点选择适当的游戏形式。

除上述几种外，体育游戏的分类还有，按场地空间、分队与不分队、有无情节、有无器材、参加人群性质和内容特点分类等。有的体育游戏往往包含两个或两个以上的分类因素，常用的是按基本活动能力与运动项目结合的分类方法。

## 第三节 体育游戏创编

### 一、创编遵循的原则

做好体育游戏的创编，了解和掌握体育游戏创编的原则是首要一步，也是最重要的一步。原则是"纲"，如果不掌握创编原则，后续的工作就可能会混乱，会偏离方向，导致事倍功半。在创编体育游戏时应遵循以下几项基本原则。

**1. 锻炼性与科学性原则**

锻炼性与科学性原则是创编体育游戏时应该遵循的主要原则之一。体育游戏应该具有锻炼身体，增强体质的作用，应根据参与者的年龄、性别以及实际活动能力等特点来确定相应的运动负荷、动作难度和活动方式，可以通过走、跑、跳、投掷、攀登、爬越、搬运、追逐、躲闪等人体基本活动能力的动作，利用某些民族民间传统体育运动和竞技运动的基本动作技术、球类活动基本技术、力量柔韧素质练习为素材来创编游戏，在游戏中既培养参与者基本活动能力，还可以为参与者学习体育技能打下良好基础。

**2. 观赏性与趣味性原则**

观赏性与趣味性原则是体育游戏创编的又一本质特征。如果开发创编出来的游戏缺乏趣味性和观赏性，将会从根本上失去对参与者的吸引力，也失去了创编游戏的意义。为提高体育游戏的观赏性和趣味性，应该根据参与者身心特点和身体素质、运动技术及智力水平，结合生活素材、传统文化素材、地方特色素材，筛出适合体育游戏特征的内容。也可在游戏中运用一些特殊的规则，通过有趣的赏罚方法以及加入情节、角色扮演，采用一些形象化的动作等下功夫。如：使生活中常用的动作戏剧化，用变异的动作替代习惯动作，用器械来限制动作的幅度和速度，把较难的专项技术简单化，让平常的动作在较高的要求下完成等。这样才能达到预期的效果。

**3. 易操作与目的性原则**

体育游戏是一种有意识有目的的体育活动，只有根据参与者的年龄、性别、生理心理特点以及身体素质训练水平，有的放矢地创编体育游戏，才能达到预期的效果。所创编的体育游戏操作性要强，游戏方法、规则要便于操作控制和裁判，对伸缩性强、规则可变性大、主观裁判随意性较大的体育游戏来说，创编时一定要合理设计，进行必要的实践考证，严格把握好操作环节和裁判标准。

**4. 启发性与针对性原则**

体育游戏作为体育锻炼的一项重要内容或一种辅助手段，要设法通过游戏内容、方法、组织形式等有针对性地培养参与者某一方面能力。如为培养参与者顽强拼搏的意志品质，可创编有一定动作难度的"接力类"游戏；为培养团队合作、集体主义精神，可设计分队竞赛的游戏形式和个人得分与团体积分相结合的计分方法等。在创编游戏时，可在任务达成条件等方面留有一定余地，这样才有利于培养参与者的主动探究能力和创新能力，给参与者施展聪明才智的机会。

**5. 安全性原则**

在创编体育游戏时应考虑到游戏的名称、目的、准备、方法、规则及所需场地器材的可操作性。尤其要注重贯彻安全性原则，对游戏各个环节均应做"安全检查"。其一，设计动作时考虑是否容易引起伤害事故，动作幅度较大时，应考虑避免发生肌肉拉伤的具体对策；其二，游戏的器材使用是否合理，在使用投掷或负重器材时，要考虑避免器械使用不当或掷出拾回器材的时机不妥而发生伤害事故；其三，规则制定是否严谨，如追逐类游戏是否容易发生踩踏事故，跑动的线路也要予以规定，以免发生正面相撞等事故；其四，要看场地的安排是否注意了安全因素，每队、每人之间的左右距离、前后间隔是否恰当，在狭窄的活动场地中，还要考虑避免因周围的障碍物引发的意外事故等。

### 6. 智力性与开放性原则

体育游戏不仅是身体和体能的较量，同时也是智力的较量，是一项体脑并用的活动。一种体育游戏往往有多种玩法，在创编游戏过程中应该考虑其开放性和多种可能性，给参与者留有一定的思考与创造的空间，特别是在游戏方法上，要有利于激发参与者智慧的火花。在较大型游戏过程中，都会存在一个怎样完成游戏才能做到多、快、好、省以及提高游戏的成功率和取胜率的问题。为此，在明确目标与规则的前提下，留给参与者一定的空间，使之能够举一反三，而不要把游戏的每个环节的具体做法都对应规定，把体育游戏变成一种单纯的肢体活动，抹杀参与者的想象力和创造力。

## 二、体育游戏创编方法

### 1. 明确游戏的目的任务

体育游戏的参加者一般都是为了体验愉快的游戏过程而参加游戏的。但对于游戏的组织者来讲，体育游戏是体育教育的一种手段，其目的是锻炼学生身体，增强学生体质，这个目的是通过各个具体游戏来达到的。而一个具体的游戏，一般需要完成某种具体的任务。

### 2. 选择游戏的素材

明确了游戏的目的任务之后，即可动手选择游戏的素材，游戏素材的选择应针对游戏的任务进行。如集中注意力游戏所采用的练习，是运动量要小一些的放松游戏，主要是精神上的放松，趣味性要浓一些；发展腿部力量，可采用跑、跳等动作作为游戏的素材；为学习专项技术服务的游戏则应以专项技术动作为素材。有时可以将几项任务巧妙地糅合到一个游戏中去完成。例如，一个任务是集中注意力，另一个任务是队列练习中的向左转向右转。这时如采用"先算后转"的游戏，则可在一个游戏中同时完成两个任务。

### 3. 体育游戏的设计

（1）制定体育游戏的内容

体育游戏的内容选择，主要根据游戏的目的来选择运动项目，或走、跑、跳、投掷、攀爬、支撑等基本活动。一个游戏一般以一个基本动作为主，再搭配一两个辅助动作；也可以根据实际情况对基本动作进行加工变异，使其增加趣味性及时效性。体育游戏的内容选择不宜过于繁难，也要避免单调乏味。

（2）选择体育游戏的活动方式

① 接力：由多个个人或多个组合完成同样的动作，并以各种方式衔接，最后以团体累计成绩，决定胜负的活动方式。

② 追拍：追拍有徒手追拍和附带器械追拍。一般在各种跑、跳、滚翻、爬越、攀登等移动方法中直接或变异应用。

③ 传接：通过手对手、脚对手、头对头等方式进行。

④ 投准：在体育游戏中，有很多采用扔、投、踢、头顶等动作，并以各种不同的"靶"

为目标的活动。

⑤ 角力：以徒手的拉、挤、碰撞、拍击为基础，结合绳、球、棒等小器械进行的活动。

⑥ 远度：以距离远近为评定胜负的标准。

⑦ 报数：通过报数，再配合一些肢体动作的游戏形式。

（3）安排体育游戏的队列、队形

创编游戏应考虑到组织形式和方法，体育游戏中的队列、队形的设计十分重要。合理地使用队列、队形，能使游戏有条不紊，严密而不呆板。

常用的队列有以下几种。

① 纵队：一至多路纵队。适合于接力游戏。

② 横队：一至多列横队。适合于近距离的游戏。

常用的队形有以下几种。

① 疏散式的马蹄形：适用于球类、投掷等游戏。

② 疏散式的单元形：适用于球类、圆周形的游戏。

③ 双圆形：有间隔的适用于攻守型游戏；无间隔的则适用于找替换者或圆周形的游戏。

④ 放射形：适用于圆周形的游戏。

⑤ 三角形：适用于球类及三角对抗性游戏。

⑥ 无定形：即游戏时，无一定的队形要求。适用于攻守型游戏。

上述队形，可单一使用，也可以混合使用。

（4）游戏的路线

① 穿梭式：参与者以迎面穿梭的方式进行游戏，一般只跑单程。

② 来回式。

③ 围绕式。

（5）游戏的接替方法

① 交物法：用接力棒、球或其他物品作为信号进行接替。

② 接触法：前后两个学生以身体接触的方式进行接替。

③ 过线法：以线或旗等作为信号物，用越过、绕过等方式进行接替。

（6）制定体育游戏的规则

游戏规则的制定是游戏顺利进行的保证，因此，必须制定出切实可行的规则，对游戏的动作、活动的范围及进行的形式等做出明确的规定。另外，规则还是评定胜负的重要依据。制定游戏规则，既要符合参与者智力发展水平，也要使学生有充分展示才能和特长的余地。同时，还要注意规则不宜过于复杂、繁琐，以致限制参与者的思维能力、创造能力及个性发展。一般以 3～5 条为宜。

① 明确合理与犯规、成功与失败的界限。

② 明确对犯规者（队）的处理办法。如：犯规者取得的成绩无效；对犯规者（队）扣分或降级；犯规队伍名次列于最后；罚犯规者退出比赛。

③ 发要有一定的灵活性。

## 第四节　体育欣赏

体育欣赏是指欣赏者通过媒体或在现场观看他人的体育活动，了解运动员、竞技运动项目以及竞技体育的物质、制度、精神等方面的内容,从而产生积极心理作用、教育娱乐以及政治经济等功能的一种文化活动。观看体育比赛是大学生闲暇之余的一个重要生活组成部分,提高大学生体育欣赏能力的目的是丰富学生的文化生活,满足精神需求,认识和参与体育运动,进而实现端正学生的体育态度、培养体育素养及促进学生体育生活化和实现终身体育的目的。

## 一、体育欣赏的意义与作用

### 1. 有助于激发学生学习体育技能的兴趣

兴趣直接影响并调节学生在学习过程中的态度和积极性。怎样激发学生自主学习、锻炼的积极性,是提高体育教学质量的重要因素。体育实践课教学多以教授运动技能为主,主要强调学生对体育运动中某一技能的学习和掌握,容易造成枯燥感,使学生学习兴趣大大降低。体育欣赏可以使学生通过视听刺激得到感官愉悦,获得精神上的满足,取得情感上的乐趣,使自身情感和学习动力直接沟通。使学生在短时间内接收大量的体育文化知识,激发学生参与体育运动的欲望和兴趣,促进学生学习体育技能的自觉性与积极性。

### 2. 有助于美育和德育教育

欣赏体育运动中的美,如人体美、姿态美、动作美、技术美及赛场上运动员表现出的意志品质美、智慧美等。

## 二、如何进行体育欣赏

### 1. 欣赏体育精神

从整体上说,我们应注意欣赏蕴涵在体育比赛中的那种崇高的"体育精神",它包括竞争精神、自我超越精神和团结协作精神。体育比赛的最大魅力在于永恒的竞争,在于有规则的、公平的、平等的、和平的竞争。运动场上无论是官员还是平民,无论是明星还是新兵,都要站在同一起跑线上,听同一声号令,没有尊卑贵贱之分。体育比赛的另一个魅力在于不停地追求与超越,它追求人类的健美、完善、聪慧、愉悦;追求人类社会的友谊、和平、公正、进步;它挑战人类的生理极限,通过更快、更高、更强而不断实现人的自我超越。体育比赛的魅力还在于运动场上的团结协作和配合默契。一个眼神、一个手势、一句简单的语言提示,均可以使运动员之间的配合做到天衣无缝,犹如行云流水,从而达到最佳的境界。

### 2. 欣赏比赛的形式与过程

竞技体育比赛大致可分为三种类型,在欣赏不同类型的比赛时,应注意不同的欣赏角度,以此来提高自己的欣赏水平。

(1) 欣赏直接对抗性竞技项目

包括篮球、排球、足球、手球、网球、曲棍球、羽毛球、乒乓球等球类项目,以及拳击、摔跤、柔道、击剑等个人项目。这类项目比赛的特点是:裁判员按规则规定的条件去判断运动员的得分与失分,并以此作为衡量成绩的依据,判断比赛的胜负。欣赏这类比赛项目,应注意欣赏比赛过程中个人技术的运用和整体战术的配合,以及运动员所表现出的那种视野开阔、豁达合群和大智大勇的精神状态。

(2) 欣赏对比性竞赛项目

包括体操、艺术体操、跳水、花样游泳、花样滑冰等。这类项目比赛的特点是对比,要求运动员按规定条件和动作质量去完成比赛的技术动作,比赛中强调动作难度、美观和艺术性。欣赏这类比赛项目，应注意欣赏比赛过程中的那种富于艺术的美感，即运动员能够在一定的空间和时间内，把身体控制到尽善尽美的程度，使健力美得到高度的统一，再加上和谐韵律和鲜明节奏的微妙配合，犹如抒情诗般的艺术造型，给人以强烈的美感。

（3）欣赏记录性竞赛项目

包括田径、游泳、举重、射箭、射击、划船、赛艇等。这类项目比赛的特点是：计算成绩有客观指标，即以时间、距离、重量、命中率等具体指标作为评定运动员名次的依据。欣赏这类比赛项目，应注意欣赏比赛过程中运动员那种你追我赶的拼搏精神及勇敢坚毅、刻苦耐劳的优良品质。

### 3. 欣赏比赛的结果

虽然"重在参与"是人们普遍欣赏的体育信念，但对比赛结果的欣赏，能让人从中获得一种满足感、成功感。当人们在欣赏一场足球比赛时，尽管对比赛过程中运动员的技术、战术表演，对相互的末期配合有着一种良好的情感体验，但人们还是关心最后的结果。正是这一结果的悬念，使更多的人有耐心看完一场也许是零比零的比赛。

欣赏比赛的结果，能产生一种强烈的移情作用。如观看跳高比赛，当运动员准备起跑的时候，观众会情不自禁地屏息无声，暗暗地为运动员加油。而当运动员以其舒展优美的姿态越过超过自己身高的横竿时，观众会从心底里发出一种宽慰的欢呼，获得一种精神上的满足与升华。欣赏比赛的结果，能使人获得一种强烈的振奋作用。由于现代国际比赛规定颁奖时要升国旗、奏国歌，因此，一场比赛的结果总是牵动着亿万人的心。取得胜利会使一个国家举国欢腾、欢呼雀跃。

总之，欣赏竞技体育比赛应该注意多层次、多角度地去感受、去体验。要注意增加必要的欣赏知识，比如比赛项目的演变历史和发展现状，一般本地的比赛方法和比赛规则，比赛队员的技术特点和技术风格等。这样才能不断提高自己的欣赏水平，获得愉悦的精神享受。

# 第四章 运动医务监督

【学习目标】

① 掌握常见运动损伤的原因及预防处理方法；
② 掌握常见运动疾病的预防处理方法；
③ 了解运动处方的知识、能做简单自我诊断。

## 第一节 常见运动损伤

运动损伤是指在体育运动过程中发生的各种损伤。其与一般的工伤或日常生活中的损伤有所不同，它的发生与运动项目、训练安排、运动环境、运动者的自身条件以及技术动作有密切的关系。参加运动锻炼，首先要了解自己是否有不适合运动锻炼的家族病（比如：心脏疾病、哮喘等），并了解自己的基本情况，有心脏或其他因参加运动会使病情加重的人，应该先治病或参加康复锻炼，之后才能参加锻炼。不良的运动习惯对体育健身参加者来说，不但会影响其健康、学习和工作，也会妨碍锻炼健身的正常开展。

由此，在体育健身过程中，为保证同学们能健康进行身体锻炼，需要很好地掌握运动损伤的发生规律，切实做好预防工作，从而最大限度地减少或避免运动损伤。同时，了解和掌握一些体育健身运动中常见的运动疾病和损伤的产生原因，预防与处理方法是非常必要的。

### 一、常见运动损伤的原因及预防处理

1. 肌肉韧带拉伤

内因：身体训练水平不够，柔韧、力量、协调性差，生理结构不佳。
外因：准备活动不充分，场地、温度、湿度不适宜，锻炼活动内容不合理。
预防：选合适场地及适当的锻炼内容，在正常天气情况下锻炼，准备活动充分、循序渐进。
处理：24h前为急性期，应停止运动、冷敷、包扎、高置受伤部位。24h后为恢复期，应配合按摩、热敷、微动，并进行康复或恢复性锻炼。

2. 关节扭伤

内因：技术掌握不好、协调性差、关节周围肌肉力量小、生理结构不佳、疲劳。
外因：准备活动不充分、场地滑、器材使用不当、锻炼活动内容安排不合理（急速动作、转、跳连接内容过多）。

预防：准备活动充分，熟悉器材、处置场地，循序渐进，听从教练安排或自己放慢速度。

处理：24h 前为急性期，应停止运动、冷敷、包扎、抬高受伤部位。24h 后为恢复期，应配合按摩、热敷、微动，并进行康复或恢复性锻炼。

#### 3. 过度疲劳

表现：心动过速，运动后血压、脉搏恢复慢，内脏不适。人发冷、多汗、脸色白或红、头痛、晕、虚、筋疲力尽。

原因：锻炼方法不科学、不循序渐进、运动量过大、锻炼时间过长、休息不充分等。

预防：合理安排锻炼时间、计划，注意劳逸结合。

处理：循序渐进，进行系统训练、全面训练。

#### 4. 重力休克

表现：头晕、眼发黑、心难受、脸苍白、手发凉，严重时晕倒。

原因：运动过程中血液供应下肢较多、突然静止运动时静脉回流不够，造成脑缺血缺氧，发生脑供血不足。

预防：高强度运动后，继续进行慢跑、缓步走等低强度运动。

处理：让患者平卧、脚垫高、头低于脚，从小腿向大腿方向做推拿按摩。

#### 5. 中风

表现：严重心血管疾病，呼吸循环系统受影响，皮肤干、红、热现象、脉搏快、弱，呼吸浅等。

处理：

有知觉：适量喝水、宽衣，如呕吐就不要给流质食物，打电话，送医院等。

无知觉：打电话呼救，侧躺，观察呼吸，冰块放在腕、踝、腋、颈脉处，不按摩。

#### 6. 运动腹痛

原因：肝脾淤血、慢性腹部疾病，呼吸肌痉挛（准备活动不充分，运动与呼吸不协调），胃肠痉挛（运动前饱餐、饭后过早运动，空腹或喝水太多）。

预防：运动前健康检查，合理安排运动饮食，吃饭前后 1 小时不运动，不空腹、喝水太多运动。

处理：减慢运动速度，加深呼吸、调整运动呼吸节奏，降低运动强度，严重者口服减痉挛药物。

#### 7. 脚底筋膜炎和神经刺痛

原因：脚底频繁压力过多产生的疼痛。运动设备、场地不适合，足部的生理结构不好。脚跟骨钙沉淀、脚底筋膜炎和神经刺痛。

预防：准备活动要充分（脚底、足跟的专门准备活动）。

处理：注意放松、休息，按摩，热水澡。

#### 8. 籽骨炎

原因：运动中突然重压，作用在籽骨上，造成骨折和发炎。

预防：选择适合的运动场地和运动设备。

#### 9. 肌腱、小腿肌痛

原因：跳跃及提脚跟动作过多。

预防：运动前后的准备活动和放松要充分。

处理：注意放松、休息，按摩、热敷等。

**10. 腰部扭伤**

原因：肌肉力量不足，脊柱运动超过正常生理范围。

预防：学习正确的动作技术，不急于求成。

处理：不要立刻搬动伤者，平卧休息，针灸外敷药物，按摩。

**11. 胫骨骨膜炎**

表现：胫骨前骨膜与骨有剥离感，有疲劳感、患处酸痛。

原因：锻炼方法不当，运动场地地面不平等，小腿的肌肉发展不平衡，突然的压力。

预防：学习正确的锻炼方法（如：不要长时间做连续跳跃动作、上下踏板动作）。

处理：注意全面锻炼、做好放松、按摩、做伸展练习等。

## 二、预防损伤的10个注意事项

① 准备活动不可忽视，方法为走、踏步、慢跑、伸展等。

② 锻炼过程中要遵循强度适当和由慢至快的原则和方法。

③ 学习防止运动损伤的方法和理论。

④ 穿配适合的运动鞋、运动护具等。

⑤ 10%原则，一周内锻炼过程的增加频率、强度、持续时间不要超过10%，应循序渐进。

⑥ 保持有氧运动和无氧运动的锻炼均衡。进行一些力量和柔韧练习防止受伤。

⑦ 劳逸结合，锻炼之后要充分休息。

⑧ 运动前不要饱餐和空腹、运动的前中后要适量摄入水分。

⑨ 参加不同的训练如：交叉训练锻炼不同的肌肉群。

⑩ 根据自己的身体状况及时调整运动，如果在某部位运动产生酸痛，可以考虑是减量或停止锻炼。

# 第二节　常见运动性疾病及夏冬锻炼须知

## 一、常见运动性疾病

**1. 运动性贫血**

表现：头晕、乏力、易疲劳、记忆力下降、食欲不振。运动时症状较明显，常伴有气促心悸等症状。

内因：红细胞机械性脆性增加，运动时红细胞与血管壁的碰撞造成红细胞破坏增多，从而造成贫血。

预防：合理安排运动量和运动强度，遵循循序渐进原则，调整饮食结构，克服偏食习惯。

处理：适当减小运动量。严重时暂停运动，补充富含有蛋白质和铁的食物。

**2. 肌肉痉挛**

表现：肌肉发生痉挛时，局部肌肉坚硬或隆起，剧烈疼痛，一时不易缓解。

内因：大量排汗，使体内水分、盐分严重损失，导致体内电解质的平衡发生紊乱，引起肌肉神经的兴奋性增高而发生痉挛；运动中肌肉处于疲劳状态时，收缩与放松的协调关系被破坏。

外因：寒冷的天气环境中进行运动，准备活动不充分，肌肉受到寒冷的刺激易引起肌肉痉挛。

预防：做好充分的准备活动。夏季长时间运动，要注意补充水分、盐分；冬季锻炼要注意保暖。游泳前用冷水淋湿全身，以提高机体对冷水刺激的适应力。

处理：对发生痉挛的肌肉进行牵引。例如，腓肠肌痉挛时，即伸直膝关节，牵引者双手握住患者足部并抵于腹部，利用牵引者躯干前倾的适度力量，将患者足部背伸。

## 二、夏冬锻炼须知

### 1. 夏季锻炼应注意的问题

当天气炎热、气温较高时，锻炼的时间不宜过长，否则因外界气温的影响，汗的分泌、蒸发受阻，热量不易散发，使体内温度迅速升高，容易引起中暑。要合理选择易散发热量的运动服装，一些特别为减肥设计的"出汗衣"等对人体健康相当不利，被动减水会加重中暑症状，严重者会出现高烧、晕倒、昏迷等症状。因此应控制锻炼时间，一旦出现身体不适就要立即停止活动。

在潮湿的运动环境锻炼时，由于汗不易排出体外，不利人体降温，加重心脏负担，要注意补充水分，促进排汗降体温，通常在运动前喝1、2杯水，在运动中每10～15min喝少量水。人体对脱水的反应较慢，当感到口渴时，往往机体已经脱水了。少量脱水影响动作，大量脱水影响健康。运动中的大量脱水会导致抽筋。

夏季阳光的紫外线非常强烈，它可透过人体的头发、皮肤、头骨作用于人体，引起类似中暑的症状。因此在炎热的阳光下锻炼时间不宜过长，也不要把锻炼时间安排在中午，地点要选在有遮阴的地方，运动负荷要适中。

### 2. 冬季锻炼应注意的问题

在冬季从事体育活动，可以提高神经系统的调节能力，还能促进血液循环，体内各器官的新陈代谢过程也相应加强，但由于冬季天气寒冷，气温较低，在进行体育锻炼时应注意以下几方面的事项。

（1）防止冻伤

运动服装要柔软、保暖，严寒时，在不影响运动的情况下，可戴上手套、耳罩，防止冻伤。

（2）注意保护皮肤

低温时，由于皮肤受冷空气刺激，皮脂分泌减少，加上冬季干燥，使得皮肤干燥甚至开裂，因此，冬季户外运动时，可于手、面部涂油脂性护肤品，以保持皮肤柔润。

（3）防止运动创伤

低温时，肌肉和韧带的弹性、伸展性都较差，关节不灵活，肌肉的黏滞性较大，容易动作僵硬并导致肌肉、韧带拉伤，关节扭伤。因此，冬季运动前一定要充分做好准备活动。

（4）预防感冒和呼吸道传染病

首先，要根据气温的高低和锻炼的不同阶段，及时增减衣服，尤其是体质较差的锻炼者，更要注意在锻炼前和准备活动时不要一次性减掉太多衣物。在剧烈活动后出汗较多，应及时把汗擦干，穿好衣服，以免着凉感冒。在长跑时要掌握正确的呼吸方法，尤其是逆风跑步,最好用鼻呼吸。另外,也要选择好锻炼的场所和气候条件,避免在雾霾扬尘的天气和交通繁忙的马路锻炼,防止呼吸道感染。

## 第三节　简单运动处方

运动处方的概念是 20 世纪 50 年代由美国生理学家卡波维奇提出的。1969 年,世界卫生组织开始使用运动处方术语,从而在国际上得到认可。运动处方是由专业人员根据个人的年龄、体力、健康状况、伤病的诊断、运动史以及功能评定的结果,用处方的形式规定运动种类、运动强度、运动时间及运动频率,为从事健身锻炼者或康复对象规定其锻炼的内容和运动量,并指出运动中要注意的事项,是指导人们有目的、有计划和科学地锻炼的一种方法。

### 一、运动处方的组成

1. **健康检查**

了解锻炼者的身体发育、伤病的情况和健康状况,以确定是否是健身运动的适应者,有无禁忌症。

2. **运动负荷测定**

检测和评定锻炼者对运动负荷的承受能力。以心肺功能为主,进行安静和运动状态下的生理功能检测,主要有心率、血压、肺活量等指标。

3. **体能测定**

进行力量、耐力、速度和灵敏的身体素质检测,从中判定锻炼者的运动能力和生理机能的状况。

### 二、制定运动处方

1. **运动目的**

通过有目的的锻炼达到预期的效果。由于各人的情况千差万别,运动处方的目的有健身的、娱乐的、减肥的、治疗的等多种类型。

2. **运动项目**

在运动处方中,为锻炼者提供最合适的运动项目关系到锻炼的有效性和持久性。选择运动项目,要考虑运动的目的,是健身的、还是治疗的;要考虑运动条件,如场地器材、余暇时间、气候等;还要结合体育兴趣爱好等。

3. **运动强度**

是运动时的剧烈程度,是衡量运动量的重要指标之一,可用心率来表示大小。一般认为心率 120 次/min 以下为小强度,120～150 次/min 为中强度,150～180 次/min 或 180 次/min 以上为大强度。测量运动强度的简单办法是:测量运动后 10s 脉搏×6,就是 1min 的运动强度。

① 适宜运动强度范围,可用靶心率来控制:以本人最高心率的 70%～85% 的强度作为标准。靶心率=(220-年龄)×(70%～85%)。如 20 岁的靶心率是 140～170 次/min。

② 最适宜运动心率,计算公式如下。

$$最大心率 = 220 - 年龄$$

$$心率储备 = 最大心率 - 安静心率$$
$$最适宜运动心率 = 心率储备 \times 75\% + 安静心率$$

如某大学生20岁，安静心率70次/min，他的最大心率为220－20＝200（次/min）；心率储备为200－70＝130（次/min）；最适宜运动心率为130×75％＋70＝167.5（次/min）。

4. 运动时间

指一次锻炼的持续时间。它与运动强度紧密相关，强度大，时间应稍短；强度小，时间应稍长。有氧锻炼一般在30min左右才能达到较好的效果。

5. 运动频度

指每周的锻炼次数。关于运动频度，日本学者研究表明，1周运动1次，肌肉酸痛和疲劳发生，运动后1～3天身体不适，效果不蓄积；1周运动2次，酸痛和疲劳减轻，效果有蓄积，不明显；1周运动3次，无酸痛和疲劳，效果蓄积明显；1周运动4～5次，效果更加明显。可见，1周运动3次以上，效果明显。

## 参 考 文 献

[1] 赵云宏，肖林鹏，张秀华. 高校公共体育教程新编. 北京：北京体育大学出版社，2009.
[2] 黄晨曦. 体育欣赏. 南京：东南大学出版社，2016.
[3] 王琳. 使用运动医务监督. 北京：北京体育大学出版社，2005.

# 第二篇 实践

# 项目一 跑的训练

## 【案例引入】

跑步运动一直受到人们的喜爱，跑步是最简单、最方便且最有效的有氧锻炼方式之一。它可以调节人的心情，促进血液循环，增强心肺功能，发展肌肉力量，保持体型健美。跑步可以燃烧脂肪，体重61kg的人慢跑45min，可消耗热量2009J以上，同时能塑造肌肉，对腿部和臀部效果更明显。然而，随着社会的发展，一方面我们需要良好的体质适应工作的需要；另一方面由于受到气候、环境、场地等一些客观因素的制约，我们到室外去跑步的机会越来越少，室内跑步应时代之需成为时尚，应用跑步机健身已成为人们的首选。跑步机健身的突出特点是：健身不受环境限制，简单易学，男女老少皆宜，对人体肌肉、骨骼以及改善人的心脏血管机能等都有良好的效果。

## 学习任务一　短跑技术

### 【任务导入】

熟练掌握短跑技术的正确动作和练习方法，了解并掌握各种短跑动作技术要领，能够达到短跑动作的基本要求。短距离跑是径赛中距离最短、速度最快的项目。它是在人体缺氧的状况下，以最短时间通过规定距离的极限强度的运动。它能有效地发展速度素质，因此是田径的基础。短距离跑项目包括60m、100m、200m和400m，目前少年开设了300m项目。短距离跑全部技术动作可分为起跑、起跑后加速跑、途中跑和终点跑四个。

### 【知识准备】

在公元前776年第1届古代奥运会上，就有一个"斯太地（Stadion）"距离的短跑竞赛项目。从第14届开始增加了第一个短跑项目，长度接近400m。当时，比赛规则很简单，不计时间也不排名次，谁第一个到达终点谁就获胜。

短跑是高速度的极限性运动项目，是田径运动的基础项目，短跑水平的高低体现了练习者神经中枢的灵活性和神经-肌肉系统的协调性，短跑是速度和力量的完美结合，给人以勇猛的表象。在学习短跑项目时一定要循序渐进，在掌握技术的同时不断提高跑速，以速度为中心，不断提高力量和技术的平衡能力。

除了竞赛之外，短跑运动又被广泛用作以健身为目的的健康锻炼。短跑运动动作结构简单，易学易练，不受年龄、性别、场地条件限制的。经常练习短跑可以提高神经、肌肉、关节的灵活性；增强肌体负氧债的能力；提高神经-肌肉系统的能量储备和抗乳酸能力；使人始终保持充沛的精力和快速反应的能力。短跑技术经历了"踏步式""迈步式"和现在普遍采用的"趴地式"的技术发展阶段，技术的不断改良使整个短跑动作显得自然放松，也促进了短跑项目的成绩明显提高。

**1. 起跑和起跑后加速跑技术**

起跑的任务是最大限度地发挥自身的力量以获取向前冲力，使身体迅速摆脱静止状态，为起跑后的加速创造条件。起跑后加速跑的任务是保持合理的身体姿势，充分利用向前的冲力，在加速跑段距离内尽快地达到或接近自己的最高速度。

起跑动作包括"各就位""预备""鸣枪"三个过程。

（1）"各就位"

当听到"各就位"的口令后应该先做几次深呼吸，然后精神饱满地走到起跑器。先把两手手掌撑在地上，双脚（有力脚在前）前脚掌依次踩在起跑器上，后膝跪在地上成支撑姿势。再放松一下手、臂、肩，两手置于起跑线后。两手的四指应该并拢（或稍分开）与拇指成"八"字形，拇指相对，两手之间的距离与肩同宽。两臂伸直，肩与起跑线齐，颈背放松。头自然下垂，集中注意力听"预备"的口令，如图2-1-1所示。

图 2-1-1　蹲踞式起跑的全过程图示

（2）"预备"

当听到"预备"的口令以后应该深吸一口气，然后憋住气。同时平稳地抬起臀部使其略高于肩，身体重心适当前移。两脚前脚掌紧贴起跑器，头与躯干保持自然姿势，集中注意力听鸣枪的信号。

（3）"鸣枪"

当听到鸣枪信号以后，双手应该迅速推离地面。两臂积极有力地前后摆动，两腿依次用力蹬离起跑器。后腿蹬离起跑器后迅速以膝部领先向前上方摆出，后腿前摆时，脚跟要尽量靠近臀部，以缩短摆动半径，加快摆动速度。这时，前腿继续用力蹬起跑器，当髋、膝、踝三关节充分蹬直时，后腿也前摆至最大限度。此时，上体仍保持较大前倾，后腿摆至最大限度后，大腿积极下压，用前脚掌在身体重心投影点的后下方落地，这是起跑的关键技术。

起跑后加速跑是衔接起跑和途中跑的重要跑段，这一跑段的距离约30m，直接关系到最快速度的发挥。在蹬离起跑器后，应该保持良好的身体前倾姿势，两臂积极有力地快速前后摆动，两腿用力蹬地，上下肢协调配合。在加速跑的开始阶段，上体前倾较大，随着步长和速度的不断增加，上体应逐渐抬起，直到转入途中跑的正常姿势。在加速跑段，不应有任何停顿和跳跃现象，这是起跑后加速跑的技术关键，大腿积极下压的速度和力度直接影响到加速跑的效果。

**2. 途中跑的技术**

途中跑是短跑全程中距离最长的段落，其技术的合理与否决定着短跑成绩的优劣。途中跑的任务是继续发挥和保持加速跑段所获得的速度，并努力以最快速度跑完全程。途中跑的速度主要取决于两腿蹬摆的效果、上体的正确姿势和两臂动作的正确配合，以及肌肉用力和放松交替的能力。跑的动作包含支撑和腾空两个时期。一次支撑和一次腾空称为一个周期，一个周期中每条腿都经过一次支撑和一次摆动。

（1）摆动期

当支撑腿蹬离地面后即进入摆动期，摆动期大腿完成折叠前摆和积极下压动作。折叠前摆的动作要领，是在大腿积极前摆的同时，脚跟应尽量向臀部靠拢完成大小腿的折叠动作，使大腿在尽量小摆动半径的前提下快速前摆，在最短的时间内摆到个人力所能及的最大高度，为大腿的积极下压做好准备。积极下压的动作，是在大腿摆到最大高度后，带动小腿积极下压，同时膝关节要保持自然放松，在大腿的带领下迅速以"鞭打"式下压、脚尽量以与跑道相切的最佳方式接触地面，以减少着地时产生的阻力。完成以大腿为主导的，大腿、小腿、脚和髋、膝、踝三关节协调配合的快速有力的积极下压动作。

（2）支撑期

当摆动腿积极下压与地面接触后到脚蹬离跑道为止为支撑期。支撑期是身体重心获得移动速度的主要动力来源，脚与跑道接触后的运动方式和力度直接影响到身体重心的移动速度，因此，当脚接触跑道后应以大腿带动小腿积极伸髋，迅速有力地完成"趴地"动作，以最短的时间结束支撑期。积极的"趴地"动作可以推动身体重心快速前移。

手臂和躯干动作：在整个途中跑段落躯干应始终保持正直或略前倾，双目平视，以维持身体的平衡。两手掌心相对，四指自然弯曲，同时两臂弯曲以肩为轴、以肘为用力点前后摆动。前摆时手的高度不超过下颌，肘关节的角度约90°；后摆时肘关节的角度约130°，高度不超过肩。正确快速而富有节奏的摆臂动作不仅能维持身体左右平衡，而且能带动下肢的同步节奏。

弯道跑：200m和400m跑中有百分之六十左右的距离要在弯道上跑，所以弯道跑的技术十分重要。弯道跑的技术与途中跑技术基本相同，由于弯道跑要克服离心力的作用，所以跑时躯干应向左倾斜，右臂和右腿的摆动幅度都要超过左侧，支撑腿的落点尽量靠近跑道的内沿线，如图2-1-2所示。

图 2-1-2  弯道跑技术示意图

**【任务实施】**

1. **起跑器的安装**

起跑的任务是获得向前冲力，使身体迅速摆脱静止状态，为起跑后加速跑创造有利条件。起跑器的安装。规则规定，短跑的起跑必须使用起跑器并采用蹲踞式起跑。安装起跑器的目的是使脚有牢固的支撑，形成良好的用力姿势，便于快速起跑和加速，有利于获得较快的起跑速度。起跑器的安装方法常用的有普通式和拉长式两种。普通式的前起跑器安装在起跑线一脚半（40～46cm）处，后起跑器距离前起跑器一脚半。前后起跑器的支撑面与地面的夹角分别为40°～50°和70°～80°。两个起跑器的中间线间隔约15cm。起跑器的安装距离见图2-1-3。

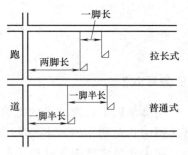

图2-1-3 起跑器的安装距离

两种起跑器的安装方法各有优缺点，应根据各人的特点选用和调整起跑器的安装方法。运动员采用哪种起跑器的安装方法应根据个人的身高、体型、身体素质和技术水平等情况来选择，其目的是使运动员能充分发挥肌肉最大力量，获得最大初速度，有助于加速跑的完成。

### 2. 短跑技术练习方法

短跑技术练习方法说明见表2-1-1。

表2-1-1 短跑技术练习方法说明表

| 短跑练习方法 | 动作要领 | 分值 |
| --- | --- | --- |
| 速度练习的方法 | 通常速度锻炼是指位移速度的锻炼，而动作速度是位移速度的基础。在实施速度锻炼方案时，应该先把跑的动作分解成多个环节，通过单一的肌肉力量练习和专门性练习相应地提高环节运动速度，然后再通过各段落的快速跑来提高位移速度。可以采用20～40m快节奏的高抬腿跑、小步跑、跨跳等专门性练习；也可一采用30～60m的加速跑和20～30m的行进间跑等快速跑。练习的重复次数少但强度要大 | 25 |
| 速度耐力的练习方法 | 速度耐力的锻炼主要是各种距离的较快速度跑。可以采用30m、60m、100m、150m的间歇跑；也可以采用150m、200m、250m、300m的变速和100～500m的重复跑。初学者可根据不同的水平和能力，设计成不同强度、不同段落的各种组合。总的设计原则是循序渐进，段落由长到短；强度由小到大；重复次数由少到多 | 25 |
| 力量的练习方法 | 短跑的肌肉力量锻炼是一项比较重要的内容，肌肉力量的增强有助于加快动作速度。通常的练习方法有：负重半蹲、深蹲（练大腿前肌）；各重对抗外力的俯卧屈膝（练大腿后肌）；卧推和快速挺举（练上肢伸肌）；以及各种跳跃（练下肢综合力量）等。负重量和重复次数应根据练习者的初始水平和奋斗目标作相应设计 | 25 |

### 3. 短跑游戏比赛

短跑游戏比赛说明见表2-1-2。

表2-1-2 短跑游戏比赛说明表

| 名 称 | 持物接力跑游戏 |
| --- | --- |
| 游戏说明 | 将学生分成人数相等的四组，教师发出信号后，每组第一人迅速取出种子（实心球）快速跑到第一个播种区下种，然后迅速返回取第二粒种子在第二区播种，以同样的方法完成播种四次返回，与第二人击掌，第二人迅速将果实收回到筐里，然后与第三人击掌，第三人方法同第一人，第四人方法同第二人。依次类推，最先完成播种与收获的组为获胜 |
| 游戏规则 | 每次只能拿一个实心球，实心球必须放入规定区内，跑回的时候一次只能抱回一个 |
| 要求 | 认真听老师讲解游戏方法与规则，并在游戏中遵守游戏规则，发扬团结互助的精神，互相鼓励 |
| 结果点评 | 教师宣布比赛结果并点评学生在游戏中运用技术的情况 |

# 学习任务二　中长跑技术

## 【任务导入】

熟练掌握中长跑技术的正确动作和练习方法，了解并掌握各种中长跑动作技术要领，能够达到中长跑动作的基本要求。

在中长跑训练中，途中跑技术是教学的重点，建立良好的跑的节奏与速度感则是技术难点。

## 【知识准备】

### 一、中长跑分类与技术特征

中长跑包括中距离和长距离跑。中距离跑对速度和耐力都要求较高，而长跑以耐力为主。现代中长跑技术的特征为：身体重心位移平稳、动作实效、经济、轻松、自然，并保持良好的节奏、高步频，积极有效地伸髋和快速有力地摆动动作。

### 二、中长跑注意事项

中长跑时，应注意呼吸的节奏。呼吸的节奏取决于个人特点和跑的速度。一般是跑两三步一呼气，跑两三步一吸气，随着跑速的提高，呼吸频率也相应加快。在强度大、竞争激烈的情况下，应采用半张口与鼻同时呼吸来最大限度地满足机体对氧气的需要。

中长跑时，由于内脏器官机能的惰性，氧气的供应暂时落后于肌肉活动的需要，跑一段距离后会不同程度地出现胸部发闷、呼吸困难、动作无力等现象，迫使跑速降低，甚至有难以坚持下去的感觉。这种生理现象叫"极点"，它与准备活动、训练水平有关，训练水平高，内脏器官的适应能力强，"极点"出现就缓和、短暂。当"极点"出现时，可适当降低跑速，注意加深呼吸，同时要以顽强的意志坚持下去。

中长跑是体能类竞技项目运动。运动员在比赛中，表现出良好的耐乳酸能力，有较高的有氧与无氧训练水平。在练习中，对人的身体素质的完善、生理机能的提高、心理素质的健全起到了很大的推动作用，在全民健身活动中，更是一项人们喜闻乐见的体育活动。

### 三、中长跑动作要领

① 起跑：各就位到第一步前的动作任务是迅速摆脱静止状态获得向前动力。应采用站立式的起跑姿势。

动作顺序：各就位时做一两次深呼吸，然后放松地走到起跑位置。有力脚在后，前腿大小腿成150°、后脚130°，上身前倾，重心在前脚上，异侧臂前伸。目光在前方5~8m处。听到枪声后脚蹬地并向前摆动。

② 加速跑：上身逐渐挺直，双臂迅速有力摆动。加速进入有利位置。

③ 途中跑：重要阶段。要注意协调自然和放松。

良好姿势：上体正直或微前倾。根据跑步的速度来变换摆臂幅度的大小。重心平稳，双脚不应被动着地,而应大腿积极下压,小腿顺势前摆,并做扒地动作。大腿前摆不高,与地面成 35°,后脚蹬地结束应成 160°左右,如图 2-1-4 所示。

图 2-1-4　途中跑示意图

④ 弯道跑:身体稍向左侧倾斜,右臂和右腿的运动幅度稍大,着地时左脚用脚外侧,右脚用脚内侧着地。身体向左倾斜的角度与速度成正比。

⑤ 终点跑:1500m 以上在最后 300m 或 400m 开始加速冲刺,耐力好的运动员加速冲刺的时间早。冲刺过程中加大摆臂,加大步频,和增加躯干的前倾角度。

用鼻子和半张开的嘴同时进行呼吸。积极进行呼气特别重要,积极呼气能保证吸气,一般采用两步或三步一呼。跑步过程中不能憋气。

## 【任务实施】

### 1. 中长跑技术练习方法

中长跑技术练习方法说明见表 2-1-3。

表 2-1-3　中长跑技术练习方法说明表

| 中长跑练习方法 | 动作要领 | 分值 |
| --- | --- | --- |
| 中长跑技术训练 | 匀速反复跑,100～200m,改善技术。弹性跑加强下肢力量提高摆腿高度。放松大步跑,改进跑的放松能力提高步幅。起跑和起跑后加速联系。上体逐渐抬起,步幅逐渐加大。终点跑练习撞线 | 25 |
| 中长跑速度联系 | 30m 行进间,上坡下坡,快频率,加速,力量训练,俯卧撑,立卧撑,引体向上,双杠双臂屈伸,腰腹肌,举腿,背脊,下肢练习 | 25 |
| 耐力训练 | 重复跑,变速跑,追逐跑 | 25 |
| 柔韧训练 | 弓步压腿,正压腿,压肩,跨栏压腿 | 25 |

### 2. 中长跑游戏比赛

中长跑游戏比赛说明见表 2-1-4。

表 2-1-4　中长跑游戏比赛说明表

| 名称 | 贴 膏 药 |
|---|---|
| 游戏说明 | 两至三人一组,组成一个圆圈<br>教师任意指定两名学生,一抓一贴<br>贴膏药时必须经由内圈贴上,被抓到反过来抓别人,循环往复 |
| 要求 | ①教师示范讲解,叫口令领操;②学生听口令统一练习,动作准确、到位、整齐;③每节 4×8 拍 |
| 结果点评 | 教师宣布比赛结果并点评学生在游戏中运用技术的情况 |

# 学习任务三　接力跑技术

## 【案例引入】

综观国内外对接力跑研究的历史和从田径运动大赛中接力跑的技术状况看,对接力跑技术的研究还显得很不够,许多接力跑运动员对技术的掌握尚差。在国内外大赛中的 4×100m 接力跑比赛中常有犯规现象,4×400m 接力跑也往往因各种因素处理不好传接棒技术,在 3 个接力区内占用过多的时间,较大地影响了接力跑的成绩。如 1991 年第 3 届世界田径锦标赛,美国女子 4×100m 接力队具有 41.55s 的实力,但由于技术失误,在预赛中犯规,失去了冲击世界纪录的良机。英国女子 4×400m 接力队在 1971 年赫尔辛基欧洲田径锦标赛预赛中以 3min 35s 获得第二名(3 个接力区占用总时间为 8.8s),但在决赛中仅以 3min 34.5s 获得第四名(3 个接力区占用总时间为 12.30s),显然,这不是因为跑的能力不强,而是因为接力技术差而失败。在 1991 年第 3 届田径锦标赛上,英国男子 4×400m 接力队以 2min 57.53s 的成绩战胜了实力雄厚的美国接力队(成绩 2min 57.57s),当年英国队无一人列入世界 400m 的前 20 名,而美国参加 4×400m 接力的 4 名运动员均可排在世界前 20 名中的前列。由此可见接力技术的重要性。

## 【任务导入】

了解接力跑的发展,了解接力跑的起跑技术,掌握传接棒技术,能够完成接力全程跑,培养团结协作和集体主义精神。

## 【知识准备】

### 一、接力跑发展概况

接力跑是由跑和传、接棒技术组成的集体项目。接力跑传接棒时娴熟的技艺和每个参赛队员为集体竭尽全力所表现出的高度默契,以及比赛场面激烈的竞争性和比赛过程中变化无常带来的戏剧性,使它成为田径运动中最令人兴奋的项目之一。

1908 年的第 4 届奥运会上,男子 4×400m 接力跑被列为正式竞赛项目,1912 年第 5 届奥运会增加了男子 4×100m 接力跑项目。女子 4×100m 和 4×400m 接力跑,分别于 1928 年和 1972 年被列为奥运会竞赛项目。接力跑包括场地接力跑和公路接力跑。目前,在正式的田径运动大型比赛中,一般设有男、女子 4×100m、4×400m 接力跑比赛项目。历史上还有过男子 4×200m、4×800m、4×1500m、4×880yd❶、4×1mile❷ 世界纪录的记载。除

---

❶　1yd＝0.914m。
❷　1mile＝1609.344m。

此外，还有过异程接力跑比赛。

接力跑规则曾有过修改。早先的规则规定，各参赛队在各自指定的跑道内跑进，并要求接力棒必须在规定的20m接力区中完成起跑和传接棒动作。1962年以后，国际田联规定在20m接力区的始端，向后延长10m作为预跑区。接棒队员可以在10m预跑区域内任选一处开始预跑，但传接棒仍然必须在20m接力区内完成。

随着短跑成绩的迅速提高和传接棒技术的不断改进，接力跑的成绩不断提高。至2013年底，男子4×100m接力跑世界纪录为37.40s，4×400m接力跑为2min54.20s；女子4×100m接力跑为41.37s，4×400m接力跑为3min 15.17s。

当前，国内外围绕提高接力跑成绩在以下几个方面进行了一些科学研究：如何改进和完善传接棒技术；如何从起跑技术、跑的能力、身体形态、心理素质、协作精神、传接棒技术等各个因素选择最佳参赛队员，以争取发挥最佳的整体效应；接棒运动员如何确定最适宜的起跑时机，以尽量减少速度损失的情况，完成传接棒动作，争取最快的跑进速度和提高接力跑的成绩。

## 二、接力跑的技术与特点

接力跑技术包括短跑技术和传接棒技术两个部分。接力跑的成绩取决于各棒队员的速度和娴熟的传接棒技术。

**1. 起跑技术**

（1）持棒人起跑

第一棒传棒队员以右手持棒，采用蹲踞式起跑，接力棒不得触及起跑线和起跑线前的地面。起跑技术和短跑相同。持棒方法有以下3种，如图2-1-5所示。

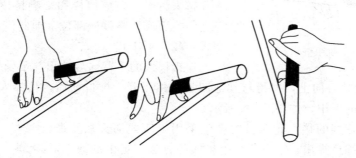

图 2-1-5  起跑持棒示意图

① 右手的食指握住棒的后部。拇指与其他手指分开撑地。
② 右手的中指、无名指握住棒的后部，拇指、食指和小指成三角撑地。
③ 右手的中指、无名指和小指握住棒的后部，拇指和食指分开撑地。

（2）接棒人起跑

第二、第三、第四棒的起跑采取半蹲踞式。接棒人站在接力区的后端预跑区内，选定起跑位置。第二、第四棒接棒人应站在跑道的外侧，右腿在前，右手撑地保持平衡，身体重心稍偏右边，头部左转，目视传棒人的跑进和自己的起动标志线。第三棒接棒人站在跑道内侧，左腿在前，左手撑地，身体重心稍偏左，头部右转，目视传棒人的跑进和自己的起动标志线。此外，第二、第四棒接棒人靠近跑道外侧，也可用左腿在前、右臂撑地、头部左转、目视传棒人的方法，如图2-1-6所示。

图 2-1-6　接棒示意图

当传棒人跑到自己的起动标志线时，接棒人便迅速起跑。接棒人的起跑姿势是否正确，一是要看是否有利于快速起跑和加速；二是要看是否能清楚地看到逐步跑近的传棒队员并作出起动的准确判断。

**2. 传接棒技术**

传接棒技术主要有上挑式和下压式两种。

（1）上挑式

接棒人的手臂自然向后伸出，手臂与躯干约成 40°～50°角，掌心向后，拇指与其他四指自然张开，虎口朝下，传棒人将棒由下向前上方送到接棒人的手中，如图 2-1-7 所示。上挑式传接棒的优点是接棒人向后伸手的动作比较自然，容易掌握。缺点是接棒后，接棒人的手握着接力棒的中部。为避免第三、第四棒的传接时接棒人抓的棒的前端部分越来越少，造成掉棒和影响持棒快跑，必须在跑进中换手或调整持棒部位（即倒棒）。

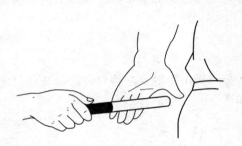

图 2-1-7　上挑手势示意图

（2）下压式

接棒人的手臂向后伸出，手臂与躯干约成 50°～60°角，手腕内旋掌心向上，拇指与其他四指自然张开，虎口朝后，传棒人将棒的前端自上向下传到接棒人的手中，如图 2-1-8 所示。

长期以来，各国的接力跑队员习惯于采用下压式的方法。最近，国外一些教练员提出，下压式比上挑式的方法有更多的缺点，原因如下。

图 2-1-8　下压手势示意图

① 采用下压式时，接棒运动员的手臂后伸，掌心朝上，会引起身体前倾，影响其加速跑。

② 下压式接棒时，手心向上，五指分开，这种姿势运动员做起来很困难，影响快速、牢固地传接棒。

③ 下压式传接棒，传棒运动员一旦手臂前伸，就会降低跑速。

④ 下压式接棒要求运动员交接棒时的距离要合适，因此，传棒运动员必须分散一定的精力去判断他与接棒运动员之间有利于接棒的速度，这样即使判断正确，也不易完成。

⑤ 下压式传接棒运动员的接棒手臂伸出身后，跑动时势必要上下左右地晃动，这就不利于完成传接棒动作。如果让接棒运动员的手臂固定不动，那么运动员将会因不习惯而影响跑速。

⑥ 下压式传接棒限制了接棒运动员在接力区内的加速度，他必须限制跑速，准备迅速

完成接棒动作。

4×100m 接力跑多采用上挑式与下压式混合的传接棒方法，它综合了上述两种方法的优点。第一棒队员以右手持棒起跑，沿弯道的内侧跑进，用上挑式将棒传给第二棒接棒队员，第二棒队员接棒后沿着跑道外侧跑进，并以下压式将棒传给第三接棒人，第三棒队员接棒后沿着弯道内侧跑进，用上挑式将棒传给第四棒接棒队员。

不管采用哪种传接棒技术都要因人而异，因为传接棒技术受身高、臂长、手掌大小和传接棒队员习惯的影响，只要能使传接棒技术达到默契、精确、保险、快速就可以。无论采用哪一种传接棒方法，都应是第一、第三棒队员沿跑道内侧跑进，以右手将棒传给第二、第四棒队员的左手，第二棒队员沿着跑道外侧跑进，以左手将棒传给第三棒队员的右手。为了集中精神保持高速度，4×100m 接力跑运动员都要采用不看棒的接棒方式。

【任务实施】

接力跑练习说明见表 2-1-5。

表 2-1-5　接力跑练习说明表

| 接力跑练习 | 练习方法 | 注意事项 | 分值 |
| --- | --- | --- | --- |
| 接力跑初步练习 | ①做传接棒技术示范并讲解有关传接棒的规则<br>②持棒原地摆臂，集体按口令做上挑式和下压式的传棒练习<br>③徒手原地摆臂，集体按口令做上挑式和下压式的接棒练习<br>④两人配合，原地按口令做上挑式和下压式的传接棒练习。传棒人与接棒人前后相距 1.5m 左右，传棒人的右侧对着接棒人的左侧<br>⑤两人在行进中按口令做上挑式和下压式传接棒练习<br>⑥两人在慢跑和中等速度跑中做上述练习，要求同上 | ①原地传接棒练习时，应让学生分成两列横队前后错开站立，前后距离约为 1.50m，传棒人的右手持棒。开始练习先按教师统一口令进行，然后由传棒人在行进中发口令，进行传接棒练习<br>②在完成上挑式传接棒练习时，传棒人应在将棒摆到体前时发出"接"的信号，棒经下摆，再向前送棒，接棒人听到"接"的信号后迅速向后伸手接棒<br>③在完成下压式传接棒练习时，传棒人应在持棒后摆时，发出"接"的信号，再自上向下送棒，接棒人听到"接"的信号后，迅速向后伸手接棒 | 25 |
| 各棒次的起跑技术练习 | ①第一棒，右手握棒做蹲踞式起跑练习<br>②第二、第三、第四棒，接棒人在直道和弯道以站立式和半蹲踞式起跑姿势，做单手臂撑地的起跑练习 | 第一棒起跑用右手握棒，要求接力棒不得触及起跑线前地面。在掌握练习①和练习②技术后，可进行两人配对的练习(距离 50m) | 25 |
| 在接力区内完成传接棒技术练习 | ①两人传接棒技术练习当传棒人用较快速度跑至标志线时，接棒人迅速起跑，完成传接棒技术<br>②两人一组，2×50m 的接力跑练习要求在接力区末端 3m 处完成传接棒技术 | 两人一组的接力跑练习，要求接棒人的起跑时机和标志线的确定基本准确 | 25 |
| 全程接力跑技术练习 | ①4 人组队，连续进行 50～100m 的接力练习<br>②4×50m 接力跑或教学比赛<br>③4×100m 接力跑或教学比赛 | ①全程接力跑练习时，应力求各队实力较为平均，以提高各队之间的竞争效果<br>②全程接力跑练习时，要强调在快速跑进中传接棒，并要求在传接棒队员之间要保持适当距离<br>③为了增加全程接力跑的次数，练习时可缩短全程跑的距离，如采用 4×30m、4×50m 等练习 | 25 |
| 结果点评 | 教师点评学生运用技术的情况 | | |

# 学习任务四　跨栏跑技术

## 【任务导入】

了解跨栏跑的起源、发展，理解跨栏跑技术的特点和风格，学会全程跑栏技术，克服恐惧心理，增强克服困难，取得胜利的信心。

## 【知识准备】

跨栏跑是一项有着悠久历史的运动项目，究其渊源可以追溯到上古时代。那时人类的祖先为了生活和生存，在追捕猎物或在躲避猛兽袭击时，常常需要在快速的奔跑中越过一些天然的障碍物，这就是最原始的跨栏跑。17～18世纪的英国，牧业发达，牧童们常常越过羊圈，跳进跳出，相互追逐嬉戏。在节日里，牧童们经常举行跳跃羊圈的游戏，比谁跳得快。后来，他们把栅栏移到平地上，设置成若干个与羊圈高度相近的障碍物，看谁能跨过栏杆跑在前头，这便是跨栏跑的前身。这种游戏后来便演化为跨栏比赛。

1864年，英国牛津大学与剑桥大学进行了一场田径赛，首次设立了跨栏项目，距离为120yd。运动员要跨过10个间隔相等的障碍物，形如羊圈栅栏，每个高3ft[①]。剑桥大学的丹尼尔取得优胜，成绩是17.75s。这就是最初的跨栏跑比赛，标志着现代跨栏跑项目的诞生。

当时的跨栏跑技术与其说是"跨栏"，不如称为"跳栏"更为贴切。当时的过栏技术大体是这样的：前腿屈膝上体挺直，两臂左右横张，后腿顺拖而过，腾空时间较长。英国选手克鲁姆于1866年将技术做了些改进，他在过栏时第一次将摆动腿伸直，上体微向前倾。在1891年至1894年间，跨栏跑的技术虽然没有多大的改进，但是美国选手威廉思和贝思先后以15.8s和15.6s的成绩闯进了"16s大关"。刘翔2002年以13.12s的成绩打破了110m栏的世界青年纪录、亚洲纪录和全国纪录，并于2004年获得奥运会男子110m栏冠军。

19世纪之前，可以认为是跨栏跑的起源与雏形时期，开始形成并设立了跨栏跑项目。虽然这一时期跨栏跑技术比较粗糙，但标志着现代跨栏运动的开始，并为以后的发展打下了良好的基础。目前跨栏跑技术已形成了它特有的技术风格和特点。

1. **速度成为跨栏跑技术的灵魂**

随着"跨栏"向"跑栏"技术发展过渡，人们对跑的要求越来越高，跑与跨的动作区别也在逐步地缩小，运动员跨栏跑的平均速度与运动员平跑的平均速度逐渐接近，跨栏跑的成绩更接近于平跑成绩。因此跨栏跑技术的发展对跨栏跑运动员的速度要求也越来越高，速度将成为优秀跨栏运动员的灵魂。

2. **"远起跨，近下栏"的技术逐步形成现代过栏技术**

"远起跨，近下栏"这一特点是随着运动员的身高和身体素质的提高而出现的。起跨和下栏技术是整个跨栏跑技术中两个重要的技术环节。起跨是指从起跨腿踏上起跨点至蹬离地面止这一支撑时间。起跨的任务是保持较高的水平速度，为迅速过栏创造更大的腾起初速度

---

[①] 1ft＝0.3048m。

和适宜的腾起角度。

正确的起跨攻栏技术是掌握好过栏技术的关键。优秀运动员的起跨距离为 2.0~2.20m。下栏着地是指从人体腾空过栏身体重心达到最高点开始，到摆动腿积极下压着地支撑这一动作过程。摆动腿积极有力的下压动作缩短了跨栏跑的腾空距离，减少了腾空时间，减少了运动员水平速度的损失，有效地缩短了过栏时间，提高了运动员的过栏速度，加快了上体的移动速度，使身体重心迅速赶上并超过支撑腿，而且还能保证过栏后获得较高的身体重心位置。优秀运动员的下栏着地点距离栏架约为 1.50m，着地角度约为 78°，如图 2-1-9 所示。

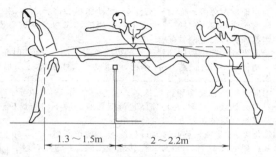

图 2-1-9　过栏技术动作分解图

**3. 栏间跑的步长以及栏间步与跨栏步趋于均匀化**

由于摆动腿栏的速度明显加快，腾空时间减少，起跨腿小腿直接收向大腿，折叠后靠拢向前提拉的动作，使栏的第一步达到必要的步长与步速，使得整个跨栏跑的水平速度得到较好的保持，并非常连贯地由跨转入到快速跑进。过栏动作就像跑 3 步后接连跑一个大步一样，跑与跨结合紧密，使得栏间跑的步子与"跨栏步"相对接近达到较均匀化，而栏间 3 步的距离也由小、大、中趋向均匀化的方向发展。

**4. 全程跑技术连贯，节奏感强**

全程跑的任务是把跨栏跑各部分技术合理地连接起来（见图 2-1-10），使运动员的技术和体能都能得到最大限度的发挥，以取得最好的运动成绩。由于全程跑运动员要跨越 10 个栏架，尤其是起跑到第一栏、最后一栏至终点，运动员跑的速度不断发生变化。虽然近年来跨栏周期的最高速度没有很大的突破，但是全程高速跑的能力得到了提高，优秀运动员的过栏技术日趋完善，水平速度损失减少，使得全程跨栏技术更自然、流畅，这对改善全程跑栏的节奏和提高跨栏成绩都起到十分重要的作用。

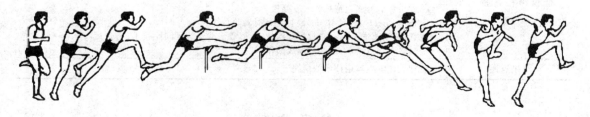

图 2-1-10　跨栏全程跑示意图

**【任务实施】**

跨栏跑练习说明见表 2-1-6。

表 2-1-6　跨栏跑练习说明表

| 跨栏跑练习 | 练习方法 | 分值 |
|---|---|---|
| 建立正确的跨栏跑技术概念 | ①简要讲述跨栏跑的技术、比赛项目、栏高栏距、比赛规则,结合图片、幻灯、录像等直观教具,讲解跨栏跑技术<br>②示范蹲踞式起跑跨3～4架栏<br>③组织学生试跨2～3架低栏,体验跨栏跑技术<br>④动作不求速度,应求轻松感,让学生消除恐惧心理<br>⑤学生试跨时要注意安全,强调起跨腿起跨和摆动腿落地时踝关节要紧张,避免受伤 | 25 |
| 跨栏步技术的练习 | ①原地攻摆练习。面对栏架直立,摆动腿屈膝高抬大腿,膝超过栏板高度时迅速前伸小腿,使脚靠近栏板下落。用前脚掌在身体重心投影点前着地,动作熟练后可加上两臂配合<br>②走步或慢跑中做摆动腿过栏的攻摆练习。动作同前,但在走步或慢跑中做。动作熟练后连续跨3～4个栏,要求动作自然放松,上下肢协调配合 | 25 |
| 起跨腿过栏技术的练习 | ①原地栏侧做起跨腿过栏练习。双手扶垒木站立,在起跨腿一侧距垒木1～1.2m处放一栏架,在栏顶做起跨腿屈膝经腋下向前提拉过栏,当起跨腿的膝提举到身体正前方时,自然放下<br>②走2～3步做栏侧起跨腿过栏练习。动作同前,栏前走2～3步,摆动腿落在栏架前方30～40cm处。起跨腿经栏侧提拉过栏,过栏后上体前倾,起跨腿大腿抬至身体正前方。慢跑或高抬腿跑过栏练习起跨点距栏约1m,过栏动作同前,但幅度小,腾空时间短<br>注意栏前栏后高重心支撑,上下肢协调配合,尽量不要向上跳,下栏后继续慢跑或高抬腿跑,准备过下一个栏 | 25 |
| 栏前跑和跨越第一栏技术的练习 | ①试跑练习。不设栏架,站立式起跑快速跑8步,以检查步长和起跨距离。要求第8步像起跨过栏一样,做出自然的"短步"<br>②确立步点。根据学生的不同水平,在起跨点处分别画出起跨标志,要求学生用8步反复练习,建立栏前8步长的空间定位感<br>③起跑过第一栏专门性练习。站立或起跑,起跨腿或摆动腿做栏侧过栏练习<br>④站立或起跑过第一栏。要求同上,过第一栏后继续跑进<br>⑤蹲踞起跑过第一栏。使用起跑器,听信号练习。要求跑时步幅逐渐增大,蹬摆有力富有弹性,第6步后,抬起上体按要求起跨<br>注意:起跑到第一栏的技术要注意步点准确,节奏感强,积极加速 | 25 |
| 过栏与栏间跑相结合技术的练习 | ①站立式或蹲踞式起跑前3栏适当缩短栏间距,降低栏高,使学生逐步掌握栏间跑技术和节奏。随着技术的提高,逐步过渡到标准栏<br>②成组按信号站立式起跑跨3～5架栏<br>③做站立式或蹲踞式起跑过5栏、8栏、10栏等多栏技术练习 | 25 |
| 全程跨栏跑技术的练习 | ①站立式起跑跨越缩短间距离的8～10架栏<br>②蹲踞式起跑跨越5～7栏提高跑速,改进过栏与栏间跑相结合的技术,培养正确的节奏<br>③成组听信号起跑跨越5～10架栏<br>④全程(男110m,女100m)跨栏跑计时测验<br>注意:着重改进个人过栏与栏间跑技术,形成快节奏的栏间跑技术;下最后一栏时尽力跑过终点,做冲刺撞线动作 | 25 |
| 结果点评 | 教师点评学生运用技术的情况 | |

# 参 考 文 献

[1] 孙克成. 新编大学体育与健康教程. 北京:航空工业出版社,2014.
[2] 刘金凤. 田径教学与训练. 成都:西南交通大学出版社,2014.

# 项目二
# 田径——跳跃训练

## 【案例引入】

田径运动中的跳跃项目，是运用人体自身的能力（或同时借助一定的器材——撑竿），通过一定的运动形式，使人体腾越尽可能高的高度或跳越尽可能远的远度。田径运动的跳跃项目属非周期性项目，各个跳跃项目，虽然运动形式和要求不同，但有其共同点，即人体的运动都是从静止状态开始向前跑进，而后转变为腾空，最后是落地。通常以抛射运动规律作为田径跳跃运动的力学基础。

## 学习任务一 立定跳远技术

### 【任务导入】

立定跳远是发展下肢爆发力与弹跳力的运动项目。它要求下肢与髋部肌肉协调快速用力，并与上肢的摆动相配合，所以它也需要一定的灵巧性。立定跳远具有简便易行的特点，有平地就能进行练习。

2014年《国家学生体质健康标准》中规定立定跳远是初中、高中、大学每年体质测试的必测项目。红外线非接触自动测量立定跳远的距离，反映人体下肢爆发力水平。按照教育部的规划，立定跳远等所有测试项目应全面普及智能化仪器，并配备数据管理软件，提供运动处方。

### 【知识准备】

立定跳远是指不用助跑从立定姿势开始的跳远。比赛时运动员双脚站立的位置不限定。起跳时，只准离地一次，如双脚离地后不起跳，落下后再起跳，即为连续离地两次，作一次试跳失败论。立定跳远是"达标"项目之一，是体育中考、会考的必测项目或选测项目。下面为大家介绍立定跳远的动作要领。

（1）预摆

两脚左右开立，与肩同宽，两臂前后摆动，前摆时，两腿伸直；后摆时，屈膝降低重心，上体稍前倾，手尽量往后摆。要点：上下肢动作协调配合，摆动时一伸二屈降重心，上体稍前倾。

(2) 起跳

两脚快速用力蹬地，同时两臂稍屈由后往前上方摆动（两肩要充分上提），向前上方跳出，并充分展体。要点：蹬地快速有力，腿蹬和手摆要协调，背部用力及时充分，强调离地前的前脚掌瞬间蹬地动作。

(3) 腾空

人体充分伸展，做到"三直"即髋、膝、踝三关节伸直，两臂前举。在收腹落地的时机因人而异，腰腹力量强的，可在人体达到最高点后下落时迅速收腹举腿，尽可能延长腾空时间达到可能远的落地点。而腰腹力量较弱的，在人体最高点时迅速收腹举腿，以便能够顺利完成收腹举腿动作。收腹举腿的同时两臂屈臂用力急振后摆，小腿尽可能地前伸，从而达到可能远的落地点。

(4) 落地缓冲

脚跟先着地，迅速过渡到全脚掌，并屈膝使膝盖前伸落地缓冲。要点：小腿前伸的时机把握好，屈腿前伸臂后摆，落地后往前不往后。

## 【任务实施】

### 一、教学要领

蹬、摆、收、举、伸、移，蹬——两腿蹬地；摆——两腿用力向前上摆动；收——膝空中收腿；举——空中举腿；伸——落地时两小腿前伸；移——两膝弯曲重心前移。

### 二、技术学习方法

① 原地练习蹬伸。按起跳要领准备，不向前跳，而是向上方蹬伸髋、膝、踝三关节，体会用力的顺序。

② 摆臂练习。原地摆臂由后下方至前上方的摆臂练习，主要体会臂部带动身体的作用。

③ 落地前的抬大腿和小腿前伸练习。在练习场地的适当距离上，拉一条橡皮筋（有一定的高度）迫使练习者向上抬腿和前伸技术。

### 三、力量练习

1. **蹲跳起**

这是主要发展腿部肌肉力量和踝关节力量的练习。

动作方法：双脚左右开立，脚尖平行，屈膝向下深蹲或半蹲，两臂自然后摆。然后两腿迅速蹬伸，使髋、膝、踝三个关节充分伸直，同时两臂迅速有力向前上摆，最后用脚尖蹬离地面向上跳起，落地时用前脚掌着地屈膝缓冲，接着再跳起。每次练习15~20次，重复3~4组。

2. **单脚交换跳**

这是发展小腿、脚掌和踝关节力量的练习。

动作方法：上体正直，膝部伸直，两脚交替向上跳起。跳时主要是用踝关节的力量，用前脚掌快速蹬地跳起，离地时脚面绷直，脚尖向下。原地跳时，可规定跳的时间（30s~1min）或跳的次数（30~60次）。行进间跳时，可规定跳的距离（20~30m）。以上练习重复2~3组。

#### 3. 纵跳摸高

这是发展腿部肌肉和踝关节力量而经常采用的一种练习方法。

动作方法：两脚自然开立成半蹲预备姿势，一臂或两臂向上伸直，接着两腿用力蹬伸向上跳起，用单手或双手摸高。每次练习10次左右，重复3～4组。

#### 4. 蛙跳

蛙跳是发展大腿肌肉和髋关节力量的练习。

动作方法：两脚分开成半蹲，上体稍前倾，两臂在体后成预备姿势。两腿用力蹬伸，充分伸直髋、膝、踝三个关节，同时两臂迅速前摆，身体向前上方跳起，然后用全脚掌落地屈膝缓冲，两臂摆成预备姿势。连续进行5～7次，重复3～4组。

#### 5. 障碍跳

障碍跳主要发展腿部肌肉和踝关节爆发力。

动作方法：地上放小海绵垫6～10块，每块距离1m左右。练习者站在垫后，两脚左右开立，脚尖平行，屈膝向下，两臂自然后摆，用脚掌力量向前上方跳过障碍，两臂配合向前上方摆动，落地时屈膝缓冲，落地后迅速做下次跳跃。重复5～6组。

#### 6. 跳台阶

跳台阶主要发展腿部力量和踝关节力量。

动作方法：两手背在身后，两脚平行开立，屈膝半蹲，用前脚掌力量做连续跳台阶动作。一次可跳20～30个台阶，重复3～4组。

#### 7. 立定跳远

立定跳远易出现的常见错误及纠正方法如下。

（1）蹬伸和摆臂不协调，有"后摆"现象

产生原因：协调性差。

纠正方法：讲清动作要领，"蹬伸"与"摆臂"是同时的。多做预摆动作和进行一些其他能提高协调性的运动，也可以设计多种发展身体协调性的练习来培养这种上下肢动作协调能力。

（2）屈膝，重心下降不准确，双臂后摆不到位

产生原因：动作概念不清，预备姿势不准确。

纠正方法：讲清概念和要求，多练习预备姿势，注意屈膝程度，不能过高或过低，重心适度下降，拉开工作肌肉初长度，为蹬地做好充分准备。

（3）起跳前的小跳步动作和垫一步动作

产生原因：起跳技术的错误，动作概念不清。

纠正方法：进一步讲解示范，帮助学生建立正确的技术概念。讲清在起跳时，不要有"投机"思想，以为"小跳一步或垫一步助动"会跳更远。其实这是立定跳远的违例动作，算一次跳远失败，不计成绩。多练习双脚同时用力向上起跳动作，也可从跳近距离开始实行立定跳或小步的连续蛙跳；或双脚夹沙包跳，从而逐步形成正确的双脚起双脚落地技术动作。

（4）起跳方向不够正确

产生原因：没有明确理解"前上方"的概念。

纠正方法：讲清"前上方"概念的具体操作。一般"前上方"指45°方向，但在立定跳远中，人没有水平初速度，只有我们脚的蹬力，这个力在45°时，水平和垂直速度相等，要

使这个蹬力让我们跳得远，势必不能太高和太低，应有一个合适的角度，实际练习中，建议在 18°～24°，也就是说，在这样一个范围的"前上方"。如果起跳角度过大，属"高跳型"，蹬力的水平速度过小，不利于我们跳得更远。如果起跳角度过小，属"平跳型"，蹬力的水平速度是变大了，但其腾空高度没有，会造成我们来不及做动作，甚至出现脚下"打滑"现象和身体前扑摔倒现象以及"分腿跳"现象。

（5）蹬伸不充分，摆臂无力，身体不舒展

产生原因："蹬伸"概念不清楚，急于起跳，对摆臂作用没有正确认识。

纠正方法：进一步讲清"蹬伸"的技术要求，体现"充分"蹬伸，要做到"快速蹬伸"，让学生明确起跳时的爆发性用力，充分、快速地蹬伸髋、膝、踝三关节尤其是踝关节的充分蹬伸，对快速起跳有重要影响。同时也要加强"蹬摆配合"练习，良好的摆臂动作对起跳有着积极的作用。

（6）收腹举腿不积极，产生"坐"着跳的现象

产生原因：收腹举腿力量差。

纠正方法：进一步讲解示范收腹举腿的动作，帮助学生建立正确的技术概念，让学生正确理解和认识立定跳远动作的要领和方法，多做各种模仿练习、分解动作，强调放松、自然积极发展腿后部肌肉的力量和柔韧性。注意蹬伸后的身体"一直线"效果，增加腾空时间，强调落地前收腹举腿的速度和时机，体会动作的"展"和"收"的协调配合。可以多做仰卧起坐，悬垂举腿、原地收腹跳、踏板（跳箱）起跳等练习方法来培养学生空中收腹举腿的能力，掌握立定跳远的空中动作，以提高运动成绩。多做"蹬摆配合"动作的模仿练习，提高上下肢配合的协调性。

（7）上体前磕，甚至前扑摔倒

产生原因：急于做落地动作，脚前掌落地。

纠正方法：进一步讲解示范，说明下落时须伸小腿，脚跟先着地的科学性，多做双腿并脚跳起越过橡皮筋练习，体会在收腹举腿的前摆下伸小腿动作。

（8）上体后倒

产生原因：小腿前伸过猛，或者没有正确处理力的惯性。

纠正方法：适当提高起跳角度，或稍伸一下小腿，还有要注意落地缓冲过程和力的惯性作用，注意及时屈膝，从脚跟过渡到脚前掌。

（9）落地动作不准确

产生原因：没有积极收腹举腿伸小腿的屈膝产生前脚掌着地和全脚掌着地，易导致"扑出去"摔倒现象和"无缓冲动作"而受运动伤害。

纠正方法：讲解示范，强调在积极收腹举腿的前提下伸小腿，脚跟先着地的科学性和健身价值。

（10）身体偏转，空中姿势不平衡

产生原因：左右脚力量不均，观看目标不明确，态度不端正，起跳动作随意。

纠正方法：锻炼双脚的爆发性用力。明确目标，起跳动作认真、不马虎、同学间不开玩笑。

（11）看脚跟向后走

产生原因：学生过分注重是否跳过已定目标，想自己确定一下而使身体后倾无法维持平衡导致后倾或向后退，影响真实成绩。

纠正方法：明确告诉学生落地后向前走，不要在跳的过程中看成绩，应学会跳后向前走再返回看成绩的好习惯，可以在学生跳之前，先在其目标处把原有痕迹擦掉，让学生返回后再来看自己的足迹。

（12）落地不稳，双腿落地区域有较大的差异

产生原因：双脚用力不匀或怕摔倒

纠正方法：多做近距离的起跳落地动作，手臂的摆动要协调配合。地面设置标志物，双脚主动有意识地踩踏标志。

练习注意事项：

① 尽量选平坦又不过于坚硬的地面进行练习，如土地、地板地、沙坑等。过滑的地面不宜练习。

② 提高爆发力的练习，重复次数一般不超过 10 次。提高力量耐力的练习，重复次数必须在 10 次以上，并尽可能增加重复次数。总之，在立定跳远教学中，因学生往往把注意力集中在"远"上，容易忽视起跳动作的正确性和完整性而出现一些错误动作。教师要引导学生纠正这种现象，并根据学生的实际情况，从技术上一步一步地纠正。不管学生的运动能力是否能达到规定成绩，都应当强调动作的规范性。只有练习动作正确、规范，才能提高练习效果，取得最佳的运动成绩。

# 学习任务二　跳高技术

## 【任务导入】

跳高，田径运动跳跃项目之一，又称急行跳高。由有节奏的助跑、单脚起跳、腾空过杆与落地等动作组成，以最后成功地越过横杆上缘的高度计算成绩并以此判定名次。

## 【知识准备】

跳高运动最初起源于英国，是从体操项目中派生出来的。1864 年，英国首先将跳高列入田赛比赛项目，英国人柯奈用跨越式（最原始、最简单的跳高姿势）跳过了 1.70m 的高度。男子跳高于 1896 年首届奥运会上被列为正式比赛项目。女子跳高于 1928 年开始正式列入奥运会项目。剪式跳高起源于美国。跳高运动在 19 世纪 60 年代在欧美地区开始普及，被 1896 年第 1 届奥运会列为比赛项目。

跳高是越过垂直障碍的项目。跳高的姿势按过竿的形式，可分为跨越式、剪式、滚式、俯卧式、背式等几种，它们的完整技术都是由助跑、踏跳、过竿和落地四部分组成。下面就以背越式为例加以介绍（图 2-2-1）。

### 一、助跑

背越式跳高助跑的前段是直线，最后 3~5 步助跑转入弧线。背越式跳高的助跑距离一般采用 8~12 步，直线段的助跑技术与普通加速跑基本相同，身体重心高而平稳，后蹬充分且有弹性，速度逐渐加快。弧线段跑的技术基本与短跑的弯道跑技术相似。弧线段的助跑步数多采用 3~5 步，随着助跑节奏的加快和弧线曲率的变大，身体的内倾程度逐渐加大。在助跑的倒数第二步时，摆动腿积极下压扒地，使身体重心迅速前移，此时身体内倾达到最大

图 2-2-1　背越式跳高全过程

限度。

为了使助跑的步点准确，运动员应学会和掌握助跑步点的丈量法。背越式跳高助跑步点的丈量法很多，下面介绍一种比较简单易行的丈量方法——自然走步丈量法。首先确定起跳点，起跳点一般离近侧跳高架立柱约1m，距横杆的投影面约50～80cm。然后由起跳点沿横杆的水平方向向前走 4～5 步，再转体沿横杆的垂直方向自然走 5～6 步。以此点与起跳点相连画一弧线，即为最后 3～4 步助跑弧线。直线段的丈量法中，自然走步数与所要跑的步数的关系为：自然走步数＝所要跑的步数×2－2。例如：需要跑 7 步，则从弧线处背对横杆向前走 7×2－2＝12 步，然后再反复检查、调整。

## 二、起跳

最后一步助跑时，摆动腿积极有力地后蹬，使身体重心快速前移，起跳腿迅速迈向起跳点。此时，起跳腿一侧的髋超越摆动腿同侧髋，整个髋部应略超越于上体，形成肩轴和髋轴的反向扭紧状态。起跳脚着地时，首先以脚跟外侧触及地面，然后迅速滚动到前脚掌，脚尖朝向弧线的切线方向。由于人体的惯性，迫使起跳腿进行屈膝缓冲，同时身体由内倾开始转为垂直。此时，摆动腿继续上摆，带动同侧髋关节和骨盆扭转，双臂向上摆动，使整个身体向上伸展。同时，起跳腿快速有力地蹬伸，使髋、膝、踝各关节充分蹬直，整个身体在起跳结束时几乎与地面垂直（图 2-2-1）。在起跳过程中，要注意腿和臂的摆动以及与起跳蹬伸的协调配合。背越式跳高的摆腿多采用屈腿摆动方式。当摆动腿完成最后一步蹬地时，以髋发力，带动大腿加速前摆。同时小腿随惯性向后上方自然弯曲，与大腿折叠，积极加速上摆。这种屈腿摆动的摆动半径小，因此摆动速度较快，这与背越式跳高的快速起跳技术要求一致，对跳高起跳效果有重要作用。

摆臂的方法有多种，大多数优秀运动员采用双臂交叉摆动或双臂平行摆动两种方法。双臂交叉摆动的方法是：起跳腿前伸时，同侧臂屈肘后摆，异侧臂前摆，形成双臂前后交叉的姿势。当起跳腿同侧臂屈肘前摆时，异侧臂同时协调配合向前上方摆动。摆动腿同侧臂的摆动幅度大，且高于另一臂，带动躯干伸展。

双臂平行摆动的方法是：起跳腿前伸时，双臂屈肘后摆，然后两臂平行经体侧向前上方摆动。

## 三、过杆和落地

当起跳腿蹬离地面结束起跳时，身体应保持伸展的姿势向上腾起。由于起跳时摆动腿带动同侧髋关节向前运动，使身体在向上腾跃时转为背对横杆。当肩部超越横杆后，应及时地仰头、倒肩、展体，身体处于杆上时，要充分展髋，两大腿稍外展，两小腿稍后屈，使身体形成较大的背弓姿势（图）。当身体重心越过横杆的垂直面后，髋部应继续保持伸展的动作，极力避免臀部下落碰杆。当膝关节位于横杆的上方时，运动员应及时地低头、含胸、屈髋，并伸直膝关节，使整个身体顺利地越过横杆。

过杆动作要快速、自然、连贯。身体各部位，即头、肩、躯干、髋、大腿、小腿等自上而下依次过杆。身体过杆后，双臂自然置于体侧，以适宜的屈髋姿势下落，背部首先落在海绵包上。

## 【任务实施】

### 一、学习方法

#### 1. 学习和掌握起跳技术

① 原地摆腿和摆臂练习。

② 原地和行进间起跳练习。

③ 上一步和三步助跑起跳练习。

④ 沿圆圈或弧线做上一步和三步助跑起跳练习。

注意：做摆腿练习时，摆动腿有明显的折叠摆动动作；加速上摆时，要注意带动髋部向上。

#### 2. 学习和掌握助跑与起跳结合技术

① 3～5步弧线助跑起跳练习。

② 3～5步助跑起跳，跳上海绵台。

③ 对着高横杆做3～5步助跑起跳练习。

④ 3～5步助跑起跳，用头、手、摆动腿做膝"触高"练习。

⑤ 短程助跑起跳，坐上高架或海绵垫练习。

注意：助跑与起跳相结合练习，尽量避免减速和停顿现象；助跑距离由短到长，助跑速度由慢到快；重点解决倒数第二步摆动腿落地后的支撑过渡技术。

#### 3. 学习和掌握过杆技术

① 仰卧垫上，两肩和两脚撑地，向上抬臂挺髋。

② 背向垫子站立，然后向后倒体，同时向上挺髋，以肩着垫子成"桥"。

③ 背向垫子，原地向后上方跳起，同时倒体挺髋，展体成背弓姿势，然后以肩背落于垫。

④ 3～5步助跑起跳，展体成背弓姿势，然后以肩背落在海绵台（用力架）上练习。

⑤ 3～5步助跑，借助于助跳板或低跳箱起跳做过杆练习。

⑥ 3～5步助跑过杆练习。

注意：起跳后进行的各种过杆练习，都要求利用身体重心向上的趋势，顺势、依次、连贯地完成过杆动作。

#### 4. 学习和掌握背越式跳高完整技术

① 全程节奏跑练习。

② 全程助跑起跳，跳上海绵台练习。

③ 全程助跑过杆练习。
④ 中等或中上等强度的完整技术练习。
注意：掌握全程助跑丈量步点的方法，并掌握全程节奏。

## 二、常见错误动作与纠正方法

### 1. 起跳前减速和制动

纠正方法：反复连续进行单足（摆动腿）跳和上步起跳练习，发展摆动腿的支撑力量和增强摆动腿的蹬摆意识。通过全程节奏跑和全程助跑起跳练习，使自己逐渐习惯于在不断地加速中过渡到起跳，从而使助跑和起跳紧密地衔接起来。

### 2. 起跳后过早倒体

纠正方法：消除怕过不了杆的心理障碍。由于助跑最后一步与横杆约成30°角，水平方向的运动已经提供了人体总重心超越横杆的可能性，因此，起跳时应把所有的注意力集中于向上的起跳。反复进行全程助跑、全程助跑起跳和过杆练习。开始时用实线或虚线画出助跑路线，熟练后，只设少数标志，强调依靠自身的本体感觉控制身体逐步加大内倾，保证助跑曲线合理和准确。

### 3. 挺髋不充分，"坐着"过杆

纠正方法：在过杆教学时，可先用橡皮筋或橡皮带代替横杆，并注意设置的位置靠海绵台近一些，以确保练习时的安全。

重复做原地倒肩挺髋锻炼和原地跳起过杆练习，进一步体会过杆的动作顺序和用力部位。

借助于助跳板或低跳箱，做助跑起跳上高海绵台或万能架练习，以便在较大的腾空高度和较充裕的腾空时间下，体会倒肩展体与收腿挺髋的协调配合，直至做出良好的背弓姿势。

# 学习任务三　跳远技术

## 【案例引入】

跳远是最古老的竞技项目之一，在古希腊奥林匹克的"五项运动"中就有跳远。

据史料记载，首次正式的跳远比赛是在公元前708年举行的，距今已有2700多年的历史。当时跳远的设施非常简单，只是把地面的土质刨松，然后在前面放一条门槛代替起跳板。为避免落地时造成伤害事故，之后用沙坑代替了松土。

18世纪末，法国教育家古特木斯和雅安把跳远列为锻炼身体的重要项目之一，并在他们的著作里详细介绍了跳远运动的设备和训练方法，高度肯定了跳远在人体运动中的重要作用。

现代跳远运动始于英国，1827年9月26日，在英国圣罗兰·博德尔俱乐部举行了跳远比赛，其冠军的8.90m世界纪录一直保持了20多年，才被美国选手鲍威尔以8.95m的远度超越。

跳远的腾空动作有蹲距式、挺身式和走步式。20世纪70年代出现前空翻跳远，因危险性大，被国际田联禁用。最初运动员是在地面起跳，1886年开始采用起跳板。起跳板为白色，埋入地下，与地面齐平，长1.22m，宽20cm，距沙坑近端不少于1m。起跳板前有起跳线，起跳线前有用于判断运动员起跳是否犯规的橡皮泥显示板或沙台。运动员必须在起跳线后起跳。比赛时，如运动员不足 8 人，每人可试跳 6 次，超过 8 人，则先试跳 3 次，8 名成绩最好的运动员再试跳 3 次。以运动员 6 次试跳的最好成绩排列名次。男、女跳远分别于 1896 年和 1948 年被列为奥运会比赛项目。

【任务导入】

了解跳远的发展，掌握跳远技术。

【知识准备】

跳远的完整技术，由助跑、起跳、腾空和落地四个部分组成，它们是一个统体。

## 一、助跑

跳远的助跑，是为了获得较高的水平速度，并为踏板和起跳做好准备。

为了做到准确踏板，必须要有一个相对稳定的助跑距离。对已经确定了的助跑距离，要反复多次地进行全程助跑检查、调整。要总结出外界条件变化（跑道质量、风向、气温、比赛时间等）和自身不同身体状态时，助跑距离变化的规律，这样才能做到心中有数，比赛时才能对助跑充满信心。要有一个固定的起跑姿势和起动加速方式，保证助跑开始几步的稳定性和准确性。

## 二、起跳

### 1. 起跳脚的着板

起跳脚着板时，上体正直或保持 3°～5°的后仰，起跳脚要主动积极向起跳板下落。起跳脚下落瞬间上体应向上抬起，以减轻起跳脚在着地时的负担。优秀运动员着板瞬间形成的落地角约为 65°。

### 2. 缓冲

从起跳脚着板到膝关节最大弯曲的这一阶段，叫缓冲。缓冲的作用主要有两个方面：一是减缓起跳的制动性，减少助跑速度的损失；二是积极移动身体，为爆发式的蹬伸创造条件。

### 3. 蹬伸

起跳腿膝关节角度由最大弯曲时开始到起跳角蹬离地面为止，叫蹬伸阶段。蹬伸阶段要充分利用肌肉的弹性，创造最大的起跳爆发功率。蹬伸动作的速度和方向，直接影响腾起初速度的大小和方向。蹬伸动作越快越充分，腾起初速度和腾起角度则越大，跳远成绩就越好。

## 三、腾空

### 1. 蹲踞式

这是一种简单而又自然的跳远姿势，与日常生活中跨越障碍的方式比较接近，适合初学者。起跳成腾空步后，头部微抬，上体保持正直，摆动腿向前上方摆出，起跳腿一侧的髋部要充分伸展，两臂向前摆动。在接近最高点时，起跳腿开始向胸部提举，逐渐与摆动腿靠拢，形成空中蹲踞式，两臂由前向下、向后摆动，随后完成落地动作。

### 2. 挺身式

起跳后，保持腾空步的时间比蹲踞式短。腾空开始后，摆动腿的大腿积极下放，小腿向后上方摆。这时，留在身后的起跳腿与向后摆的摆动腿靠拢，在腾空最高点时，身体充分伸展，形成挺胸展髋、两臂上举挺身的跳远姿势，随后完成落地动作。挺身式跳远的优点是：能较充分地拉长体前肌群，有利于完成收腹举腿和落地伸腿动作。挺身式的主要缺点是：空中动作的形成和用力特点与助跑起跳的动作不大一致。因此，初学者较难做到助跑起跳和空中动作之间的衔接。

### 3. 走步式

走步式跳远空中动作有两步半和三步半两种。起跳腿腾空步后，摆动腿下落，向后摆动，同时起跳腿屈膝前摆，在空中完成一个自然的换步动作。换步以后，身体成第二次腾空步姿势。这一腾空步时起跳腿在前，摆动腿在后。空中换步时，要保持类似跑的动作，下肢以大腿带动小腿，摆动动作幅度要大。空中完成一个换步动作，接着做落地动作的叫两步半走步式；空中完成两次换步动作的叫三步半走步式。

## 四、落地

落地前，双腿屈膝高抬，成团身姿势。膝部主动地向胸部靠拢而不是上体前倾，腾空过程中，上体前倾会影响腿的前伸，必然要失去一定的距离。落地前，上体的姿势直接影响大腿举起的高度、双脚伸出的远度和身体能否移过支撑点。着地后要及时屈膝缓冲，髋前移，两臂前摆，使身体迅速移过落点，避免后坐。

【任务实施】

## 一、学习方法

**1. 学习和掌握快速助跑与正确起跳相结合技术**

① 原地模仿起跳，体会蹬与摆及上下肢协调配合。
② 20～30m 距离行走中连续完成起跳技术模仿练习。
③ 40～50m 距离内连续三步助跑跳起成腾空步练习。
④ 短、中距离助跑成腾空步练习。

注意：练习速度由慢到快，动作幅度由小到大；向前上方起跳，上体保持正直；加大摆动幅度；加大腾空步的高度与远度。

**2. 学习和掌握空中动作和落地动作**

① 行进间挺身式空中动作模仿练习。
② 从高处跳下，完成走步式的空中"换步"动作。
③ 短距离助跑起跳的走步式"换步"练习。

## 二、常见错误动作与纠正方法

**1. 助跑步点不准**

纠正方法：采用固定的起动姿势，调整助跑标志物。在快跑中固定步长和加速的方式。稳定情绪，提高在不同气候和场地的情况下迅速应变的能力。

2. 助跑最后几步减速

纠正方法：特别注意调整助跑最后 6~8 步的第二助跑标志物的设置。强调助跑的最后阶段积极加强后蹬，加大两臂摆动，上体保持正直，提起身体重心，加速身体前移。助跑起跳要果断，如果体力不佳，可缩短助跑距离或平稳加速，保证加速上板的能力。

3. "制动式"起跳

纠正方法：强调提高身体重心助跑，加速身体前移，用扒地式踏板起跳。强调快速跑上板进行起跳。在斜坡跑道上做下坡跑起跳。

4. 起跳腿蹬伸不充分

纠正方法：强调助跑最后几步提高身体重心的起跳练习。强调起跳着地瞬间顶头、提肩、拔腰。反复做 1~3 步的起跳练习。做各种跳跃练习，改进动作的协调性和发展腿部力量。

## 学习任务四　三级跳远技术

【任务导入】

了解三级跳远的起源、发展，理解并掌握三级跳远技术。

【知识准备】

三级跳远是运动员经过助跑，按规定动作形式沿直线进行三次跳跃的一项运动。它对运动员的身体素质要求较高。三级跳远起源于 18 世纪中叶的苏格兰和爱尔兰，两者跳法不同。苏格兰采用单足跳、跨步跳、跳跃，而爱尔兰用的是单足跳、单足跳、跳跃。现规定必须使用苏格兰跳法。最早的正式比赛可以追溯到 1826 年 3 月 17 日首次举行的苏格兰地区运动会，比蒂（Andre Beattie）创造了 12.95m 的第一个纪录。比赛时，运动员助跑后应连续作 3 次不同形式的跳跃，第一跳为单足跳，用起跳腿落地；第二跳为跨步跳，用摆动腿落地；第三跳为跳跃，必须用双脚落入沙坑。男子三级跳远于 1896 年被列为首届奥运会比赛项目，女子三级跳远于 20 世纪 80 年代初逐渐开展，1992 年被列为奥运会比赛项目。

三级跳远是由单脚跳、跨步跳和跳跃组成的，从事三级跳远的练习，具有和跳远同样的锻炼价值。

### 一、助跑

三级跳远的助跑距离一般为 30~40m。它与跳远助跑的各因素基本相同。助跑的最后几步，要求运动员的身体重心要高，上体正直，尽量不改变跑的动作结构。助跑的最后一步，起跳腿不像前几步那样高抬，摆动腿和两臂的摆动方向更加向前。

### 二、起跳

1. 第一跳（单足跳）

单足跳的整个过程包括起跳腿着地，身体重心移过垂直支撑点和蹬离起跳板。助跑最后一步时，摆动腿积极有力地蹬地，起跳腿以积极、自然的动作踏向起跳板，落地前大腿抬得比平时跑稍低些，下落要快速积极，但着地要柔和。脚以扒地动作落地，着地后及时屈膝、屈踝，此时，上体保持垂直式适度前倾。随着身体的快速前移，起跳腿要及时开始爆发性的蹬伸动作，髋、膝、踝三关节充分伸直；同时摆动腿和手臂快速向前方做大幅度的摆动，使身体迅速向上伸展。第一跳的起跳角约为60°～65°，身体重心腾起角为16°～18°。起跳结束后，运动员进入腾空阶段。在保持一段腾空步后，摆动腿自然向下、向后摆动，起跳腿屈膝前抬，大、小腿收紧，足跟靠近臀部。随着摆动腿后摆，起跳腿向前高抬，小腿自然下垂，完成换步动作。换步动作应当做到适时连贯，过早或过晚都会影响下一跳的远度。

在腾空阶段中，两臂配合下肢的换步动作，经由体侧拉向身体的侧后方。

2. 第二跳（跨步跳）

继换步的跨步姿势后，起跳腿继续高抬，摆动腿继续后摆，以加大两腿间的夹角。同时双臂拉到身体侧后方，接着，积极下压起跳腿的大腿，前伸小腿，以向后扒地动作着地。着地时身体重心要保持较高的位置。起跳脚着地后，应及时屈膝、屈踝，进行"退让"，身体重心迅速前移，摆动腿和双臂积极回摆靠近身体。在身体前移过程中，腰背肌肉要紧张用力，使肩关节处于较高位置并位于髋关节上方，此时身体处于最大的退让状态。当身体重心接近支撑点的上方时，起跳腿迅速蹬地，摆动腿和双臂有力地向前上方摆动，身体迅速伸展，蹬地阶段的动作速度和动作幅度直接影响第二跳的效果。

3. 第三跳（跳跃）

经过前两跳之后，水平速度已经明显下降，因此，第三跳要尽可能提高垂直速度，以获得一个较高、较远的腾空轨迹，取得第三跳的最大远度。第三跳的着地角稍小于前两跳，约为65°，这有利于运动员获得较大的垂直速度。第三跳起跳时注意伸髋、伸背，保持上体正直。起跳结束瞬间，起跳腿髋、膝、踝三关节充分伸直，并与上体成一直线，摆动腿和两臂高摆，以增加身体重心向上移动的距离。

三级跳远的摆臂动作有单臂、双臂和单双臂结合等方式。三种方式各有优点，采用何种方式，主要取决于运动员的技术特点和个人习惯。

【任务实施】

## 一、学习方法

1. 学习短程助跑的各跳练习

① 2～3步助跑三级跨步跳。

② 2～3步助跑单足三级跳。

③ 2～3步助跑完成正规三跳动作。

2. 学习助跑与第一跳起跳的正确衔接与单足跳的技术

① 单足多级跳。

② 2～4～6步助跑起跳，起跳脚着地。

③ 短程助跑做单足跳，跳入沙坑。

④ 短程助跑起跳腾空换步后高举大腿，然后大腿下压，积极扒地完成跨步跳的起跳动作；摆动腿高举大腿，跨上适当高度的垫子。

注意：在腾空阶段停留1/3路程后，开始平稳地换步，然后做前摆和扒地动作；换步时上体成直立姿势。

3. **学习第二跳和第三跳结合的技术**
① 2～4 步助跑做单足跳接连续两次跨步跳的动作。
② 短程助跑完成第二跳接第三跳的练习。
③ 4～6 步助跑，起跳跨进沙坑。
④ 短距离助跑三级跳远。
注意：第二跳的起跳必须做到快速有力、积极扒地才能保持良好的三跳节奏和三跳距离的合理比例；两跳动作要紧密衔接，在运动过程中两眼平视，上体不前倾，保持高度的平衡。

4. **掌握和提高完整的三级跳远技术**
① 按标志练习三级跳远。
② 10～12 步助跑完成三级跳远练习，增强感觉和提高支撑能力。
③ 全程助跑完整技术的三级跳远练习。
注意：在各类练习中都要强调助跑最后几步的节奏，培养学生向起跳板"进攻"的意识；每次练习都要控制第一跳的高度；练习时要随时注意助跑道是否平整，有否异物。

## 二、常见的错误动作与纠正方法

1. **助跑步点不准**
纠正方法：在不同场地、不同气候条件下进行练习，丰富调整助跑步点的经验；加强助跑结合第一跳起跳的练习。应在第一标志线向前 4 步处加设第二标志，每次练习都必须踏上第二标志，多次重复，直至调整到准确为止。

2. **第一跳起跳不充分**
纠正方法：反复进行助跑练习，形成合理的节奏，逐渐使之定型；在快速助跑中连续做第一跳起跳练习，强调扒地、抬体、送髋；快跑中每隔 3～5 步做一次起跳。动作过程中保持上体与髋部的适度紧张，增强对支撑反作用力直接推动人体重心的感觉。

3. **第一跳腾空过高**
纠正方法：按三跳合理比例进行练习。使学生理解支撑腿着地负荷过大的后果，负荷过大会使第二跳难以积极完成；加强助跑与起跳结合的练习，重点要求起跳前的节奏要快；重心高，"上板"放脚动作要快并有积极扒地动作。

4. **助跑及三跳节奏不好**
纠正方法：多进行跑的练习。放松自然跑，提高身体重心按标志助跑，强调上板前最后几步要快；全程助跑要体现逐渐加速。重视起跳腿着地后及时缓冲与前送骨盆的动作；重复助跑与起跳的结合练习，注重快节奏跑与积极有力起跳的衔接，强调起跳时的扒地动作。控制第一跳的高度，保持向前性的用力；加强第二跳的向前上方用力，争取第二跳合适的距离。加强弱腿力量练习，经常做灵敏、协调性较强的活动。

5. **空中不平衡**
纠正方法：短程助跑改进助跑最后几步与起跳放脚的正确动作；短程助跑或立定多级跳练习，改进蹬地、摆腿送髋，使身体重心在腾起前瞬间处于支撑点上方的合理位置；短程助跑的轻跳练习，注意上下肢的协调配合。

## 参 考 文 献

[1] 孙克成. 新编大学体育与健康教程. 北京：航空工业出版社，2014.
[2] 刘金凤. 田径教学与训练. 成都：西南交通大学出版社，2014.

# 项目三 投掷项目

## TIYU YU JIANKANG

【案例引入】

田径运动中的投掷，是人体通过一定的运动形式，抛掷手持的规定器械，并尽可能获得远度的项目。它主要的技术阶段可以分为准备（握持器械和预备姿势）、预加速（助跑、滑步、旋转）、最后用力和结束（出手后的身体平衡）。正规的比赛项目有铅球、标枪、铁球、链球四项。它们的投掷面积各不相同，其中标枪的投掷区最大为跑道，长30～36.5m，宽4m；铁饼次之投掷圈半径为2.5m；铅球和链球的最小投掷圈半径为2.135m。这些面积的设计相对于原地投掷，能够让绝大部分动能转移至器械，将器械投掷得更远。而这些动能取决于投掷者的肌肉收缩，肌肉力量对于动能的产生起着至关重要的作用。

## 学习任务一 初识铅球项目

【任务导入】

了解铅球项目的起源和发展、动作要领以及基本技术等。

【知识准备】

铅球是世界田径赛场上的传统项目。在远古时期，面对严酷的自然环境和水平原始低下的生产力，人类要在地球上生存延续下去，不仅要跑得快，能迅速跳越障碍去追捕各种动物或逃避猛兽的伤害，还要学会利用工具把石头、梭镖、鱼叉等投得又远又准，以便击中猎物而获得食物。奴隶制时期，随着人类的进化、社会的进步，掷重石已成为重要的作战方法。为了提高各自的战斗力，掷重石就被当作重要的训练手段。古希腊时期，曾一度流传着投掷石块的比赛，并将此作为选拔大力士的重要标准。

相传，在公元1150年左右，希腊雅典举行过一次规模宏大的掷重圆石比赛。根据规定，大力士们把圆石高高举起投向远方，以投掷距离的远近来决定优劣胜负。这可说是铅球运动的前身。大约在公元1340年，希腊开始出现了火炮，炮弹是用圆形铅制成的。为了使炮手作战时装填炮弹熟练、迅速、敏捷，提高军队的战斗能力，希腊人就在日常训练中让士兵用同炮弹重量大小相当的石头练习，并进行比赛。后来又用废弃的铅制炮弹代替石头进行模拟训练，这才是现代铅球的直接起源。

再之后，这一训练从部队流入民间，慢慢地变成了投掷铅球的游戏，并很快得以传播，成为广受群众欢迎的体育竞赛项目。1896 年，铅球成为第 1 届现代奥运会上投掷比赛正式项目。从它诞生之日起，它就一直是大力士的宠儿，它使得各国大力士能一展自己的雄风。

## 学习任务二　推铅球动作要领

【任务导入】

熟练掌握推铅球的正确动作和练习方法，了解并掌握推铅球的动作技术要领，能够达到动作的基本要求。

【知识准备】

**1. 持球**

动作要领：正对投掷方向，两脚成立正姿势，身体直立，将球放在右手中指指根处，其余四指自然分开，头向右倾斜，用颈部与右手将球固定住，此时右手掌是横立，面向正前方。如图 2-3-1 所示。

图 2-3-1　持球动作示意图

**2. 引球**

动作要领：左脚不离地，右脚后撤 1m 左右，右腿弯曲，上体向右后转，背对投掷方向，重心完全落在右脚上，球的投影点在右脚前脚掌上，右脚脚尖点地，脚尖稍朝向左侧，如图 2-3-2 所示。

图 2-3-2　引球动作示意图

### 3. 推球

动作要领：右脚尖用力蹬地内旋，转髋前送，转体前移，重心逐渐由右脚转向左脚，左腿用力支撑，抬头挺胸，左臂后撤，右臂用力伸展，最后用力拨腕，如图2-3-3所示。

图2-3-3 推球动作示意图

### 4. 制动

动作要领：左脚主动蹬离地面后撤，右脚被动前伸落在左脚脚印上，制止身体继续前倾，防止出界，如图2-3-4所示。

图2-3-4 制动动作示意图

【任务实施】

① 观看教学片。
② 推铅球动作分组表演。
③ 学生自己评判各组练习情况。

## 学习任务三　训练投掷铁饼技术

【任务导入】

了解投掷铁饼项目的起源和发展、动作要领以及基本技术等。

【知识准备】

投掷铁饼的常用技术为背向旋转技术。整个掷饼动作从开始预摆到铁饼出手是一个完整的、连贯的加速过程。开始阶段（站位、预摆、进入旋转）是旋转掷饼的一部分。投掷者背对投掷方向，两脚左右开立，稍宽于肩，两膝微屈，右臂（持饼臂）自然下垂，然后摆动，当饼摆至身后时，以左脚掌为轴向左转动左肩、左膝。随着左臂和左肩前引，右腿抬起，绕左腿向投掷方向作弧形摆动，形成腾空前的单腿支撑。旋转阶段（左脚离地、旋转、右脚着地）是投掷的过渡阶段，目的是为最后用力获得预先速度，创造最有利的姿势。在右腿围绕左腿向投掷方向加速摆动时，左脚迅速蹬离地面（主要蹬伸脚腕），与此同时，右腿内转下压，落地点在圆心附近。右脚落地后，身体成背对投掷方向的姿势。这时躯干处于最大限度的扭紧状态，铁饼远远留在后方，左臂自然屈于胸前，体重落在弯曲的右腿上，左腿微屈，靠近右腿，做好迅速落地的准备。最后用力阶段（左脚着地、投饼）是掷铁饼的最主要阶段，铁饼飞行的远度主要取决于这个阶段动作完成的质量。最后用力是在右脚落地后，左脚下落时开始的。用力的顺序是，右腿继续沿着逆时针方向积极转动，左臂及时向前上方牵引；在此基础上积极送髋、挺胸，挥臂掷饼。铁饼离开食指后，按顺时针方向旋转飞行。为了避免运动员身体出圈犯规，投掷者在铁饼出手后，交换两腿、顺着惯性向左转体，或抬起左腿以缓和向前的冲力，保持身体平衡。要想使铁饼飞行得远，就必须增加最后用力的幅度，缩短用力的时间，为了最大限度地利用空气的上升力，还应控好铁饼出手的角度大约 $30°\sim35°$。

【任务实施】

1. 练习手握铁饼

握饼训练：手与铁饼的接触点是关键。五指自然分开，拇指和手掌平靠于铁饼平面上，其余四指用第一关节扣住铁饼边沿，手指微屈，使饼的上沿靠在前臂上，饼的重心在中指和食指之间，持饼臂自然下垂于体侧。

2. 练习背向旋转投掷铁饼技术

在预摆中，铁饼摆至身体右后方，上体扭转拉紧姿势开始旋转，此时，两腿弯曲，右膝外展，左脚以前掌为轴，向投掷方向转动，当左侧转向投掷方向时，右脚蹬离地面。

3. 专门投掷方法练习

专门投掷练习在肌肉用力方向、时机、程度上，都应与投掷铁饼的技术动作相类似。通常采用的练习方法包括：负重模仿、掷轻饼、掷重饼、原地掷标准饼等。

## 学习任务四　训练抛实心球技术

【任务导入】

了解抛实心球项目的起源和发展、动作要领以及基本技术等。

【知识准备】

影响实心球成绩的三个要素如下。

### 1. 实心球出手初速度

实心球出手初速度主要是由最后用力投掷球的距离和时间决定，用力距离越大，时间越短，则实心球的出手初速度就越大，出手初速度的能力主要取决于学生的身体素质发展水平及正确投掷实心球技术的掌握。

### 2. 实心球的出手角度

实心球的出手角度对投掷成绩也有较大的影响，最佳出手角度不是不变的，在一定范围内它随着出手速度的增大而增大，出手角度因不同身体素质的学生而变化，男生可以大一点而女生应小一点。

### 3. 实心球的出手高度

实心球的出手高度对每位学生来说是相对稳定的，它取决于学生的身高、臂长及对该项目技术动作的掌握程度。如个别学生蹬地送髋不够，或最后用力出现屈肘动作，都会影响其自身的出手高度。

【任务实施】

### 1. 握球和持球

握球的方法：两手十指自然分开把球放在两手中间，两手的食指、中指、无名指和小指放在球的两侧将球夹持（男生两食指接触，女生两食指中间距离为1～2cm），两大拇指紧扣在球的后上方成"八"字，以保持球的稳定。握球后，两手下垂自然置于身体前下方，这样可以节省力量，在预摆时增大摆动幅度。握球和持球时应注意：

① 球应握稳，两臂肌肉放松。
② 在动作过程中能控制好球并有利于充分发挥两臂、手指和手腕的力量。

### 2. 预备姿势

两脚前后开立，前脚掌离起掷线约20～30cm，前后脚距离约一脚掌，左右脚间距离半脚掌，后脚脚跟稍微离地，两手持球自然，身体肌肉放松，重心落在两脚中间偏前，眼睛看前上方。然后再抛出去。

### 3. 预摆

预摆是为最后用力提高实心球的初速度创造良好条件，预摆次数因人而定，一般是一至二次，当最后一次预摆时，此时球依次是从前下方经过胸前至头后上方，加速球的摆速，此时上体后仰，身体形成反弓形，同时吸气。

### 4. 最后用力

最后用力是投掷实心球的主要环节，动作是否正确直接影响球的初速度及抛球角度。最后用力动作是当预摆结束时两手握球用力积极从后上方向前上方前摆，此时的动作特点是蹬腿、送髋、腰腹急震用力，两臂用力前摆并向前拨指和腕，旨在提高手臂的鞭打速度。

## 学习任务五　训练掷标枪技术

【任务导入】

了解投掷标枪项目的起源和发展、动作要领以及基本技术等。

【知识准备】

握法：握枪方法是将标枪斜放在掌心上，大拇指和中指握在标枪把手末端第一圈上沿，食指自然弯曲斜握在标枪上，无名指和小指握在把手上。也可将拇指和食指握在标枪把手末端第一圈上沿，其余手指按顺序握在把手上。

持枪：持枪的方法是屈臂举枪于肩上，大小臂夹角约为 90°，稍高于头，枪尖稍低于枪尾。

助跑：助跑的距离应根据投掷者发挥速度的快慢而定，一般在 25～35m 之间，助跑分为两个阶段。

预跑阶段：预跑阶段主要是加速，在跑进中，上体稍前倾，用前脚掌着地，大腿抬得较高，后蹬力量强，动作轻快而富有弹性，持枪臂随着跑的节奏与左臂配合，自然前后摆动，并与下肢动作协调一致，在加速中进入投掷步。

【任务实施】

1. 练习原地侧向掷标枪技术

侧对投掷方向，两脚左右分开比肩稍宽，右脚与投掷方向成 45°角，左脚成 30°角。右手持枪后引，枪尖在鼻、眼之间，体重落在弯曲的右腿上，左臂自然屈于体前，目视投掷方向。然后，右腿髋部发力积极蹬地、转髋、送髋、挺胸，身体转为正对投掷方向，投掷臂翻肘于肩的后上方，枪尖高于枪头，形成"满弓"姿势，最后以胸带臂将枪掷出后，维持身体平衡。

2. 上后两步掷标枪技术

侧对投掷方向，引好枪。右腿蹬离地面向投掷方向 45°摆动，当摆至支撑腿附近时，支撑腿快速蹬地，两腿形成交叉，右腿落地后，左腿接着落地，形成原地侧向掷标枪技术的预备姿势。正对投掷方向，左腿在前，上右脚的同时向后主动撤右肩，继续上步，两步完成引枪动作，身体侧对投掷方向。然后，上后两步。

# 学习任务六　训练掷链球技术

【任务导入】

了解投掷链球项目的起源和发展、动作要领以及基本技术等。

【知识准备】

链球由三部分组成：球体、链子和把手。

球体一般为铁制。球体外形应为完整的球形。链子应以直而有弹性并不易折断的单根钢丝制成。把手为单环或双环结构，但必须质地坚硬，没有任何种类的铰链连接。

运动员持链球在投掷圈内，以旋转前进的动作形式，使链球逐渐加速，最后将球投向远方。球的飞行远度，取决于链球出手初速度和出手角度。要获得最大的出手初速度，需要最大限度地加大旋转半径，适当增加旋转圈数。投掷链球超过 80m 的运动员，出手初速度达到 27～30m/s，出手的适宜角度为 40°～44°。链球运动员一般采用旋转 3～4 圈的方法。

投掷链球的完整技术是由持握器械、预备姿势、预摆、旋转和最后用力五部分组成。

**【任务实施】**

① 双手持实心球、带球或垒球棒等辅助器械做预摆练习。练习的目的是体会正确的预摆技术及骨盆向链球运行反方向移动。

② 双手持较轻链球或标准链球做预摆蹲起练习。练习的目的是体会预摆技术，以及预摆中要协调地逐渐站起，动作自然、放松。

③ 持实心球或带球做预摆接第一圈旋转练习。练习的目的是让学生体会"人-链球体系"，体会预摆后由双支撑进入单支撑的技术动作和技术要求。

④ 持较轻链球或标准链球做预摆接第一圈旋转练习。练习的目的同③。

⑤ 双手持较轻链球或标准链球做预摆2次旋转2圈、预摆1次旋转2圈练习。练习的目的是体会2圈旋转的动作要领、旋转节奏及链球高低点的位置和第1圈和第2圈的衔接技术。

⑥ 双手持较轻链球或标准链球做预摆2次旋转3～5圈的练习。练习的目的是体会旋转中各圈之间的衔接技术和整体动作的圆滑性，逐步提高学生对旋转的控制能力及速度感。

⑦ 持链球或哑铃等辅助器械预摆1～2次后接最后用力的练习。练习的目的是体会最后用力的技术、用力顺序以及最后用力时学生肌肉用力的感觉和全身协调用力的感觉。

⑧ 双手持实心球、带球等辅助器械旋转1～4圈接最后用力练习。练习的目的是体会完整技术的动作要领和节奏感、速度感及正确的用力顺序。

⑨ 持轻链球或标准链球在装有安全护笼的投掷圈内做3圈旋转接最后用力的完整技术练习。练习的目的同⑧。

## 参 考 文 献

[1] 杰·西尔韦斯特. 投掷项目全书：铅球、铁饼、标枪、链球. 北京：人民体育出版社，2012.
[2] 曹镕. 推铅球技术的演变及其发展趋向. 成都体育学院学报，1979，(02)：17-20.

# 项目四 足 球

**【案例引入】**

　　足球是以脚为主支配球的一项集体性、对抗性、技能性较强的球类运动。它是世界上开展最广泛，国际交往最频繁，影响力最大的体育项目。被誉为"世界第一运动"。由于足球运动所具有的特殊魅力，一场精彩的比赛往往能吸引一二十万现场观众和数以亿计的电视观众，甚至还有人不惜花费重金，远涉重洋前往比赛现场观赏。有些国家在本国球队参加国际大赛胜利时像欢庆民族节日，举国倾城狂欢庆祝。总之，足球运动在人们生活中所占据的地位和具有的意义，已远远超出体育运动的范畴。

## 学习任务一　初识足球

**【任务导入】**

　　了解足球运动的起源、特点、作用以及基本技术等。

**【知识准备】**

### 一、足球运动的起源

　　足球起源于古代的足球游戏。中国古代把用脚踢球的游戏叫"蹴鞠"，我国是世界上开展足球活动最早的国家。现代足球始于英国，1863年10月26日，在伦敦成立了世界上第一个足球运动组织——英格兰足球协会，并统一了足球规则。

　　国际足联（FIFA）是国际权威性的足球机构，1904年5月21日在巴黎成立，总部设在瑞士的苏黎世。国际足联主办的世界足球大赛有6项：世界杯足球赛、奥运会足球赛、世界青年足球锦标赛、世界少年足球锦标赛、世界女子足球锦标赛、世界室内足球锦标赛。从1930年开始，4年1届的世界杯足球赛，是全世界规模最大、水平最高、场面最壮观的足球比赛和体育盛事。

### 二、足球运动的主要特点

**1. 比赛场地大，人数多，时间长，运动量大**

　　正式足球比赛两队各有11名队员奔跑在约7000$m^2$的场地上，进行90min紧张而激烈的进攻与防守的争夺。特别是一场高水平的足球比赛，一个优秀运动员在整场比赛中跑动的距离长达 8000～10000m 以上。当规定比赛时间内成平局，尚需决定胜负时，则还需要进行 30min 的加时比赛，甚至还要互射"点球"以决定胜负。因此，运动员的体力消耗是很大的。根据测定，一个运动员在一场比赛中的能量消耗约为 8400J，体重下降 3～4kg。

2. 技术动作多、战术复杂、难度大

足球比赛规则规定，在足球比赛中除了守门员外，其他任何队员都不准用手摸球。因此，锋卫队员除了手臂以外，身体的其他部位都可以用来支配球，但多数动作是用脚来完成。由于用脚支配球，那么身体的平衡也只能依靠单脚来维持。而守门员则由于其任务和允许用手的规则决定了他的多数技术动作是用手来实现，同时其身体多数是在非正常的状态下完成动作。因此不论是锋卫队员还是守门员在运用技术动作时，又经常要因对手的干扰和阻挠而受到限制。

足球战术有许多种，而任何一支球队在比赛之前，教练员都要根据主客观的情况，布置本场比赛应使用的战术。但是，预想不到的情况在比赛中仍会不断出现。因此，比赛能否取得胜利，除了与战术、身体训练水平及意志品质有关外，在很大程度上取决于运动员能否根据比赛中随时变化着的情况而采取符合比赛规律和要求的战术。由于参加比赛的人数多，因而协调统一行动也很不容易。所以足球运动又是一项难度大的运动项目。

3. 对抗激烈、拼抢凶猛

足球比赛是以射门进球多少判定胜负的。因此，比赛的双方都竭力把球踢进对方球门，又不让球进入本方球门。围绕着争夺控球权而进行激烈凶猛的拼抢和冲撞，尤其是在罚球区附近的拼争尤为凶猛。高强度的对抗性已成为现代足球运动战斗性的重要标志和特点。

## 三、足球运动的主要作用

1. 增进健康和发展身体素质

经常参加足球运动能增强人体的肌肉、骨骼和有效提高血液循环系统、呼吸系统、内脏器官和神经系统的功能，从而增进人体的健康和发展力量、速度、柔韧、灵敏和耐力等身体素质。

2. 振奋精神，鼓舞斗志

开展足球运动能丰富人们的业余文化生活，促进人们工作、学习的积极性，能进一步提高劳动效率。尤其是球队参加国际性重大比赛取得的胜利，能有效地激励人们的爱国热忱，振奋精神，鼓舞斗志。

3. 是国家间交流的工具

大量的事实证明，通过国际性足球比赛能增进国家间的了解和友谊，并且它的影响能渗透到国家的各个领域。因此，现代足球运动已被广泛用于国际交往。它已成为国家间交往的一种工具。所以，从一定意义上讲现代足球运动所具有的价值已远远超出体育运动的范畴。

## 四、足球的基本技术与练习方法

足球技术是指运动员在足球比赛中所采用的合理动作的总称。足球运动是一项技术动作相当复杂的运动项目，从足球比赛队员在场上的分工可分为锋卫队员技术、守门员技术；从足球比赛队员在场上的技术特点可分为有球技术和无球技术。

1. 无球技术

无球技术是指比赛中运动员在不控球的情况下所采用的合理动作的总称，主要包括起动、跑动、急停、转身、跳跃、移位和假动作。

2. 有球技术

有球技术是指运动员在比赛中，为达到进攻和防守目的所采用的各种支配球的技术，包括踢球、停球、头顶球、运球、抢截球、掷界外球、守门员技术。

3. 练习方法

（1）帽子舞

两脚交替踩球。

（2）半转身帽子舞

同样还是两脚交替踩球，不同之处在于每次踩球之后身体都要进行一定的转动。

（3）转身帽子舞

两脚交替踩球，不同之处是双脚连续四次球之后进行一个半转身，然后背对着球连续四次之后再转回来。

（4）脚内侧拨球

双脚内侧左右来回拨球。

（5）脚底拉球脚内侧拨球（左侧）

左脚脚底将球拉回右脚内侧，再用右脚内侧将球拉回之前的位置。

（6）脚底拉球脚内侧拨球（右侧）

右脚脚底将球拉回到左脚内侧，再用左脚内侧将球拉回之前的位置。

（7）横向帽子舞

双脚交替用脚底将球横向拉向另一只脚。

（8）单脚拉拨球（左脚）

用左脚脚底和脚内侧持续保持对球的接触，前后拉拨球，同时右脚连续原地跳动以保持平衡。

（9）单脚拉拨球（右脚）

用右脚脚底和脚内侧持续保持对球的接触，前后拉拨球，同时左脚连续原地跳动以保持平衡。

（10）单脚正脚背拉拨球（左脚）

用左脚脚底和正脚背持续保持对球的接触，前后拉拨球，同时用右脚连续原地跳动以保持平衡。

（11）单脚正脚背拉拨球（右脚）

用右脚脚底和正脚背持续保持对球的接触，前后拉拨球，同时左脚连续原地跳动以保持平衡。

（12）双脚正脚背拉拨球

用双脚脚底和正脚背交替完成拉拨球，在任何一只脚脚底和正脚背拉球时，要持续保持对球的接触，前后拉拨球，同时支撑脚要原地做一个小跳步以保持平衡。

（13）正脚背拉球（左脚）

用右脚脚底将球向后拉，之后再用左脚正脚背将球向前拨。

（14）正脚背拉球（右脚）

用左脚脚底将球向后拉，之后用右脚背将球向前拨。

（15）大幅度单脚正脚背拉拨球（左脚）

用左脚脚底和正脚背持续保持对球的接触，前后拉拨球。拉球时幅度要加大，将球拉到自己身后的位置，同时右脚连续前后跳动以保持平衡，左脚向后拉球时右脚向前跳动，左脚向前拨球时右脚向后跳动。

（16）大幅度单脚正脚背拉拨球（右脚）

用右脚脚底和正脚背持续保持对球的接触，前后拉拨球。拉球时幅度要加大，将球拉到自己身后的位置，同时左脚连续前后跳动以保持平衡，右脚向后拉球时左脚向前跳动，右脚向前拨球时左脚向后跳动。

（17）双脚脚外侧拉拨球

交替使用双脚脚底和脚外侧持续保持对球的接触，横向左右拉拨球。

（18）脚内侧 V 字拉球

先用左脚脚底将球向身体内侧拉，用左脚内侧将球向外侧推出去，再用右脚脚底将球向身体内侧拉，最后用右脚内侧将球向外侧推出去，双脚之间如此往复循环，作为初学者，这个动作开始时尽量幅度小一些，增加对球的控制，熟悉之后再加大幅度。

（19）脚外侧 V 字拉球

先用左脚脚底将球向身体内侧拉，用左脚外侧推出去，再用右脚脚底将球向身体内侧拉，最后用右脚外侧将球向外推出去。

（20）前后拉球

在一个小范围内交替使用双脚完成脚后拉球，注意在完成脚向后拉之后，用脚内侧从支撑脚向另一侧拨球前，支撑脚要有一个向前的小跳步，这样可以轻松地让球从支撑脚后拨过。

（21）原地单车

足球放在地上不去碰它，只是使用双脚交替由内向外在足球周围做单车运动。

这 21 种球感练习方法，可以说各个经典。也是想要成为一个优秀足球选手人人必需的球感练习，基本包含了所有比较常见的球感练习，从最基础的踩球、拉球到最后的复杂组合动作。如果大家能够把这些动作全部熟练、化为己有，一定可以成为球队的灵魂人物。

## 学习任务二  踢球

【任务导入】

熟练掌握踢球的正确动作和练习方法，了解并掌握各种踢球动作技术要领，能够达到踢球动作的基本要求。

【知识准备】

踢球就是指用脚的不同部位将球击向预定的目标，可以用脚内侧、脚背内侧、脚背正面、脚背外侧、足尖、足跟、足底等。踢球是足球运动的主要特征，也是足球技术中最重要的技术，在比赛中运用最多，用于传球和射门。另外踢球还用于抢球、截（断）球或"破坏球"等。

踢球脚法很多，一般均由助跑、支撑脚站位、踢球腿摆动、脚触球和踢球后的随前动作5个环节所组成。

### 1. 脚内侧踢球

脚内侧踢球是用脚内侧的跖趾关节、舟骨和跟骨所构成的三角部位接触球的一种踢球方法，如图2-4-1所示。

脚内侧踢球在脚与球接触过程中有两种方法：一种是推送的踢法。这种踢法脚触球时，踢球腿要继续前摆，这样踢球脚与球接触的时间较长，出球易平稳。另一种是敲击踢法。踢球时，踢球腿的大腿摆动不大，只是小腿快速前摆击球，击球后，小腿突然停止前摆，该动作接触时间短促，动作有力。

用脚的内侧踢地滚球时应直线助跑，支撑脚踏在球的侧方15cm左右，膝关节微屈，在支撑脚着地的同时踢球腿以膝关节为轴由后向前摆，在前摆过程中屈膝外展，踢球脚的脚内侧正对出球方向，小腿急速前摆，脚尖翘起，脚底与地面平行，击球的后中部，踢球脚随球前摆落地，如图2-4-2所示。脚内侧可以踢定位球，直接踢由各个方向来的地滚球、反弹球、空中球。用脚内侧踢空中球时原地或跑上前迎球，踢球脚屈膝提起，大腿外转，小腿摆动使脚内侧正对来球，然后击球后中部。

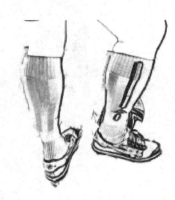

图2-4-1 脚内侧踢球

图2-4-2 用脚内侧踢地滚球

### 2. 脚背正面踢球

脚背正面踢球是用脚背正面的楔骨和跖骨的末端构成部位触球的一种踢球方法，如图2-4-3所示。特点：踢球腿的摆幅大，摆速快，踢球的力量大，出球的性能变化小，出球方向也比较单一。

腿背正面踢定位球，是初学者必须严格掌握的基本技术动作。脚背正面可以踢定位球、空中球、反弹球、倒钩球等。脚背正面踢地滚球时直线助跑，最后一步稍大并要积极着地，支撑脚站在球的侧方约10cm，脚尖正对出球方向，膝关节微屈；摆动腿要在准备做支撑的脚前跨和助跑的最后一步蹬离地面时，顺势向后摆起，小腿屈曲。在支撑脚着地的同时，以髋关

图2-4-3 脚背正面踢球

节为轴，大腿带动小腿由后向前摆，如图 2-4-4 所示，当膝关节摆至接近球的正上方的刹那，小腿做爆发式前摆，以髋关节为轴，大腿带动小腿由后向前摆，脚背绷直，脚趾扣紧，以脚背正面击球的后中部，踢球腿提膝随球继续前摆，如图 2-4-4 所示。脚背正面踢反弹球时应准确判断球的落点；当球将要落地时，快速前摆小腿；在球刚反弹离地时，以脚背正面击球的后中部。

图 2-4-4　脚背正面踢地滚球

### 3. 脚背内侧踢球

图 2-4-5　脚背内侧踢球

脚背内侧踢球是用脚背内侧的几个楔骨、趾骨末端部位接触球的一种踢球方法，如图 2-4-5 所示。特点：踢球腿的摆幅大，摆速快，踢球的力量大，由于助跑方向、支撑脚选位灵活性较大，出球的方向变化幅度较大。因此，可踢出平直球、远距离弧线球等，也便于转身踢球。同样，脚背内侧踢定位球是初学者必须掌握的基本动作。

脚背内侧可以踢定位球、地滚球、过顶球、弧线球和转身踢球。脚背内侧踢地滚球时，斜线助跑（助跑方向与出球方向约成 45°角），支撑脚以脚掌外沿积极着地，踏在球的侧后方 20～25cm 左右处，膝关节微屈，脚尖指向出球方向，身体稍向支撑脚倾斜。在支撑脚着地的同时踢球腿以髋关节为轴，大腿带动小腿由后向前摆。当身体转向出球方向，膝盖摆至接近球的内侧上方时，小腿做爆发式前摆，脚尖稍外转，脚背绷直，脚趾扣紧，脚尖指向斜下方，以脚背内侧踢球的后中部，踢球腿提膝随球继续前摆，如图 2-4-6 所示。

图 2-4-6　脚背内侧踢地滚球

### 4. 脚背外侧踢球

脚背外侧踢球是用脚背外测部位接触球的踢球方法，如图 2-4-7 所示。特点是除具备脚正面踢球的特点外,由于踢球时脚腕灵活性较大和摆腿方向变化较多等优点,是踢各种距离弧线球和弹拨、削球的主要方法。脚背外侧踢定位球也是初学者必须掌握的基本动作,但在比赛中,还常用脚背外侧踢直线球、弧线球、弹拨球和蹭踢球。

脚背外侧踢直线球时,助跑、支撑脚的站位和踢球腿的摆动,基本上与脚背正面踢球相同,但是踢球腿的膝盖摆至接近球的正上方的刹那,小腿做爆发式前摆;膝盖、脚尖内传,脚趾扣紧,以脚背外侧踢球的后中部,踢球腿提膝随球继续前摆,如图 2-4-8 所示。

图 2-4-7 脚背外侧踢球

图 2-4-8 脚背外侧踢直线球

【任务实施】

1. 踢球练习

踢球练习说明见表 2-4-1。

表 2-4-1 踢球练习说明表

| 练习方法 | 动作要领 | 分值 |
| --- | --- | --- |
| 各种踢球技术动作的模仿练习 | 在地面设想有一目标(足球),跨步上前做踢球动作,然后过渡到几步慢速助跑的踢球模仿动作练习,最后可做快速助跑踢球的模仿动作练习。练习中应注意要有设想球,尤其注意设想触球一瞬间踢球脚踝关节的固定和脚背绷紧 | 25 |
| 一人用脚底挡球,另一人踢球 | 此方法应注意踢球腿摆动与触球部位的正确与否,同时还要检查其支撑阶段的状况 | 25 |
| 距足球墙 5m 左右进行踢球技术练习 | 练习一段时间后,可将距离加到 25m 左右,再进行中等力量的练习。当踢静止球有一定基础后对逐步增加踢个人控制的活动球及球墙所碰回来的活动球。利用足球墙进行各种踢球技术练习时,一般都应从静止到活动,从注意技术环节的正确与否到要求踢向预定的目标 | 25 |
| 利用足球墙和标杆做踢旋转球的练习 | 可将标杆插在踢球者与墙之间,标杆与人及墙的距离视需要而定,开始可大些,当技术掌握后再逐步缩小。各种旋转球的练习都可以利用足球墙进行,尤其对初学者,使用足球墙既可充分利用练习时间增加练习次数,又能使练习者较好地集中注意力掌握技术规格。对于要求提高技术的练习者,足球墙同样也是一个有力的帮手 | 25 |
| 各种脚法的两人练习 | 不论是传球还是射门练习,都可两人进行,若两人练习踢定位球,则辅以接球练习;若进行踢活动球练习,则可相隔一定的距离进行不停顿的连续传球练习。两人进行射门练习时,可采取一人传球一人射门。而传球,可根据需要传出各种性能和各种类型的球供射门练习。两人一组的练习还可以进行有对抗的传射练习 | 25 |

在踢球练习中,还应注意以下易犯错误。

(1) 踢定位球

支撑脚位置偏后，踢球时身体后仰或臀部后坐，脚触在球的后下部，踢出球偏高。踢球腿的后摆较小或没有后摆，仅是将球踢出以至前摆过分，造成踢球无力或出球较高。在前摆过程中小腿爆发式的摆动过早，使得脚出球时并非是小腿摆速最大之时，因而出球无力（对出球方向也有影响）。踢球腿摆动方向不正，以至踢球施力方向没通过球的重心，出球旋转。脚趾屈得不够，以至不能用脚的正确部位触球，出球力量和方向均受到影响，且损伤脚趾。踢球脚与球接触时未能按要求接触球的合理部位，影响了出球的准确性，对出球力量及性质也相应产生影响。

（2）踢地滚球

支撑脚站位不当，没有根据来球的方向、速度、性能等选择支撑脚的位置，也没有对自己踢球腿的摆动速度加以控制，没有根据来球的方向和速度合理选择助跑路线和脚法。

（3）踢空中球

支撑脚位置或摆腿击球时间不当，出现踢空现象。踢球的部位不准，出球偏离预定目标。

（4）踢旋转球

削球太"薄"。出球乏力。削球太"厚"，球的转速差，弧度小。踢球时不会做沿球面弧形摆动，影响球的旋转效果。

2. 脚内侧踢球游戏比赛

脚内侧踢球游戏比赛说明见表 2-4-2。

表 2-4-2　脚内侧踢球游戏比赛说明表

| 名称 | 蚂蚁搬家 |
| --- | --- |
| 游戏方法 | 四人一组，面朝上，四肢撑地，球放腹部上。从起跑线爬行出发，到达终点后将球放下，转身将球用脚内侧传球将球踢给下一位同学的接力游戏，以相同人数完成比赛速度快慢判定胜负 |
| 游戏规则 | ①听哨声出发，不抢跑<br>②爬行过程中球掉了，应捡回掉球点继续进行比赛<br>③到达终点后用脚内侧传球方式将球传给下一位同学 |
| 要求 | 认真听老师讲解游戏方法与规则，并在游戏中遵守游戏规则，发扬团结互助的精神，互相鼓励 |
| 结果点评 | 教师宣布比赛结果并点评学生在游戏中运用技术的情况 |

# 学习任务三　停球

【任务导入】

熟练掌握停球的正确动作和练习方法，了解并掌握各种停球动作技术要领，能够达到停球动作的基本要求。

【知识准备】

停球是指运动员有目的地用身体的合理部位，把运行中的球停挡在处于自己控制之下的接球或截断球等最常用的技术动作，不含把来球直接处理出去的运、传、射等接球或截

（断）球等技术动作。停球方式有脚内侧、脚底、脚背正面、脚背外侧、胸部和大腿停球等。

足球比赛中停球不是目的，而是因为在争夺激烈、快速多变的比赛中，不是所有的来球都能直接踢、顶出去，也不是一切来球都应立即踢、顶出去。当遇到难以应付的球或需要等待同伴跑到有利位置及需要自己运球等情况时，都需要把来球控制下来，这些都需要停球。

随着足球运动的发展和技术水平的提高，比赛中直接出球次数增多，因而停球技术的应用相对减少，但对每次停球效果的可靠性要求却越来越高。因此，每一个运动员都必须熟练地掌握停球技术。

### 1. 脚内侧停球

脚内侧停地滚球时，根据来球路线选择停球位置并及时移动到位。支撑脚正对来球，膝关节微屈。停球腿屈膝外展并前迎，脚尖翘起，当脚与球接触前的刹那开始后撤，在后撤过程中用脚内侧触球，把球控制在衔接下一个动作需要的位置上，如图2-4-9所示。脚内侧停反弹球时，支撑脚踏在球的落点的侧前方，膝关节微屈，上体稍前倾并向前停球方向微转，同时停球脚提起，踝关节放松，脚内侧对准球的反弹路线，当球落地反弹时，用脚内侧挡压球的后中部。

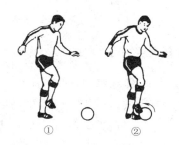

图2-4-9　脚内侧停球

### 2. 脚底停球

该部位可停地滚球和反弹球。停地滚球时面向来球，支撑脚踏在球的侧后方，膝关节微屈，脚尖正对来球，同时停球脚提起，膝关节自然弯曲，脚尖翘起高于脚跟（脚跟离地稍低于球）。踝关节放松，用脚前掌挡压球的中上部。脚底停反弹球时，支撑脚站在球的落点的侧后方。停球腿屈膝抬起，当球落地的刹那，脚尖上翘，小腿稍前倾，用脚掌覆盖在球的反弹路线上，触压球的后上部，如图2-4-10所示。

图2-4-10　脚底停球

### 3. 胸部停球

分为挺胸和收胸两种。挺胸法准备停球时，稍收下颌。当球运行到与胸部接触前的刹那，两脚蹬地上挺同时屈膝，上体后仰，用胸大肌触球，如图2-4-11所示。采用收胸法准备停球时，两脚前后开立，身体重心前移，挺胸迎球。当球运行到与胸部接触的刹那，重心迅速后移的同时收胸、收腹挡压或拍击球。

图2-4-11　胸部停球

### 4. 大腿停球

大腿停高球时，停球腿屈膝抬起，以大腿中部对准落下的球，肌肉适当放松。当大腿与球接触的刹那，快速后撤，将球挡落在衔接下一个动作需要的位置上，如图2-4-12所示。大腿停低平球时，停球腿以大腿中部对准来球，屈膝前迎，肌肉适当放松。当大腿与球接触的刹那，快速后撤，将球挡落在衔接下一个动作

图2-4-12　大腿停高球

## 第二篇 实践

图 2-4-13 脚背正面停球

**5. 脚背正面停球**

停球脚提起迎球，以脚背正面对准下落的球。在脚背与球接触前的刹那开始下撤，在下撤过程中用脚背正面触球的底部，使球落在体前适当的位置上，如图 2-4-13 所示。

## 【任务实施】

### 1. 停球练习

① 两人一组，一人手抛或轻踢地滚球，一人做脚内侧停地滚球，主要体会停球部位。

② 逐渐增加踢球力量，主要掌握好停球脚回撤或下切的时机。

③ 两人一组，迎面向前跑动，然后用脚内侧向内、向外或向后转身接球。如表 2-4-3 所示。

表 2-4-3 停球练习说明表

| 练习方法 | 动作要领 | 易犯错误 | 分值 |
| --- | --- | --- | --- |
| 脚内侧停反弹球练习 | 要把球停到左侧时，支撑脚应踏在球落点的左侧方，脚尖指向左方，同时上体也向左侧前倾 | 对球落地的时间判断不准，使球漏过，或用力下压而停不稳球 | 25 |
| 脚内侧停地滚球的动作方法 | 把球停到自己的侧后方，在停球脚撤到支撑脚的侧方时，再继续以转体、展髋和停球脚外展的动作将球停向侧后方，同时以支撑脚为轴使身体转为出球方向<br>还可以用压推法和挡压法。当球运行到支撑脚的侧方或前方时，停球脚以脚内侧挡压球的后上部；当需要把球停到支撑脚外侧时，停球脚的脚尖稍向前，脚内侧挡压球的侧后上部，同时脚尖里转，支撑脚以前脚掌为轴身体转向出球方向 | 脚离地过高，使球漏过 | 25 |
| 脚内侧停空中球的动作方法 | 将停球脚举到稍高于选择的停球点，在脚与球接触前的刹那开始下切，在下切过程中用脚内侧切于球的侧上部，将球切向地面。用下切动作停下来的球落地后一般都继续跳动 | 停球脚的踝关节没有充分放松，使球触脚弹离过远，而失去控制 | 25 |
| 脚底停地滚球的动作方法 | 根据球的运行路线和选择的停球位置，及时移动到位，面向来球，支撑脚踏在球的侧后方，膝关节微屈，脚尖正对来球，同时停球脚提起，膝关节自然弯曲，用脚前掌挡压球的中上部，并根据下一个动作需要，用脚掌推球或拉球 | 停球脚抬起过高，使球漏过；停球脚用力踩球，使球停不稳 | 25 |
| 脚底停反弹球的动作方法 | 根据球的运行速度和落点，及时移动到位，面对来球，支撑脚踏在球落点的侧后方。停球腿屈膝抬起，当落地的刹那，脚尖上翘，小腿稍前伸，用脚掌覆盖球的反弹路线上，触压球的后上部 | 对球的落点和落地时间判断不准确，使球漏过 | 25 |
| 脚背外侧停球 | 脚背外侧停球常与假动作结合起来使用，因此具有一定的隐蔽性。但由于其重心移动较大，比较难掌握 | 停球脚抬起过高，使球漏过 | 25 |

### 2. 停球游戏比赛

具体游戏说明见表 2-4-4。

表 2-4-4 停球游戏比赛说明表

| 名称 | 哨声停球 |
| --- | --- |
| 游戏说明 | ①场地面积为 15m×15m<br>②10 人 1 组,每人 1 球<br>③在区域内随意控球(教练员指定动作)<br>④听到哨声用不同的部位进行停球动作<br>⑤动作失误和动作缓慢者被淘汰,最后剩下的球员为胜利者 |
| 要求 | 认真听老师讲解游戏方法与规则,并在游戏中遵守游戏规则,发扬团结互助的精神,互相鼓励 |
| 结果点评 | 教师宣布比赛结果并点评学生在游戏中运用技术的情况 |

# 学习任务四 头顶球

【任务导入】

熟练掌握头顶球的正确动作和练习方法,了解并掌握各种头顶球动作技术要领,能够达到抢截球动作的基本要求。

【知识准备】

头顶球是运动员有目的地用头的前额骨把球击向预定目标的动作。

足球比赛中球经常在空中运行。运动员为了获取和利用空中球,就经常用头去顶球。因为头是人体的最高部位,额骨宽大平坦且坚硬。因此,运动员只要掌握了头顶球技术,顶出去的球就准确而有力,这就决定了头顶球在争夺空中优势的作用。

掌握了头顶球技术,在进攻时就可以利用头顶球进行传球,以加快进攻速度,最后完成射门任务;在防守时可以利用头顶球抢断或破坏对方的传球、抢救险球,解除门前危急,阻止对方射门等,转守为攻。所以头顶球是足球技术中不可缺少的重要技术之一。头顶球分为前额正面顶和前额侧面顶球,这两个部位都可以做原地、跳起和鱼跃顶球。

1. 原地前额正面头顶球

身体正对来球,两脚前后或左右开立,膝关节微屈,上体稍后仰,重心放在后腿上,两臂微屈自然张开,眼睛注视来球。当球运行至身体垂直面前的刹那,后脚用力蹬地,身体重心由后脚移前脚的同时,迅速向前摆体收下颌,颈部紧张,快速甩头,用前额正面顶球的后中部,如图 2-4-14 所示。

2. 原地跳起前额正面头顶球

准备起跳时,两腿屈膝,重心下降,然后两

图 2-4-14 原地前额正面头顶球

脚同时蹬地,两臂屈肘上摆向上跳起。在跳起上升过程中挺胸展腹,两臂自然张开,眼睛注视来球。在跳起到达最高点准备顶球时,身体成背弓。当球运行到身体的垂直面前的刹那,快速收胸折体前屈并甩头,用前额正面将球顶出。顶球后两腿同时屈膝、缓冲落地,如图2-4-15所示。

图 2-4-15 原地跳起前额正面头顶球

【任务实施】

### 1. 头顶球练习

以原地前额正面头顶球为例,具体方法如表2-4-5所示。

表 2-4-5 头顶球练习说明表

| 练习方法 | 动作要领 | 分值 |
| --- | --- | --- |
| 原地前额正面头顶球练习 | ①复习头顶颠球,体会头触球部位<br>②原地模仿头顶球动作,体会腰部的摆动,同时两臂自然张开,协助身体向前摆动<br>③一人持球至适当高度,另一人用前额正面击球,体会顶球部位及摆体动作<br>④两人一组,相距 5m 左右,互抛高球,练习头顶球<br>⑤两人顶球熟练后,可连续头顶球,要求顶准,尽量不让球落地 | 50 |
| 原地跳起前额正面头顶球练习 | ①徒手模仿顶球动作练习<br>②两人一球,一人抛球,一人头顶,或一人一球,自抛自顶,或用吊球进行练习,体会顶球部位和动作要领<br>③两人一球,相距 5m,自抛自顶给对方,或一人一球对墙练习<br>④两人一球,一抛一顶,连续对顶或一进一退中顶<br>⑤三人一球,作三角顶球练习比赛,在规定时间内,以连续顶球次数多者为胜<br>练习提示:<br>①对初学者首先要克服紧张心理,绝不可闭眼、缩颈做顶球动作,要主动迎击球<br>②跳起顶球首先要准确判断球的落点和起跳时间,起跳过早或过晚,则顶球无力或顶不到球<br>③不论用哪种顶球方法,都必须使所有参加运动的关节肌肉都协调一致的用力 | 50 |

### 2. 头顶球游戏比赛

具体游戏说明见表2-4-6。

表 2-4-6 头顶球游戏说明表

| 名称 | 足篮一体游戏 |
| --- | --- |
| 方法与规则 | 将学生分为四组,每两组为一比赛小组,游戏在篮球场上进行。规则与篮球规则一样,但最后的攻门要用头来完成。攻门越过底线,进攻方得一分。游戏结束后,得分多的队伍取胜 |
| 要求 | ①学生积极参与游戏,认真对待比赛<br>②学生做到学以致用,合理运用头顶球技术<br>③学生互相鼓励,发扬团结、顽强的拼搏精神 |
| 结果点评 | 教师宣布比赛结果并点评学生在游戏中运用技术的情况 |

# 学习任务五　运球

## 【任务导入】

熟练掌握运球的正确动作和练习方法，了解并掌握各种运球动作技术要领，能够达到运球动作的基本要求。

## 【知识准备】

运球是运动员在跑动中用脚连续推拨球，使球处于自己控制范围内的触球动作。

利用运球可以变换进攻的速度，调节比赛的节奏。在对手紧逼和密集防守的情况下，利用运球和过人可以摆脱对方的阻截和围抢，还可诱使对手离开防守位置而暴露空当，扰乱对方防守阵型，造成以多打少的主动局势，为传球或射门创造有利时机。所以熟练地掌握运球技术对提高个人作战能力和完成全队配合具有十分重要的意义。

### 1. 脚背外侧运球

跑动时，身体自然放松，上体稍前倾，两臂自然摆动，步幅不要过大；运球脚提起时，膝关节弯曲，脚跟提起，踝关节内旋，脚尖向内斜下指，用脚背外侧部位推拨球前进，如图 2-4-16 所示。在比赛中，大多在快速推进或为超越对手，在前方纵深距离较大或者改变方向时使用。

图 2-4-16　脚背外侧运球

### 2. 脚内侧运球

运球时，支撑腿向前跨出一步，落在球的侧前方，膝关节微屈，重心落在支撑脚上，上体向带球方向前倾，用运球脚内侧推拨球后中部前进，如图 2-4-17 所示。在比赛中，主要适用于以身体掩护球的情况。

### 3. 正脚背运球

运球时，上体前倾，步幅放大，运球脚提起时，膝关节弯曲，脚尖向下，以脚背正面推拨球前进，如图 2-4-18 所示。在比赛中，主要适用于突破对手后做较长距离的快速运球的情况。

图 2-4-17　脚内侧运球

图 2-4-18　正脚背运球

### 4. 运球过人

运球时要逼近防守者，距对方 2m 左右。身体要保护球并远离防守者的脚控制球。过人时重心要低于并落于两脚之间，有利于假动作使对方失去重心，运用拨、拉、扣、挑等技术动作,突然快速地摆脱越过对手,如图 2-4-19 所示。

图 2-4-19 运球过人

【任务实施】

1. 运球练习

运球练习说明见表 2-4-7。

表 2-4-7 运球练习说明表

| 练习方法 | 任务实施 | 分值 |
| --- | --- | --- |
| 各种脚法的往返直线运球 | 每人一球,每组 6~8 人,在相距 30~40m 的两根标志物之间进行,练习依次进行,前后两人相距 5m 左右 | 25 |
| 直线穿梭运球练习 | 5~6 人一组,一组一球,每组分为两队,相距 15~20m。如单数组时,在人多的一队开始运球,一人运球至另一队同伴前 3~4m 左右,将球轻传给同伴,自己留在这一端等待下一次练习 | 25 |
| 蛇形推进运球练习 | 每人一球,每组 6~8 人,在相距 30~40m 的两根标志物之间进行 | 25 |
| 侧身左右脚交替往返变向运球练习 | 每人一球,每组 6~8 人,在相距 30~40m 的两根标志物之间进行 | 25 |
| 30m 曲线运球绕杆(10 根杆) | 每隔 3m 插一根标志物,起点与终点以标志物代替或画一直线。练习者一人一球,依次进行。此外,曲线运球方法多种多样,如利用场地进行的沿中线蛇形进行的运球和三角形路线运球等 | 25 |
| 两人一组练习 | 在积极或消极的防守下,做一对一的运球过人练习 | 25 |

2. 脚内侧运球游戏

脚内侧运球游戏说明见表 2-4-8。

表 2-4-8 脚内侧运球游戏说明表

| 名称 | 运球游戏 |
| --- | --- |
| 方法与规则 | 将学生分为 4 组,组与组两两纵向相对站立,开始时由其中一组的队首同学持球,用外脚背匀速将球带至第二组的队首,然后站至第二组的队尾,第二组的队首同学持球后重复第一组队第一个同学的动作,如此反复 |
| 要求 | 遵守规则,互相鼓励 |
| 结果点评 | 教师宣布比赛结果并点评学生在游戏中运用技术的情况 |

## 学习任务六 抢截球

【任务导入】

熟练掌握抢截球的正确动作和练习方法,了解并掌握各种抢截球动作技术要领,能够达到抢截球动作的基本要求。

【知识准备】

抢截球是指运动员运用合理的动作把对手控制的球、传出的球夺过来或破坏掉所采用的各种动作。

在足球比赛的防守中并不是每次抢截球都能够得到球。然而，运动员只要去抢球或截球，首先他就占据了恰当的位置，这就有可能封堵住球的去路或阻挠对手自由地动作，那么自然就增加对手控制球的困难，同时也给对手造成心理上的压力使其紧张并出现失误，并且由于积极地争夺或阻截，使对方传球空当随之缩小，接应活动受到限制。从而为同伴和本队组织"稳固"防线创造了条件。因此，每一个运动员都应掌握抢截球技术。

抢截球是防守的主动行动，是转守为攻的积极手段，抢截球包括抢球和截球两个内容。抢球指用规则所允许的条件和动作，把对手控制的或将要控制的球夺过来、踢出去或破坏掉。截球是指用规则所允许的动作，把对方队员间的传球或射出的球堵截住或破坏掉。

1. 正面跨步抢球

抢球者面对对手两脚前后开立，两膝微屈，在对手运球脚触球后即将着地或刚着地时，支撑脚立即用力后蹬，抢球脚以脚内侧对着球跨出，膝关节弯曲，上体前倾，身体重心移至抢球脚上，另一脚立即前跨，如图2-4-20所示；如果双方脚同时触球，抢球者则要顺势向上提拉，使球从对方脚背滚过，同时身体重心要迅速跟上，把球控制好，如离球稍远可用脚尖。

图 2-4-20　正面跨步抢球

2. 侧面冲撞抢球

当与对方平行跑动争球时，身体重心要降低，两臂紧贴身体，当对方侧脚着地时，可用肩和上臂做合理冲撞动作，使对方失去平衡，从而截获球，如图2-4-21所示。侧面冲撞抢截用于抢截者和运球者平行跑动时。

图 2-4-21　侧面冲撞抢球

3. 侧后铲球

防守人追到距运球人侧后1m左右，可用脚掌或脚背外侧进行铲球。当运球人将球拨动时，防守者先蹬腿，随后抢球腿跨出，以脚掌或脚掌外侧在地面滑行而将球踢出。小腿、大腿、臀部上方依次着地，如图2-4-22所示。侧后铲球适用于对手运球刚越过防守者时。

【任务实施】

1. 抢截球练习

抢截球练习说明见表2-4-9。

图 2-4-22  侧后铲球

表 2-4-9  抢截球练习说明表

| 练习方法 | 动作要领 | 分值 |
|---|---|---|
| 两人一球练习 | 将球放在队员甲脚前,队员乙与其相距2m,队员乙上步做正面脚内侧堵抢练习,当队员乙触球瞬间队员甲也用脚内侧触球。让抢球队员乙体会上步动作及触球部位,两人可轮换做抢球 | 25 |
| | 甲、乙两队员相对站立,队员甲运球跑向乙(慢速),队员乙选择好时机实施正面脚内侧堵抢技术 | 25 |
| | 当甲、乙两队员在练习中同时触球时,抢球队员乙立即提拉球,将球拉过队员甲的脚面并控制住。经过一段练习后,可在触球瞬间两人同时提拉,体会掌握提拉的时机 | 25 |
| 两人同方向慢跑 | 在跑的过程中两人可做适当合理冲撞,体会冲撞的时机和冲撞的部位以及冲撞时如何用力等 | 25 |
| 在两队员前5m处放一球,听哨声后后两人同时向球跑去 | 要求两人同时跑动(互相配合)选择适当的位置和时机合理冲撞将球控制。经过一段练习后,可将静止球变为活动球,即教练员持球站立,两队站立在其两侧,当球沿地面抛出后,两队员同时起动追赶球,利用合理冲撞将球控制住。也可采用此方法练习在冲撞的瞬间做身体超前和迟后的突然躲闪后控制球的方法。练习时,事先应明确练习不一定用冲撞后控球的方法,让练习者在追抢过程中自由选择抢球方法,达到控球的目的 | 25 |
| 一人直线运球前进,另一队员出后赶至适当位置抓住时机尽心铲球练习 | 求运球者给予适当的配合,使铲球者能在对手运球过程中体会实施铲球动作 | 25 |
| 铲球练习 | 一人一球,将球放在前面某一位置,练习者选择适当位置站立,原地蹬出做铲球动作练习。当基本掌握铲球动作后,练习者可将球沿地面缓慢抛出,自己追球将球铲掉,以体会如何对滚动的球实施铲球动作。待较熟练地掌握铲球动作后,再用以上方法进行铲控、铲传的练习 | 25 |

## 2. 抢截球游戏比赛

抢截球游戏比赛说明见表 2-4-10。

表 2-4-10  抢截球游戏比赛说明表

| 名称 | 护球游戏 |
|---|---|
| 方法与规则 | 学生一人一球,在中圈运球,运球过程中力争在控制好自己的球的情况下将其他人的球踢出圈外。球被踢出圈的就淘汰,看谁留到最后 |
| 要求 | ①运球时人球兼顾,用身体或大腿护球,抢球时不许犯规<br>②教师先演示游戏,讲清楚游戏的规则,然后开始教学游戏 |
| 结果点评 | 教师宣布比赛结果并点评学生在游戏中运用技术的情况 |

## 学习任务七　掷界外球

**【任务导入】**

熟练掌握掷界外球的正确动作和练习方法，了解并掌握各种掷界外球动作技术要领，能够达到掷界外球动作的基本要求。

**【知识准备】**

掷界外球是运动员将比赛中越出边线的球，按照规则的规定用双手掷入场内预定目标的动作。

足球比赛中不论参加比赛队的水平高低，都会有一定数量的球出界。并且，足球比赛规则中规定直接接到界外球时没有越位限制。从而给进攻队员以充分活动的自由。因此，把比赛中越出边线的球掷入场内是一次很好地组织进攻的机会尤其是如能直接掷到球门区内就会直接威胁球门。

比赛规则对掷界外球动作要求比较严格，而掷界外球时常会由于掷球的动作不符合规则规定而失掉一次很好的进攻机会。因此，进行掷界外球练习时必须十分注意按足球比赛规则要求的动作来练习。

### 一、动作要领

① 掷界外球的动作（图2-4-23）是一个下端固定的爆发式的平摆运动，需要稳固的支撑。

② 根据身高和臂长掌握合理的掷出角（不超过45°），它是影响远度的重要因素，一般球出手早，掷出角大，反之则小。

③ 球出手速度快，则掷得远，这需要力量基础和协调用力能力。

④ 充分利用助跑的初速度有助于将球掷远。

图2-4-23　掷界外球动作示意图

### 二、界外球具体规则

① 比赛进行中，当球的整体从地面或空中越过边线时即为球出界。此后，应由出界前

最后触球队员的对方队员在球出界处（边线外）1m范围内，将球掷向场内任何方向。

② 掷球时，两脚可以平行站立或前后站立，任何一只脚的部分可以踏在边线上或边线外。但是只要有一只脚越过边线踏在场内，或者踏在线上的脚提起脚跟，致使脚尖踏在场内均属犯规行为。

③ 掷球前，可以附加助跑。掷球时，允许脚在地上滑动，但任何一只脚不得全部离地。

④ 掷界外球的方法是：双手持球置于头的后方，面向场内，两手平均用力，从头后经头上用一个完整的连贯动作将球掷入场内。

⑤ 掷界外球时，常见的犯规有以下几种：

ⅰ．未在球出界处掷球。

ⅱ．单脚或双脚越过边线踏在场内。

ⅲ．单脚或双脚在球掷出前离开地面。

ⅳ．球未从头后经头上掷入场内。

ⅴ．掷球时，有明显的停顿。

ⅵ．掷球时双手用力明显不均，一手扶球，另一手发力掷球。

凡是未按规定的方法将球掷入场内，均应由对方队员在原出界处掷界外球。

⑥ 掷界外球时，队员以合规的动作故意掷击处于场内的对方队员，属犯规行为，应由对方在犯规接触点罚直接任意球。若以不合规的动作故意掷击场内的对方队员，亦属犯规行为，应由对方在原出界处掷界外球。凡故意用球掷击对方，应按有关规定对犯规队员予以警告或罚令出场。

⑦ 掷界外球时，队员不慎致使球脱手落于场外，可以重掷。队员以合法的动作将球掷入场内（包括球落于边线上），比赛即为恢复。若球先触场外又弹入场内或未入场内，均应重掷。若球从空中进入场内又直接被大风吹出场外，或球进场后因场地不平而直接弹出场外，均应由对方在球出界处掷界外球。

⑧ 队员掷球入场，比赛恢复后未经其他队员触及而再次触球，为连踢犯规。若系故意用手触球，则应判罚手球犯规。

⑨ 掷界外球不能直接进球得分。如直接掷入对方球门，由对方踢球门球；如直接掷入本方球门，由对方踢角球。在球掷出，比赛恢复后，经其他队员触及而进入球门，只要当时没有犯规行为，应判进球有效。

## 【任务实施】

### 1. 掷界外球练习

掷界外球练习说明见表2-4-11。

表2-4-11　掷界外球练习说明表

| 练习方法 | 动作要领 | 分值 |
| --- | --- | --- |
| 动作模仿练习 | 持球做原地和助跑掷界外球的模仿动作 | 25 |
| 准确性练习 | 原地或助跑掷球练习，距离由近及远，并在准确性上提出一定要求 | 25 |

### 2. 掷界外球游戏比赛

掷界外球游戏比赛说明见表2-4-12。

表 2-4-12 掷界外球游戏比赛说明表

| 名称 | 瞒山过海 |
|---|---|
| 游戏方法 | 一侧同学听到信号后,将球掷给对面的同学,对面同学接住球后进行 S 形运球绕到对面,把球还给掷球同学并站在掷球同学的后面,对面的同学最早过完的小组获胜 |
| 游戏规则 | 教师做裁判,动作必须规范,犯规一次扣一分 |
| 要求 | 认真听老师讲解游戏方法与规则,并在游戏中遵守游戏规则,发扬团结互助的精神,互相鼓励 |
| 结果点评 | 教师宣布比赛结果并点评学生在游戏中运用技术的情况 |

# 学习任务八　守门员技术

## 【任务导入】

熟练掌握守门员技术的正确动作和练习方法,了解并掌握各种守门员动作技术要领,能够达到守门动作的基本要求。

## 【知识准备】

守门员是全队的最后一道防线,他的主要任务是守住球门。因此,守门员应力争扩大自己在罚球区的防守范围,以便尽早截获各种来球,并要及时地把球传到有利于进攻的位置上,组织发动进攻。所以,守门员要善于观察全局,分析比赛的发展变化。从而达到协助指挥全队的防守和进攻的效果。

足球比赛的矛盾焦点是射门和阻止射门。所以,双方在罚球区内外的争夺最为激烈。为此,守门员要有沉着冷静的心理素质、勇敢顽强的战斗意志、快速敏捷的反应、良好的身体素质及机智灵活的战术意识。

守门员技术分为无球技术和有球技术两大类。守门员的无球技术主要有准备姿势和移动动作。有球技术主要有接球、扑接球、拳击球、托球、掷球和踢自抛球等。守门员技术的高低、反应的敏捷程度和竞争意识直接影响全队的士气与最后一道门户的牢固。

### 1. 接球

接地滚球分直立和单膝跪立接球两种。

直立接球时,两脚要自然并拢不留空隙,脚尖对准来球,上体前屈,两臂自然下垂近地,手指自然张开,手心向前,两手接球底部,接球后两臂同时弯曲,并互相靠拢,将球提至胸前紧抱,如图 2-4-24 所示;单膝跪立接球时,两腿向侧前方开立,前腿弯曲,后腿跪立,膝关节接触地面,并靠近前脚跟,不留中空,上体前倾,两臂下垂,掌心对准来球方向,两手接球底部,接球后将球抱至胸前,如图 2-4-25 所示。接高球:两手自然张开,拇指相对,食指与拇指成桃形,当手触球时,手腕和手指适当用力将球接住,同时屈肘、回缩并下引,顺势翻掌将球抱于胸前。要求判断球路与落点要准,跑动、起跳要准。接平球:接球前两臂屈肘置于胸前两侧,在球接触胸前的一瞬间,两臂夹紧,收缩两手抱住球的侧上部,迅速置于胸前。

图 2-4-24　直立接球

图 2-4-25 单膝跪立接球

2. 扑接球

侧地扑接低球时,先向来球一侧跨一步,接着身体从一侧小腿、大腿、臀部、上体和小臂依次着地,同时两臂向前伸出,同时手掌对准来球,另一侧手掌在球的上方对准来球,触球后手指、手腕用力,屈肘把球收回胸前,然后起立。

3. 拳击球

拳击球可分为单拳击球和双拳击球。单拳击球时,屈肘、握拳于胸前,跳起快速冲拳,以拳面将球击出;双拳击球时,双臂屈肘握拳于胸前,两拳靠拢,当跳起到最高点时,双拳同时快速冲击,以拳面将球击出,如图 2-4-26 所示。

图 2-4-26 拳击球

4. 掷球和抛踢球

掷球有单手、低手和肩上掷球,抛踢球有自抛踢下落球和踢反弹球。

5. 托球

起跳后身体成背弓,单臂快速上伸,手掌前部和手指用力将球向后上托出。

【任务实施】

1. 守门练习

守门练习说明表见表 2-4-13。

表 2-4-13 守门练习说明表

| 练习方法 | 任务实施 | 分值 |
|---|---|---|
| 准备姿势练习 | 准备姿势与移动模仿练习 | 25 |
| 手型练习 | 手型模仿动作和手型变换练习 | 25 |
| 接球练习 | 接手抛或脚踢的球,距离有远到近,力量由小到大,角度由小到大 | 25 |
| 倒地接球练习 | 倒地接球模仿练习 | 25 |
| 坐地、跪地、半蹲扑接球练习 | 坐地、跪地、半蹲扑接手抛的球 | 25 |
| 沙坑接球练习 | 在沙坑里或在垫子上扑接手抛或脚踢的球 | 25 |
| 球门中央接球练习 | 在球门中央进行扑接球练习 | 25 |
| 实战练习 | 结合实战进行扑接球练习 | 25 |

2. 守门员游戏比赛

守门员游戏比赛说明表见表 2-4-14。

表 2-4-14 守门员游戏比赛说明表

| 名称 | 攻城拔寨 |
| --- | --- |
| 游戏说明 | ①队员在固定区域内用手传球,尽可能压对方半场端线<br>②举手示意,每压一次得 1 分<br>③统计双方的得分,得分多者获胜 |
| 注意事项 | ①游戏过程中培养跑位、接应能力<br>②注意观察防守队员的位置,选择进攻方向 |
| 结果点评 | 教师宣布比赛结果并点评学生在游戏中运用技术的情况 |

# 学习任务九　足球竞赛规则

【任务导入】

了解足球比赛的基本战术,熟练掌握足球竞赛常用规则,能够达到完成一场完整的激烈的足球比赛的基本要求,并选出优秀队员、裁判员给予鼓励。增强班级凝聚力,培养团结协作精神。

【知识准备】

### 足球的基本战术

足球战术分为进攻战术和防守战术。进攻战术包括个人战术（传球、跑位、运球突破、射门等）、局部战术（交叉掩护配合、传切配合、二过一配合等）、整体战术（边路进攻、中路进攻、定位球战术等）；防守战术包括个人防守（选位、盯人等）、局部防守（保护、补位等）、整体防守（人盯人防守、区域防守、综合防守和定位球防守等）。战术的动作要结合本队特点、各人的特长和比赛实际情况而加以运用。

## 一、攻守战术原则

### （一）一般原则

① 攻守兼备。也就是力求攻中寓守,守中寓攻,合理地掌握好攻守节奏,才能赢得比赛的胜利。

② 创造优势。主要指人数的优势,在局部地区造成以多胜少的优势。

③ 机动灵活。一个球队须有独特打法,但也必须能依临场实际情况机动灵活地变换战术。

④ 以快制胜。快速掌握好攻防节奏,快速防守,严阵以待,抓好时机,快速反击,以期控制局面。

⑤ 安全与冒险相结合。比赛中,在后场不轻易冒险,紧逼有球队员,要相互补位和保护；在前场,要抓住时机,敢于冒险性传球或突破射门。

### （二）个人战术原则

一是每个队员（包括守门员）得球后,应发动进攻；二是失球后立即防守；三是传球后跟上接应,射门后跟进补射；四是迎上接球,不能等球；五是运球的目的要明确,控制好快慢,不丢球；六是在对手和本方球门之间防守,控球时要使自己处于对方与球之间；七是在球刚触地时处理空中球；八是决不能漏掉能截住的球；九是面向球,观察情况；十是技术动作规范。

## 二、比赛阵形

比赛阵形是指比赛时队员的位置排列、攻守力量搭配和职责分工的形式。阵形的人数排列一般是从后卫排向前锋，根据队员的层次分成后卫线、前卫线和前锋线。守门员的职责固定，一般不予计算。

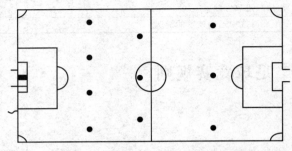

图 2-4-27 "四三三"式阵形示意图

### 1. "四三三"式阵形

如图 2-4-27 所示，该阵形中有四个后卫，在防守时可以形成多种形式的战术配合。三个前锋担任进攻任务，中场的三个前卫能密切地与前锋和后卫协同配合，进行交叉换位，因而这种阵形隐蔽着极大的进攻突然性。有时前卫会突然出现在前锋的位置上，给对方防守出其不意的打击。

### 2. "四四二"式阵形

"四四二"式阵形是由"四三三"式阵形变化来的，它是将一名前锋回撤到中场，以两名前锋突前而形成的，如图 2-4-28 所示。主要特点是牢固地控制了中场的主动权，全队的防守更加巩固，有利于快速反击，场上队员更加机动，中、后场队员可以随时插上进攻。

## 三、个人战术

### （一）个人进攻战术

个人进攻战术包括传球、跑位、运球过人、射门。

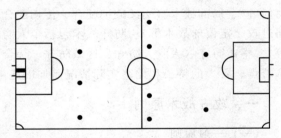

图 2-4-28 "四四二"式阵形示意图

#### 1. 传球

传球是比赛中有目的地把球踢给同伴或踢向预定的方位。比赛中，选择目标、掌握时机、控制力量与落点的传球是衡量战术意识和传球技能的标志。

#### 2. 跑位

跑位指队员有意识地跑动，创造空档。可分为摆脱或接应跑位；摆脱切人，插上；有意识地扯动牵制或制造空档。

#### 3. 运球过人

运球过人是进攻战术中一种极为重要的个人战术，是运球调动、扰乱对方防线，造成以多打少，觅得传球空档，突破密集防守，获得射门机会的有效手段。

#### 4. 射门

射门技术是指用踢球、头顶球、铲球等技术将球射向对方球门，是进攻的最终目的，也是比赛胜负的关键。射门方法很多，包括对射地滚球、空中球、反弹球、直线球、弧线球，可直接射、带射、接射。射门时要求冷静、机智、果断、有信心，动作快速、准确、有力，并能随机应变。

## （二）个人防守战术

### 1. 选位

失球后，朝向本方球门退却收缩，选位封锁对方向本球门路线。侧翼队员沿一条向近侧门柱延伸线回收，中央队员沿向罚球点延伸线回收。

### 2. 盯人

限制对手活动的时间、空间，可分为紧逼盯人和松动盯人，盯人的位置处于对手与球门之间，紧逼盯人要贴近，松动盯人保持2m左右。

### 3. 抢截

在保证整体防守稳固前提下动用抢截技术，原则是不因个人盲动，给对方以多打少的局面。要沉着，并不断调整位置，窥测对手的运球意图，决定抢球时机。不受对手晃动的影响，在其做第一个与第二个动作未衔接的刹那使用假动作抢球。选位要恰当，判断要准，掌握好时机，在对手未接球前把球断掉。

### 4. 守门员防守

守门员要对攻方射门意图、脚形、方向、角度和球性迅速作出判断，并选择位置，立即移动扑、接球。技术动作要合理，把握好接、扑、击、传球的时间，准确判断来球的方向、落点。要沉着稳妥，有条不紊。

## 四、局部进攻战术

### 1. 传切配合

传切配合是指接球者向对手身后传球，同伴切入得球的配合，如图2-4-29所示。其形式有：局部的一传一切、长传切入、长传转移切入。

### 2. 掩护配合

掩护配合是指在局部地区两队员迎面运球交叉掩护过人的配合，如图2-4-30所示。其要求是速度迅速、紧凑、连贯；互换运球要贴近；以远离对手的脚运球，接球的人对准运球脚跑动，并以同侧脚接球；掩护人做假动作运球吸引对方；避免阻挡犯规。

### 3. 二过一配合

二过一配合是指在局部区域两个进攻队员过一个对手的配合，如图2-4-31所示。按其传球方向可分为：斜传直插二过一，直传斜插二过一，踢墙式二过一，横、回反切二过一。

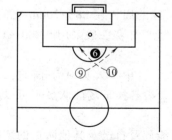

图2-4-29　传切配合战术　　图2-4-30　交叉掩护配合战术　　图2-4-31　二过一配合战术

## 五、足球竞赛常用规则

### （一）球场

球场必须是长方形，如图2-4-32所示，在长90~120m、宽45~90m范围内均可。国际比赛的长度范围为长100～110m、宽64～75m。基层比赛场地可因地制宜，但边线必须长于端线，场内各区域尺寸不应变。国际足联曾规定世界杯决赛阶段比赛场地为长105m、宽68m，比赛不能在人造草皮上进行。场地各线宽度不超过20cm（球门线的宽度必须与球门柱宽度相等），边线与球门线应包括在场地面积之内，其他各线宽度也应包括在该区域面积之内。

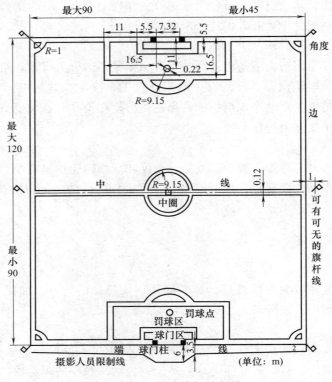

图2-4-32 足球球场示意图

**（二）球**

足球是用皮革或其他适当的材料制成。国际足联和国际联合会主办的比赛中，所使用的球必须有下列三种标志之一：正式的"国际足联批准"标志，正式的"国际足联监制"标志或经证明的"国际比赛标准球"。球的周长在68～70cm之间；球的重量不少于410g，不多于450g；压力在0.6～1.1atm（世界杯赛一般采用0.9atm）。

**（三）队员人数**

每对参赛人员不得多于11人，其中1人必须为守门员。正式比赛提名替补队员为7人，但最多可以替换3人，位置不限。被替换下场的队员不可以在本场比赛中重新上场。

**（四）队员装备**

队员不得使用或佩戴任何可能危及自己及其他队员的装备或物件。运动员必需的装备是运动上衣、短裤、护袜、护腿板和足球鞋。上衣号码与短裤号码必须一致，队员之间不得重号。守门员服装颜色应区别于其他队员和裁判员、助理裁判员，队长必须佩戴袖标。

**（五）比赛时间**

正式比赛时间为90min，上、下半场各45min，除经裁判员同意外，中场休息不得超过15min。如规程规定有加时赛，则再进行30min的加时赛，每半场15min，中间立即交换场地不再休息。如果采用"金球制胜"法，则在 30min 内，先进球者为胜，比赛立即结束。若决胜局双方依旧平局，以踢点球方式决胜负。

### （六）越位

**1. 处于越位位置的条件**

① 在对方半场内。

② 球更接近于对方球门线。

③ 在该队员与对方球门线之间，对方队员不足两人。

上述三个条件中，若缺少任何一条，队员均不属处于越位位置。

**2. 判断**

判断是否处于越位位置的时间是同队队员踢或触球的一瞬间，而不是该队员得球的一瞬间。

**3. 越位犯规**

处于越位位置的队员，在同队队员踢或触及球的一瞬间，裁判员认为其有下列情况时才被视为越位犯规。

① 干扰比赛。

② 干扰对方。

③ 用越位位置获得利益。

位置是前提，触球瞬间是判断的时机，行为和效果是构成越位犯规的依据。

### （七）任意球

**1. 直接任意球**

直接任意球是指可以直接射入对方球门得分的球（直接射入本方球门，不算进球，应由对方踢角球）。足球比赛对抗性强，又允许身体接触与碰撞，裁判员要准确掌握规则。如果队员违反下列十条中的任何一条，将判给对方踢直接任意球。

① 踢或企图踢对方队员。

② 绊摔或企图绊摔对方队员。

③ 跳向对方队员。

④ 冲撞对方队员。

⑤ 打或企图打对方队员。

⑥ 推对方队员。

⑦ 为了得到球控制权而抢截对方队员时，在触球前先触及对方队员。

⑧ 拉扯对方队员。

⑨ 向对方队员吐口水。

⑩ 故意手球（不包括守门员在本方罚球区）。

**2. 间接任意球**

不能直接射门得分，必须经场上其他队员触及后进入球门内才算进一球（直接射入对方球门，由对方踢球门球）。如果守门员在本方罚球区违反下列五种犯规中的任何一种，都将判对方踢间接任意球。

① 当控制球时，在发出球之前持球超过 6s。

② 在发出球之后未经其他队员触及，再次用手触球。

③ 用手触及同队队员故意踢给的球。

④ 用手触及同队队员直接掷入的界外球。

⑤ 裁判员认为，队员有下列任何一种具有危险性的动作：阻挡对方队员；阻挡对方守门员从其手中发球。

另外，如果队员在比赛中被判开球、球门球、角球、界外球、任意球、越位犯规，也将在犯规地点以间接任意球恢复比赛。罚任意球时除守方在本方球门线上外，对方队员必须至少距球 9.15m（主罚队不要求对方退 9.15m 时，裁判员可不必维持要求）。球一经踢动，即恢复比赛。

（八）界外球

比赛进行中，当球的整体从地面或空中越过边线时即为球出界。此后，应由出界前最后触球队员的对方队员在球出界外边线外 1m 范围内，站立将球掷向场内任何方向。球一进场，比赛即为开始。

（九）球门球

队员将球的整体从空中或地面踢出对方球门线（不属于进球得分）时，由对方在球门区内任何一点踢球门球。踢球门球时，对方队员退出罚球区。

（十）角球

比赛中，队员将球的整体由地面或空中踢出本方球门线（不属于进球得分）时，由对方在出界一边的角球弧内踢角球。角球可以直接射入对方球门得分。

**【任务实施】**

① 策划并组织足球比赛。
② 制订足球赛活动方案。
比赛方式：7 人制足球，各队抽签分组，淘汰制。
比赛时间：根据具体情况安排。
比赛计分：标准计分，以裁判判罚为主。
比赛规则：标准 7 人制赛事规则，具体判罚以裁判为主。
比赛场地：本校足球场。
裁判构成：客观选 5 名裁判。
③ 开始比赛。
注意：队服、器材由学校提供，负责的学生裁判不得判罚与自班有关的比赛；如遇下雨，比赛将顺期延缓，具体安排将以广播的形式通知；不得做出铲球及其他危险动作，不得有任何不文明的举动，不得顶撞裁判，情节严重者，将被替换下场。赛后，可填写如表 2-4-15 所示的比赛评估表。

表 2-4-15　比赛评估表

| 个人评估 | |
|---|---|
| 小组评估 | |
| 教师评估 | |

# 参 考 文 献

[1] 孙麒麟.实践教程.大连：大连理工大学出版社，1995.
[2] 王永权.足球.北京：人民体育出版社，1991.

# 项目五 篮球

【案例引入】

篮球是公共体育教学部为全校学生开设的一门选项课程。

教学整体按照基础理论→基本技术→基本战术→组织裁判的顺序进行教学。这样做,既符合篮球运动的特点和基本教学常规,又符合运动技能从简单到复杂的培养过程,更重要的是有利于学生理解和掌握篮球运动的规律,自觉地形成篮球运动技能。

## 学习任务一 认识篮球

【任务导入】

① 掌握篮球的基础理论、基本技术和运动技能。
② 培养学生的思维能力、学生语言的表达能力、学生的组织教学能力,培养学生组织竞赛与裁判能力、自我锻炼能力、自我评价能力、体育鉴赏能力等。
③ 培养学生终身体育意识,为终身体育打下良好的基础。

【知识准备】

### 1. 篮球运动的起源与发展

篮球运动是由美国马萨诸塞州斯普林菲尔德市(春田市)基督教青年会干部训练学校、在加拿大出生的体育教师詹姆斯·奈史密斯于1891年冬发明的。他受启发于当地儿童摘桃扔入桃筐的活动,在此基础上,组织成一种在一定地面范围的场地两端设置两个竹制桃筐,展开投篮游戏。由于美国马萨诸塞州冬季较为寒冷,难以在室外开展受学生喜爱的体育活动,于是奈史密斯便将这一最初在室外试行的篮球游戏移至室内,并将摆置在地面上的类似于桃筐的篮子,悬挂在室内两侧离地面高约10ft(合3.05m,这便成为现用篮圈高度的来源)的墙壁上,将球向篮筐中投准,展开攻守对抗的游戏。投球入篮得分,得分多少决定胜负。这个游戏的开始使用桃篮和球,故取名为"篮球"。

1892年,为限制粗暴抢球的犯规动作,制订了13条简单的规则。1894年,增加条款,限制了每队上场人数为15人,投球中篮为一分,将经常发生的推、拉、撞、绊、打等现象判为犯规,犯规三次算负一分。1910年,将参赛人数改为9人,后来又减为7人,并规定不许持球跑。1920年以后改为每队出场5人。

1932年阿根廷、希腊、意大利等八国篮球协会的代表在瑞士日内瓦召开了第一次国际篮球会议，成立了国际业余篮球联合会。1936年国际奥委会决定将男子篮球正式列为奥运会比赛项目；1976年女子篮球被列为奥运会比赛项目。1948年国际业余篮球联合会决定四年举办一届世界男篮锦标赛（1950年开始）；1952年又决定四年举办一届世界女篮锦标赛（1953年开始）。各大洲也先后成立了业余篮球联合会，开展各种性质的比赛活动。

近代篮球运动是在1896年前后传入我国的，先在天津、北京、上海、广州等地的基督教青年会学校中传开，后来逐渐扩大到支教会学校和一般学校。

### 2. 篮球运动的特点

篮球运动是将球投入对方球篮，以得分多少决定胜负的集体球类运动项目。它集跑、跳、投等运动于一身，具有较强的集体性、竞争性、对抗性；能促进人体的速度、灵敏、力量、耐力、柔韧等身体素质的发展，能提高内脏器官、感觉器官和神经中枢的功能，能培养勇敢、机智、集体主义和组织纪律性等品质。它不受年龄、性别的限制，受场地因素影响较小，因此具有广泛性，深受广大群众的喜爱。

（1）参与范围广泛

根据篮球运动的特点，无论男女老少，都可以参加，打球的时间可长可短，打球的球场可大可小，有条件的可到标准球场打球。

（2）提高生命活力

篮球活动涵盖了跑、跳、投等多种身体运动形式，因此，它能全面、有效、综合地促进身体素质和人的生命力，为人的一切活动打下坚实的身体（物质）基础，从而提高生活的质量。

（3）满足多种需求

与其他运动项目相比，篮球活动的形式多样，具有更强的参与性、趣味性、应变性、娱乐性和竞技性等，能满足不同人群的多种需要。篮球活动的形式可因人而异，运动量可随意调解，因此适宜于各类人群的广泛参与。各类不同的参与者都能在活动场上找到展示自己的方式，满足自己的不同层次的需求。

### 3. 篮球运动的锻炼价值

篮球运动是以投篮为中心的、对抗性的竞赛活动，是人体全面发展的球类运动之一。它能使人享受到身体运动带来的乐趣，有助于身心健康，体验竞技运动所特有的魅力。篮球运动不仅能强体健身，还可以促使人的个性、潜能和创造力得到充分发展。在现代社会，篮球运动在娱乐休闲、社会交往以及商业经济方面的作用日益明显，对社会的发展与进步也有着积极意义。

### 4. 大学生篮球运动简介

CUBA是中国大学生篮球协会（China University Basketball Association）的简称，它成立于1990年7月，前身是中国大学生篮球联合会。由于CUBA主办大学生篮球联赛，所以人们又习惯把CUBA称作是中国大学生篮球联赛的简称。

1993年2月，中共中央、国务院制定了《中国教育改革和发展纲要》。同年国务院总理李岚清同志在上海会议上提出"社会办学""高校体育产业化"等改革措施，为我国高校体育社会化和产业化发展提供了纲领和政策保障。1996年3月，在《中华人民共和国国民经济和社会发展"九五"计划和2010年远景目标纲要》中提出："落实奥运争光计划，提高运动技术水平……有条件的运动项目要推行协会制和俱乐部制，形成国家与社会共同兴办体育事业的格局"。

在我国教育界和体育界积极推动改革的同时，在政策的倡导与形式的驱使以及在美国大学生联赛（NCAA）和美国职业联赛（NBA）人才培养模式的启示下，中国大学生体育协会篮球分会与恒华（国际）集团有限公司于1997年11月28日，联合推出了CUBA中国大学生篮球联赛。1998年夏季，CUBA推出第1届比赛，以后每年举行一届比赛，延续至今。

## 学习任务二　篮球基本技术及练习方法

【任务导入】

了解篮球基本技术以及篮球技术的分类。

【知识准备】

篮球技术是篮球比赛中为了一定目的的专门动作方法的总称，也是篮球运动进攻和防守动作体系的总和，它们是篮球比赛的基础。

篮球技术动作分类图如图2-5-1所示。

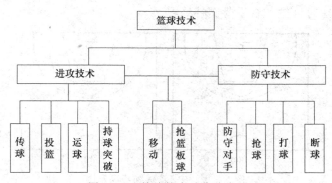

图2-5-1　篮球技术动作分类图

1. 移动

移动是篮球比赛中队员为了改变位置、方向、速度和争取高度等所采用的各种脚步动作方法的通称。移动的动作要领：移动的动作结构主要以踝、膝、髋关节为轴的多个运动动作合理组成。移动由以下两个主要环节。

① 准备姿势。队员在场上需要有一既稳定又机动的准备姿势，用来保持身体平衡和较大的应变性，以利迅速、协调地进行移动，去完成各种行动。

② 身体协调用力。脚步动作是通过脚前掌的蹬地、碾地或脚跟先着地的制动抵地等动作使力作用于地面来实现的。

2. 传球

传球是篮球比赛中进攻队员之间有目的的转移球的方法，是进攻队员在场上相互联系和组织进攻的纽带，是实现战术配合的具体手段。传球技术的好坏，直接影响战术质量和比赛的胜负。准确巧妙的传球，能够打乱对方的防守部署，创造更多、更好的投篮机会。

(1) 持球手法

持球手法分单手持球方法和双手持球方法两种。

① 双手持球方法：两手手指自然分开，拇指相对成"八"字形，用指根以上部位握球的两侧后下方，手心空出，两臂屈肘，肘关节下垂，置球于胸前。

② 单手持球方法：手指自然分开，用手掌外沿和指根以上部位托球，手心空出。

③ 传球动作方法：传球动作是由下肢蹬地，全身协调用力，最后通过伸臂、屈腕和手指拨球的力量将球传出。

（2）接球

接球是篮球运动中的主要技术之一，是获得球的动作，是抢篮板球和断球的基础，在激烈对抗的比赛中，能否采用正确的动作牢稳地接球，对减少传球失误，弥补传球不足以及截获对方的球等都是非常重要的。

接球有双手接球和单手接球两种，不论是哪种，接球时眼睛要注视球，肩、臂都要放松，手臂要迎球伸出，手指自然分开。当手指触球时，屈肘，臂后引，缓冲来球的力量，两手握球，保持身体平衡，以便做下一个动作。

（3）传、接球的练习方法

① 原地传、接球练习：原地两人对面传接球练习，如图2-5-2（a）所示，两人一组，对面站立，相距3~7m，做各种传、接球练习。

要求：传递球速度要由慢到快，距离要由近到远，球飞行路线要有直线、弧线和折线的变化。单手传、接球时，左、右手要交替练习。

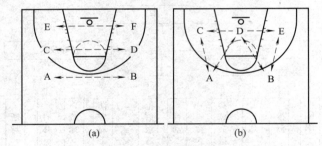

图2-5-2 传、接球练习示意图

② 原地接不同方向的球和向不同方向传球的练习，如图2-5-2（b）所示，A、B各持一球，A先传给D，D接球后迅速传给C，C再传给A，当D刚把球传给C时，B立即传球给D，D传给F，F再传给B。如此反复练习，传、接球一定时间或次数后，队员转换位置。

要求：用眼睛的余光观察传、接球者的情况，传球动作由慢到快。

（4）易犯错误及纠正方法

常见易犯错误有以下几种。

① 双手胸前传接球时，全手掌触球，手心没有空出，两拇指距离过大或过小，持球动作不正确。

② 双手胸前传接球时两肘外展过大，两臂用力不一，形成挤球，出手后两手上下交叉。

③ 单手肩上传接球时，没有摆臂、拨指、抖腕动作。

④ 双手胸前传接球时，两手指朝前，两手没有形成半圆，伸臂迎球时臂、腕、指紧张，引球动作不及时。

⑤ 接地滚球时伸腿跨步不及时，重心过高。

可使用的纠正方法有以下几种。

① 两人一组面对站立,一人握球,一人做双手胸前传球的正确模仿练习。

② 两人一组,一人对墙传球,另一人纠正动作。

③ 重复讲解双手接球的动作要点。

④ 多做自抛自接的练习,养成张手伸臂迎球和及时屈肘引臂的习惯。

3. 投篮

投篮是进攻队员为将球从篮圈上投入篮筐而采用的各种专门动作方法的总称。

投篮是篮球运动的主要进攻技术,是得分的唯一手段。一切技术,战术运用的目的,都是为了创造更多更好的投篮机会,为争投中得分。投篮得分的多少是决定比赛胜负的关键,为此,掌握和运用好投篮技术,不断地提高投篮命中率,具有十分重要的意义。

(1) 投篮技术的分类

投篮技术的分类示意图如图 2-5-3 所示。

① 双手胸前投篮:是双手投篮中最基本的动作方法,它的优点是投篮的力量大,距离远,而且便于和传球、运球突破相结合。缺点是投篮时持球和出手点较低,防守容易干扰。比赛中女运动员运用较多。

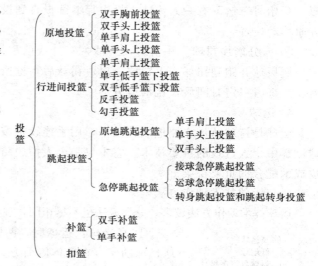

图 2-5-3　投篮技术的分类示意图

动作方法:双手持球于胸前,肘关节自然下垂,两脚前后左右开立,两膝微屈,重心落在两脚上,眼睛注视瞄准点。投篮时,下肢蹬地发力,两臂内旋拇指下压,手腕前屈,食、中指用力拨球,通过指端将球投出。球出手时身体随投篮出手方向自然伸展,脚跟微提起。

② 双手头上投篮:这种投篮方法持球部位高,防守队员不易干扰,便于与头上传球相结合。由于置球点高,不便于与运球突破结合。

动作方法:双手持球于头上,肘关节自然弯曲,两腿前后或左右开立,两膝微屈,重心落在两腿之间。投篮时,下肢蹬地发力,两臂向前上方伸直,前臂内旋,拇指下压,手腕前屈,食、中指用力拨球,通过指端将球投出。球出手时身体随着投篮方向自然伸展,两脚跟微提起。

③ 单手肩上投篮:是比赛中运用比较广泛的一种投篮方法,是行进间单手投篮、跳起单手肩上投篮的基础。它具有出手点高、便于结合其他技术动作、能在不同距离和位置上运用的特点。

动作方法:以右手投篮为例。右手持球于肩上,左手扶球的左侧,右臂屈肘,前臂与地面接近垂直。两脚左右开立或前后开立,两膝微屈,重心落在两脚上。投篮时,下肢蹬地发力,右臂向前上方伸直,手腕前屈,食、中指用力拨球通过指端将球投出。球出手时,身体随投篮方向向上伸展,脚跟微提起。

④ 单手头上投篮:这种方法由于持球部位高,对方不易防守。一般在近距离和罚球时

运用较多。

动作方法：基本上与单手肩上投篮相同，只是持球部位在头上，球出手时，用手指和手腕的力量较多。

（2）练习方法

① 原地投篮练习，目的是掌握投篮手法、瞄准点、球的飞行弧线，提高动作的连贯性与协调性。

正面投篮：队员每人一球在罚球线上排成单行，自投自抢，依次反复进行。

② 各种距离、角度的投篮。队员面对球篮，每人一球，离篮 5～7m 左右站成一个弧形，开始时，篮下有一人传球，投中都继续投直到投不中为止。队员轮流投进后，按顺时针方向移动位置。

③ 三分篮加罚球。一组两人一球，三分线前后站好。开始时前面队员投三分篮后迅速冲抢篮板球并跑到罚球线上罚球一次，罚球后，抢篮板球，传给另一人如前做，然后回到其后面。练习一定时间后，比谁得分多。

**4．运球**

运球是持球队员在原地或移动中，用手连续拍按由地面反弹起来的球的动作。运球是篮球比赛中个人进攻的重要技术，它不仅是个人摆脱防守进攻的有手段，而后还是组织全队进攻战术配合的重要桥梁。

（1）运球技术动作方法

运球技术动作方法较多，分类方法也不尽相同，现将常用技术动作归纳如图 2-5-4 所示。

运球 { 高运球 低运球 运球急停疾起 体前变向换手运球 背后运球 运球转身 胯下运球 }

图 2-5-4 运球技术方法归纳图

① 高运球：运球时，两腿微屈，目平视，手用力向前下方推按球，球的落点在身体侧前方，使球反弹的高度在胸腹之间，手脚协调配合，使球有节奏地向前运行。这种运球，身体重心高，速度快，便于观察场上情况。

② 低运球：当受到对方紧逼时，常用这种运球摆脱防守。运球遇到防守时，两腿应迅速变屈，重心下降，上体前倾，用上体和腿保护球。同时，用手短促地拍按球，使球从地面向上反弹的高度在膝部以下，以便更好地控制球和摆脱防守，继续前进。

③ 运球急停疾起：在对方防守较紧的情况下，运球向前推进时，可利用急停疾起的变化来摆脱对方。在快速运球中，突然急停时，手拍按球的前上方。运球疾起时，要迅速起动，拍按球的后上方，要注重用身体和腿保护球。在运球急停疾起时，要停得稳，起动快。人和球的速度要一致，手、脚和上体要协调配合，这样才能有效地达到摆脱防守的目的。

还有一种类似急停疾起的变速运球摆脱紧逼防守的方法，它是在进行间高运球中，当接近防守时，立即改为低运球，减慢运球速度，然后再改为高运球，加速前进，以摆脱防守。

（2）练习方法

① 原地高运球和低运球，体会基本动作。

② 左、右手交替做横运球，体会换手时拍按球的部位和拉球、推球的动作。

③ 做体侧前拉后推运球，体会向前、向后运球的触球部位。

④ 原地双手运两个球，提高控制球能力。

⑤ 原地"8"字运球，即在两腿的外侧和中间交错运球，提高控制球能力。

⑥ 行进间直线运球：底线站成纵路，每组一个球，鸣笛后，各组第一人运球至端线，

返回时换手运球，然后交给下一个队员，轮流进行练习。运球时的手部动作和脚步动作要协调配合，球的落点和用力大小要适当。

⑦ 换手变向运球：队员围绕三个圆圈练习变向运球。运至两圆圈之间时换手，在圆圈的外侧运球时必须用外侧手。

⑧ 不换手变向运球：将障碍物纵向放置在场地中央，运球到障碍物时做横运球，随后做变向运球超越障碍物。变向运球时注意拍按球的部位，要降低重心，保护好球。摆脱障碍物时，变向超越的动作要快，要加速。

（3）易犯错误及纠正方法

常见易犯错误有以下几种。

① 运球时低头，不能观察场上情况。
② 运球时掌心触球或单靠手指拨球。
③ 手、脚、身体配合不协调。
④ 运球时用手打球，不是用手腕、手指接拍运球，球停留在手上的时间过长。

可使用的纠正方法有以下几种。

① 看教师手势运球，反复模仿正确技术。
② 进行运球的熟悉性练习。
③ 听信号做各种形式的运球。
④ 设置障碍架进行变向运球练习。

### 5. 持球突破

持球突破是持球队员运用脚步动作和运球技术快速超越对手的一项进攻性很强的技术。

掌握良好的突破技术和突破时机，既能直接切入篮下得分，又能打乱对方的防守部署，创造更多的攻击机会，增加对手的犯规，从而获得更多罚球次数给对方造成很大的威胁。突破与中投、分球结合运用，进攻就更加机动灵活，效果更显著。

（1）在无防守的情况下持球突破动作练习方法

① 原地持球突破练习，掌握交叉步突破和顺步突破的动作方法。
② 原地持球用前转身和后转身突破动作练习。
③ 原地持球转身后与交叉步和顺步突破结合运用练习。一般情况下，前转身多与交叉步结合，后转身多与顺步结合。
④ 向前侧方抛球，然后跳步接球急停突破练习。
⑤ 熟练掌握突破技术后，结合突破前运用假动作的练习，提高运用动作的变化和动作的转换速度。

（2）在有防守的情况下持球突破练习

以下练习与运用假动作结合进行。

练习一：如图 2-5-5（a）所示，两人一组，一攻一守，A 持球突破 D 后，两人均做后转身，A 继续做突破 D 的练习。完成规定的次数后，攻防相互交换练习。B 和 C 按 A 组的方法进行。

练习二：如图 2-5-5（b）所示，突破与加速运球结合练习，三个人一组，A 持球突破 B 后，加速运球至 C 身前，A 把球传给 C 后，接着防守 C 的突破。C 持球突破后，运球至 B 身前，把球传给 B 后，并防守 B 的突破。

练习三：如图 2-5-5（c）所示，突破与加速运球投篮结合练习，练习时，固定防守者 E，连续防守若干次后交换，A 突破投篮后，自己立即抢篮板球，然后排在 D 的后面，依次进行。

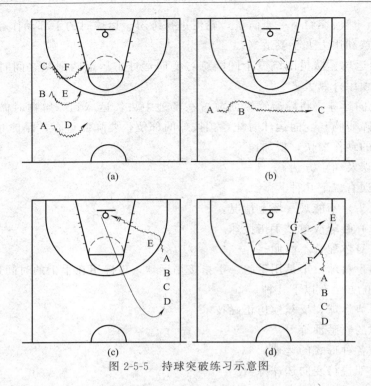

图 2-5-5 持球突破练习示意图

练习四：如图 2-5-5（d）所示，突破与传球结合练习，F 为固定防守者，A 突破 F 后，遇到 G 时，A 立即把球传给 E 投篮。E 投篮后，立即前去抢篮板球，然后排在 D 的后面 G 到 E 的位置，A 到 G 的位置进行防守。依次进行。

（3）易犯错误及纠正方法

常见易犯错误有以下几种。

① 交叉步持球突破时，由于跨步脚尖方向不对，造成转体过大。

② 突破时侧身，探肩不够，身体重心高，后蹬无力，加速不快。

③ 运球突破时球的落点靠后，没有放在脚的侧前方。

④ 中枢脚离地过早或中枢脚不以前脚掌作轴，突破瞬间造成走步违例。

可使用的纠正方法有以下几种。

① 反复示范正确动作，讲清动作关键，明确中枢脚概念，剖析造成原因，建立正确动作的表象。

② 先多做徒手模仿练习，体会正确的要领，再在慢速中做持球突破练习，逐步提高突破速度。

③ 借助障碍架（或有人用两手侧平举站立代替）进行练习。并提醒转身，探肩和降低重心，强调加快蹬地力量。

6. 抢篮板球

比赛中双方队员争抢投篮未中，从篮板或篮圈反弹出的球，统称为抢篮板球。进攻队争抢本队投篮未中的球称为抢进攻篮板球，防守队争抢对方未投中的球称为抢防守篮板球。

（1）抢进攻篮板球

当本方队员投篮时，既要及时判断球的反弹方向，又要运用快速的移动步法，配合身体动作，摆脱对手，冲抢篮板球或补篮。

(2) 抢防守篮板球

防守队员首先应明确对方抢到篮板球会给本方构成极大的威胁，所以必须增强拼抢防守篮板球意识。防守队员一定要充分利用自己靠近篮圈的有利条件，养成"先挡人再抢球"的习惯。一旦抢到篮板球，要迅速反击。

(3) 练习方法

起跳和空中抢球练习：此练习强调抢篮板球的起跳准备姿势、踏跳、空中抢球及落地的动作要领。注意要求掌握好起跳时间，在空中保持好身体平衡，身体充分伸展，跳到最高点时用单、双手抢球和整个动作的协调性。

练习一：原地连续双脚起跳，单或双手触篮板球或篮圈10~20次。

练习二：前后转身跨步连续起跳，单或双手触篮板或空中标记10~20次。

练习三：自抛自抢，跳到最高点时用单或双手抢球15~30次。

练习四：两人一组，一人向篮板或篮圈抛球，另一队员开始面向持球人，然后转身跨步（上步）起跳用单或双手抢球，数次后交换练习。

练习五：两人一组，分别站在篮圈两侧，轮换起跳，在空中用单或双手将球托过球篮，碰板传给同伴，可连续托传15~30次。

(4) 易犯错误及纠正方法

常见易犯错误有以下几种。

① 对球反弹方向与落点判断不准，不会抢占有利位置。

② 起跳时机掌握不好。

③ 抢篮板球时只顾球不挡人或只顾抢位而不顾球。

④ 空中抢球不伸展，动作迟钝不大胆果断，或动作过猛造成犯规。

⑤ 抢到球后保护意识差，易被人打掉或抢走。

可使用的纠正方法有以下几种。

① 可做投篮后向球的方向快速移动到位接球的练习，提高学生的预判能力和快速移动的能力。还可以改变形式采用二人练习一攻一守，做抢位和选位练习。

② 多做自抛自抢的空中练习，体会起跳时机，提高判断的准确性。练习时教练可用语言提示来帮助学生体会动作。

③ 向学生讲明挡人抢位与抢球是相辅相成的，缺一不可。在学生练习时教练可用语言提醒学生注意挡人或抬头看球。

④ 强调正面技术的重要性。在训练中鼓励学生抢位抢球，对抢篮板球不积极的学生可采用惩罚的办法来提高积极性。对动作过猛的学生也可以采用这种方法来促进他提高动作的准确性。同时加强良好的心理素质的培养。

⑤ 强调保护好球的重要性和抢篮板球的最终目的。可采用奖惩的方法来提高其警惕性，也可增加一些保护球技术和能力的训练。

## 学习任务三　篮球基本战术

【任务导入】

了解篮球运动中基本战术，并熟知基本战术的作用。

【知识准备】

1. 传切配合

传切配合是指进攻队员之间利用传球和切入技术组成的简单配合，它包括一传一切和空切配合。

(1) 传切配合的方法

① 一传一切配合 [如图 2-5-6（a）所示]，$A_1$ 传给 $A_2$ 后，立刻摆脱对手 $B_1$ 向篮下切入，接同伴 $A_2$ 的回传球投篮。

② 空切配合 [如图 2-5-6（b）所示]，$A_1$ 传球给 $A_2$ 时，$A_3$ 乘其对手不备之机突然横切或从底线切向篮下接 $A_2$ 的传球投篮。

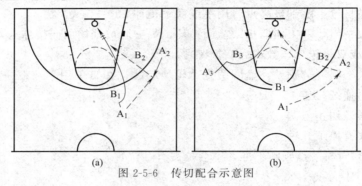

图 2-5-6　传切配合示意图

(2) 实际运用提示

① 切入队员首先要掌握好切入时机，根据对方的防守情况利用假动作摆脱，及时快速切入篮下，并随时准备接球。

② 传球对员要利用假动作吸引，牵制对手，并采用合理的传球方法及时准确地将球传出。

2. 掩护配合

掩护配合是掩护对员采用合理的行为，以自己身体挡住同伴的防守者的移动路线，使同伴借以摆脱防守的一种配合方法。

掩护配合有多种形式和方法。根据掩护者掩护时站位的不同有前掩护、侧掩护和后掩护的三种形式。根据掩护者的移动路线方法和变化，有反掩护、假掩护、运球掩护、定位掩护、行进间掩护和连续掩护等。从组成掩护配合的行为来看，一是掩护者主动去给同伴做掩护，用身体挡住被掩护者的移动路线，使同伴借以摆脱防守。二是摆脱者主动利用同伴的身体和位置把对手挡住，使自己摆脱防守。因此，掩护配合能否成功，关键是在一瞬间创造出的位置差和时间差，争取空间与地面的优势而达到攻击的目的。

(1) 掩护配合的方法

① 侧掩护配合就是给无球对员做侧掩护（反掩护），如图 2-5-7（a）所示，$A_1$ 传球给 $A_2$ 后，即向相反方向跑动给 $A_3$ 做侧掩护，当 $A_1$ 跑到 $A_2$ 侧掩护到位时，$A_3$ 摆脱防守切入篮下接 $A_2$ 的传球投篮。

② 后掩护配合就是前锋为后卫做侧掩护，如图 2-5-7（b）所示，$A_1$ 传球给 $A_3$ 时，$A_2$ 跑到 $B_1$ 身后给 $A_1$ 做后掩护，$A_1$ 传球后做向左切入假动作吸引 $B_1$ 的防守，当 $A_2$ 掩护到位时突然向左侧切入篮下接 $B_3$ 的传球投篮。

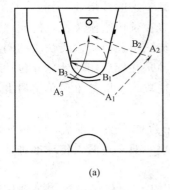 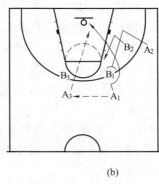 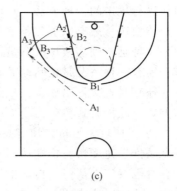

图 2-5-7 掩护配合示意图

③ 前掩护配合就是掩护者跑到同伴防守者的身前，用身体挡住防守者向前移动的路线，使同伴借机摆脱防守接球进行攻击的一种掩护方法，如图 2-5-7（c）所示，$A_3$ 跑到 $B_2$ 的前面给 $A_2$ 做前掩护，$A_2$ 利用掩护拉出，接 $A_1$ 传来的球投篮或做其他攻击动作。

（2）实际运用提示

① 掩护要符合规则的规定，不能用推拉顶撞等不合规的动作去阻挡对方的防守行为。

② 如果掩护建立在静立对手的视野之外，掩护队员必须允许对手向他迈出正常的一步，而自己不主动发生接触。

③ 掩护队员的动作要突然，被掩护的队员要用假动作吸引自己的防守队员，不让对方发现同伴的掩护意图。

④ 掩护时同伴之间的配合时机非常重要，过早或过迟行为都会使掩护失败。掩护配合时队员配合要默契，注意动作果断，并根据临场变化，争取第二次机会。

**3. 快攻战术**

（1）快攻的定义

快攻是从获得球权开始，以最快的速度，在最短的时间内超越对手，争取在人数上造成以多打少的优势或在人数相等，在对方立足未稳，没有形成严密的防守阵势之前，抓住战机，果断而合理地进行攻击的一种战术组织形式。

（2）快攻的作用

快攻是篮球进攻系统一个重要战术，是最锐利的武器。

快攻成功对对方是一次沉重的打击。连连快攻反击成功，往往使对方陷入困难境地。快攻得分多也是一个队综合实力强的体现，因为有球权才可能发动快攻。快攻的球权来自后场篮板球、抢断球、跳球和掷端线界外球四个方面。

（3）快攻发动的时机

① 抢到后场篮板球时。

② 抢断球后。

③ 跳球后获球时。

④ 掷后场界外球时。

（4）快攻的战术形式和结构

快攻战术的形式有长传快攻、短传快攻和短传结合运球推进三种形式。

① 长传快攻。长传快攻是队员在后场获球后，用一次或二次传球，把球传给偷袭快攻

的同伴进行攻击的一种方法。长传快攻可以达到出其不意，攻其不备的效果。

长传快攻一般有以下几种情况：一种是抢到篮板球的队员直接长传给偷袭快攻的同伴投篮；另一种是抢到篮板球的队员迅速传给接一传队员，由接一传队员长传给偷袭快攻的同伴投篮；还有一种情况是抢断球后直接长传给快攻队员；最后一种是在掷后场界外球（包括端线界外球）时直接传给偷袭快攻的队员。不管何种情况的长传快攻，一般都采用单手肩上传球的方式。此种方式传球力量大，传得远。

② 短传快攻。短传快攻是指获得球后，以短传球的方法推进球，然后投篮。短传快攻的特点是推进速度快，也能达到出其不意的攻击效果。短传快攻一般多是两人传球推进并上篮。有时也有三人从三线传球推进上篮的。

③ 短传结合运球推进的快攻。短传结合运球推进的快攻是队员在后场获球后，利用快速的短传、运球相结合，迅速向对方篮下推进，创造有得的投篮机会。这种快攻的特点是比较灵活多变的，较容易创造快攻的战机。

（5）快攻与防快攻的练习方法

掷端线界外球的快攻练习—两人一组一球。练习时，两人落在限制区附近。一人将球传给在篮下担任固定投篮的教练或队员。当对方投中篮后，一队员快速拿球到端线掷界外球，另一队员沿边路线按同伴的长传球上篮或运上篮。

做此练习一方面可以提高掷端线界外球快攻反击的意识和长传技术，提高沿边路快下和接长传球上篮的技术；另一方面也可提高快攻反击配合的默契。做此练习时要求发球快，沿边路快下快；长传准确到位，接球队员要迎上接球，投中篮。

**4. 半场人盯人防守**

（1）半场人盯人防守的特点

半场人盯人是由攻转守时放弃前场的防守，全队迅速退到中场，然后在中场找到自己应防守的对手后，运用领防的方法跟随对手移动到所打位置上进行防守，并根据全队防守策略和防守战术，组成集体协防的战术方法。

① 防守队员在后场，一人盯防一名进攻队员。在防守自己对手的同时，帮助同伴防守。

② 一人防守一个人，分工明确，容易理解，便于掌握。

③ 可按技术差异、身高差异、队员的个人特点，有针对性地选择防守对手，有效制约对方。

④ 针对进攻队员的具体情况和特点，可机动灵活地改变防守区域。

（2）运用半场人盯人防守战术的基本要求

① 贯彻"以球为主，人球兼顾"的防守原则。防守时，对有球者紧逼，进球区紧防、远球区协防。

② 重点防守主攻方向和攻击点。时刻观察对方的意图，控制对方的移动方向，尽快掌握对方进攻技术的打法和进攻特点。

③ 每名队员首先应盯住自己的对手，对持球队员做到防投篮、防传球、防运球、防突破。对无球队员做到"二抢一卡一协防"。要尽快了解掌握对手进攻的特点和弱点，予以制约。

④ 当进攻队员运用各种配合时，防守队员要有良好的默契，互相呼应，互相补防。

⑤ 严密控制腹地和威胁较大的地区，决不允许对方轻易进入或通过限制区。

⑥ 积极拼抢篮板球，首先要挡人，建立每投必挡，每投必抢的意识。

（3）半场人盯人防守的分类

半场人盯人防守可分为半场缩小人盯人防守和半场扩大人盯人防守战术两种。

# 学习任务四 篮球比赛组织、编排及规则

【任务导入】

了解篮球比赛的组织与编排、篮球竞赛的规则。

【知识准备】

## 一、篮球竞赛的组织与编排

### 1. 定义

每场篮球比赛由两个队参加,每队出场 5 名队员。目的是使球进入对方球篮得分,并阻止对方获得球或得分。可将球向任何方向传、投、拍、滚或运,但要受一定规则的限制。

### 2. 球场尺寸

① 球场是一个长方形的坚实平面,无障碍物。

② 对于国际篮联主要的正式比赛,球场尺寸为:长 28m,宽 15m,球场的丈量是从界线的内沿量起。

③ 对于所有其他比赛,国际篮联的适当部门,如地区委员会对地区或洲的比赛或国家联合会对所有国内的比赛,有权批准符合下列尺寸范围内的现有球场:长度减少 2m,宽度减少 1m,只要其变动互相成比例。

④ 天花板或最低障碍物的高度至少 7m。

⑤ 球场照明要均匀,光度要充足。灯光设备的安置不得妨碍队员的视觉。

⑥ 所有新建球场的尺寸,要与国际篮联的主要正式比赛所规定的要求一致:长 28m,宽 15m。所有的线应用白色画出。

### 3. 得分相等和决胜期

① 比赛应由 4 节组成,每节 10min。如果第四节终了时得分相等,要延长 5min 作为决胜期继续比赛,必要时要延长几个这样的 5min,直到分出胜负为止。

② 每次增加的决胜期开始时,不要交换球篮。

③ 每次决胜期前允许有 2min 的休息时间。

### 4. 比赛的胜负

在比赛时间内得分多的一队为胜队。

### 5. 比赛的开始

① 如果某队在场上准备比赛的队员不满 5 名,比赛不能开始。

② 比赛要在中圈内跳球开始。

③ 当主裁判员持球步入中圈执行跳球时,比赛正式开始。

④ 每一节比赛开始要按上述第二款和第三款的程序进行。

⑤ 所有比赛的下半时,双方队要交换球篮。

## 二、篮球规则

### 1. 跳球

① 裁判员在双方各一名队员之间将球抛起,跳球即开始。

② 球只有被一名或双方跳球队员用手拍击，跳球才合法。

2. 如何打篮球

① 篮球是用手来打球的运动项目。带球跑、踢球或用拳击球是违例的。

② 踢球就是用膝、膝以下腿的任何部位或脚去击球或拦阻球。只有故意地做这种动作时才是违例。

3. 控制球

（1）队员控制球

① 队员拿着或运着一个活球。

② 在掷界外球的情况下，当掷界外球队员可处理球时也属于队员控制球。

（2）球队控制球

① 该队的队员控制球。

② 球在同队队员之间传递。

4. 掷界外球

① 投中或最后一次罚球成功后，失分队的任一队员有权在中篮处的端线或端线后任何一点掷界外球。

② 在暂停或每次停止比赛后，裁判员将球递交给队员或置于他可处理的范围之后，该款也适用。

5. 替换

① 替补队员进场前要向记录员报告，并且必须立即做好比赛的准备。

② 替补队员要在场外等候，直到裁判员招手示意他进场。

③ 一旦出现下列机会，记录员就要发出信号通知替换要求。

ⅰ．球成死球。

ⅱ．停止比赛计时钟。

ⅲ．当裁判员正在向记录台报告一起犯规，在他报告完毕时，记录员必须在球再次进入比赛状态前向裁判员发出信号。

6. 违例

① 违例是违反规则。

② 惩罚则是发生违例的队失去球。

③ 将球判给对方队，在最靠近发生违例的地点掷界外球，直接位于篮板后面的地方除外。

7. 队员出界和球出界

① 当队员身体的任何部分与界线上、界线上方、界线外的地面或除队员以外的任何物体接触时，即是队员出界。

② 当球触及以下任一点时，即为球出界。

ⅰ．界外的队员或任何其他人员。

ⅱ．界线上、界线上方或界线外的地面或人物体。

ⅲ．篮板的支柱或背面。

③ 球出界或球触及了除队员以外的其他物体出界，最后触球或被球触到的队员是使球出界的队员。

违反本条规则即为违例。

8. 运球规则

① 当已获得球的队员将球掷、拍或滚在地面上，并在球触及另一队员之前再接触球为运球开始。

② 队员用双手同时触球，或使球在一手或两手中停留的瞬间运球即完毕。

③ 队员的手不和球接触时，运球队员的步数不受限制。

④ 下列情况不属运球范畴。

ⅰ. 连续投篮。

ⅱ. 在运球开始或结束时，队员偶然地失掉球，然后恢复控制球（漏接）。

ⅲ. 与附近的其他队员抢球中挑拍以图控制球。

ⅳ. 拍击另一队员控制的球。

ⅴ. 拦截传球并获得该球。

ⅵ. 只要不出现带球走违例，球在触及地面前在手中抛接和停留。

⑤ 队员第一次运球结束后不得再次运球，除非因为下列情况，他失去了对球的控制。

ⅰ. 投篮。

ⅱ. 球被对方队员拍击。

ⅲ. 传球或漏接，然后球触及了另一队员或被另一队员接触。

⑥ 队员不得掷球打篮板，不得在球触及另一队员之前去触及球，除非裁判员认为是投篮则除外。

违反本条规则即为违例，但队员没有控制活球就没有这条规则的违例。

9. 带球走规则

（1）定义

① 当持活球的队员用同一脚向任何方向踏出一次或数次，另一脚（称为中枢脚）不离开与地面的接触点时出现了旋转。

② 带球走或持球行进（在场地内）是持球队员一脚或双脚向任何一方向移动超出了本条规则所述的限制。

（2）确定中枢脚

① 队员双脚着地接到球，可以用任一脚作中枢脚。一脚抬起的一刹那，另一脚就成为中枢脚。

② 队员在移动或运球中接到球，他可以按下列情况停步并确定中枢脚。

ⅰ. 双脚同时着地，则任一脚都可以是中枢脚。一脚抬起的一刹那，另一脚就成为中枢脚。

ⅱ. 两脚分先后着地，则先触地的脚是中枢脚。

ⅲ. 一脚着地，队员可以跳起那只脚并双脚同时着地，则哪只脚都不是中枢脚。

（3）持球移动

确定了中枢脚后，在传球或投篮中，中枢脚可以抬起，但在球离手前不可以落回地面。运球开始时，在球离手前中枢脚不可以抬起。

停步后，当哪只脚都不是中枢脚时，在传球或投篮中，一脚或双脚都可以抬起，但在球离手前不可以落回地面。运球开始时，在球离手前哪只脚都不可以抬起。

违反本条规则即为违例，但队员没有控制活球就没有这条规则的违例。

10. "3s" 规则

① 某队控制球时，该队队员在对方的限制区内停留不得超过持续的 3s。

② 限制区的各线都属于限制区的一部分，队员触及任何一线都算位于限制区内。
③ "3s" 的限制不适用于以下几种情况。
ⅰ. 当投篮的球正在空中。
ⅱ. 抢篮板球时。
ⅲ. 死球时。

11. **被严密防守的队员**

被严密防守（在正常的一步之内）的持球队员要在 5s 内传、投、滚或运球。
违反本条规则即为违例。

12. **"8s" 规则**

中线至底线由边线围成的场区构成了某队的前场。球场的另一部分，中线、本方球篮以及篮板的界内部分是该队的后场。
① 当一名队员在后场控制活球时，该队必须在 8s 内使球进入前场。
② 当球触及前场或触及有部分身体接触前场的队员时，球即进入前场。
违反本条规则即为违例。

13. **球回后场**
① 位于前场的控制球队的队员不得使球回后场。
② 当控制球队的队员出现了下列情况，就认为球已进入后场。
ⅰ. 在球进入后场前最后触球。
ⅱ. 在球已触及后场或如果该队员触及后场后，他的同队队员首先触及球。
③ 该限制适用于在某队前场的所有情况，包括掷界外球。

14. **犯规**
① 犯规是违反规则的行为，含有与对方队员的身体接触或违反体育道德的举止。
② 对犯规队员要进行登记，随后按规则的有关条款进行处罚。

15. **接触**
① 从理论上讲，篮球运动是一项"没有接触"的竞赛活动。然而 10 名队员在有限的场地上高速度地移动，显然不可能完全避免身体接触。
② 如果确实为了抢球（正常的篮球动作）而发生身体接触，而此接触没有把被接触的对方置于不利，这样的接触则可当作意外情况不必给予处罚。
③ 从背后发生接触是不正当的篮球动作。通常后面的队员对此接触负责，因为就他与球来说，对方队员是处于不利的位置。
④ 在身体接触的问题上作出决断时必须遵照下列基本原则。
ⅰ. 用任何可能的方法去避免接触是每一个队员的责任。
ⅱ. 任何队员在占位时只要不发生身体接触，都有权在规则的限定范围内到达没有被对方队员占据的正常地面位置。
ⅲ. 如果发生了接触犯规，则由造成接触的队员负责。

16. **侵人犯规**

侵人犯规是在活球、球进入比赛状态或死球时涉及与对方队员接触的犯规。队员不准通过伸展臂、肩、髋、膝、脚或弯曲身体成不正常姿势以阻挡、拉、推、撞、绊等动作来阻碍对方行进，也不准使用任何粗野动作。

（1）定义

① 阻挡：是指阻止对方队员行进的身体接触。

② 撞人：是指持球或不持球的队员推动或移动到对方队员躯干上的身体接触。

③ 从背后防守：是指防守队员从对方队员的背后与其发生的身体接触。即使防守队员正在试图去抢球，与对方队员发生身体接触也是不正当的。

④ 用手拦阻：是指防守队员在防守状态中用手接触对方队员，或是阻碍其行动或是帮助防守队员来防守对手的动作。

⑤ 拉人：是指干扰对方队员移动自由而发生的身体接触。能用身体的任何部位来造成这个（拉人）接触。

⑥ 非法用手：发生在队员试图用手抢球并接触了对方队员时，如果仅仅接触了对方队员持球的手，则被认为是附带的接触。

⑦ 推人：是指用身体的任何部位强行移动或试图移动已经或没有控制球的对方队员时发生的身体接触。

⑧ 非法掩护：试图非法拖延或阻止非控制球的对手到达希望到达的场上位置。

（2）惩罚规则

在所有情况下都要登记犯规队员一次侵人犯规。此外，如果对没有做投篮动作的队员犯规则由非犯规队在距发生犯规地点最近的界外掷界外球重新开始比赛。

如果对正在做投篮动作的队员犯规则有以下判罚规则。

① 如果投中篮，要计得分并判给一次罚球。

② 如果 2 分投篮没有成功，则判给两次罚球。如果 3 分投篮没有成功，则判给 3 次罚球。

## 学习任务五　三人制篮球竞赛方法简介

【任务导入】

三人制篮球比赛双方要遵守竞赛规则的规定，要运用娴熟的篮球技术、战术进行配合行动，轮流交替担任攻防角色，力争完成或阻止球攻入球篮，是一种既简单易行又激烈有趣的游戏或竞技运动。

【知识准备】

### 一、三人制篮球竞赛简介

（一）竞赛特点

1. 普及面广

三人制篮球赛参与人数可变性大，参赛者年龄没有限制，男女可以同时混合参赛。场地设备要求和比赛规则可根据实际情况自行制定，比赛强度也易于调节，所以也便于普及以及推广为大众健身娱乐手段。

2. 集体性强

三人制篮球比赛是一项集体项目，有时间限制，要分出胜负。要取胜就要高效地完成攻防任务。所以，必须减少本方每次进攻所用的时间，还要积极主动地破坏对方的进攻。这就需要运动员具有快速进攻的体力、合理应变的能力。

### 3. 技巧性高

三人制篮球运动要求运动员具有良好的球感，平衡而稳定的情绪，集中的注意力，较强的分配能力和坚定的奋斗精神、拼搏毅力以及较强的事业心。篮球运动对运动员智能特征的表现要求是很高的，它要求运动员观察记忆能力强，抽象思维能力好，球场上更需要他们独立、创造性地完成各种战术任务。

### （二）常用的竞赛方法

由于三人制篮球参赛队伍多，比赛用时少，竞赛制度一般采用淘汰法，如果不全力拼搏，输掉一场就会在比赛的征途中止步。所以，比赛参赛队员都会全力拼搏，从而使比赛紧张激烈、精彩纷呈。

## 二、三人制篮球竞赛规则与裁判方法

三人制篮球竞赛规则与裁判方法和国际篮联制定的最新篮球规则与裁判方法是紧密相关的。鉴于目前三人制篮球赛事开展的日益壮大，为了进一步规范该项运动，并使之朝着健康良好的方向发展，国际篮联在2008年出台了关于三人制篮球竞赛规则的草案，它与五人制绝大部分规则是相通的。因此，国际篮联正式篮球规则对三人制篮球规则中未明确提及的比赛规则均有效。公平竞争和体育道德精神是国际篮联和中国篮球协会三人制篮球规则的组成部分。三人制篮球比赛的规定如下：

### 1. 场地

国际篮联标准篮球场地的半场，即28m×15m的半场，从界线内沿丈量。

### 2. 球队

每队最多由5名球员（3名上场球员和2名替补球员）、一名领队组成。

### 3. 裁判人员

裁判人员由1名临场裁判员和3名记录台人员（1名记分员、1名计时员和1名"14s"钟计时员）组成。第二阶段比赛可采用2名临场裁判员。

### 4. 比赛开始

① 两队同时进行3min热身活动。

② 比赛在罚球线以跳球开始，主队（秩序册对阵双方在前的队）面向篮筐。跳球后，获得球权的队即可尝试投篮，不必将球带出至3分线外。在随后的所需跳球情况、下节比赛开始和决胜期比赛开始都将采用球权交替的规则。

### 5. 比赛时间和胜队

① 比赛分为3节，每节为5min。

② 在比赛规定的时间内，先得到33分或超过33分的球队，为比赛胜队。

③ 如果最后一节比赛结束比分为平分，比赛将继续进行2min一次或多次的决胜期比赛，直至33分或超过33分的球队胜利。

④ 每节之间和决胜期比赛间均休息1min。

⑤ 最后一节和决胜期比赛的最后1min投中须停表。在场上任何位置的双方球员接触球后，计时钟启动。

⑥ 如果在比赛规则规定的开始3min后，某队不足3人球员，则视为该队弃权（0比33比分）。

### 6. 球员和球队犯规处罚

球员犯规达到 4 次须离开比赛场地。球队每节犯规次数累计到达 3 次时，该队即进入犯规罚球状态。

### 7. "14s" 规定

进攻方须在 14s 内尝试投篮。一般情况下还可以根据赛制的规定（队数、年龄、场地等因素）来确定进攻时间。

### 8. 如何打球

（1）每次投中或最后一次罚中后的行为

① 非得分队对一名球员在端线外掷界外球。球传至场内，球员触球后，即视为比赛开始。在 2 分区内的持球者须将球传给 3 分线外本队球员或运至 3 分线外。

② 球在 3 分线外，须经进攻队两名球员（运球者或接球者和他的同队球员）触球后方可尝试投篮。

（2）每次投篮不中或最后一次罚球不中后的行为

① 进攻队获得篮板球，不用将球运至 3 分线外，可直接尝试投篮。

② 防守队获得篮板球，须经进攻队将球传或运至 3 分线外。

③ 球在 3 分线外，须经进攻队两名球员（运球者或接球者和他的同队球员）触球后方可尝试投篮。

（3）抢断、失误等球权转换后的行为

① 如果在 2 分区内出现球权转换情况，须将球运或传至 3 分线外，并经进攻队两名球员（运球者或接球者和他的同队球员）触球后方可尝试投篮。

② 如果在 3 分线外出现球权转换情况，须经进攻队两名球员（抢断者和他的同队球员）触球后方可尝试投篮。

（4）进攻队球员未经两名球员触球做投篮动作时，视为违例；但是，做投篮动作的人在球未出手时被侵，视为对投篮队员犯规。

（5）第二节、第三节和决胜期比赛开始，犯规（罚球除外）、违例和出界后的所有掷界外球均在 3 分线顶部齐平、靠近裁判员侧的边线标记线远侧进行（标志线用 5cm 宽、15cm 长的线画出）。裁判员须将球递交给掷界外球球员。掷外球球员须将球传至 3 分线外任何位置同队球员，并经进攻队 2 名球员（接球者和他的同队球员）触球后方可尝试投篮。如果掷界外球球员将球传至 2 分区内任何位置同队球员，须将球传或运至 3 分线外，经进攻队 2 名球员（运球者或接球者和他的同队球员）触球后方可尝试投篮。

（6）扣篮

三人制篮球赛中不允许扣篮。

### 9. 替换

球成死球或计时钟停止时，允许替换球员。

## 参 考 文 献

[1] 孙明治. 篮球运动教程. 北京：人民体育出版社，2007.

[2] 黄滨. 篮球运动. 杭州：浙江大学出版社，2014.

[3] 王家宏. 球类运动——篮球. 第三版. 北京：高等教育出版社，2016.

# 项目六 排球

【案例引入】

排球运动是由两支人数相等的球队，根据规则规定，运用各种击打球技术，在两侧场地大小相同、中间隔网的上方，进行的集体攻防对抗，不使球在本方场区内落地的一项球类运动。

## 学习任务一　初识排球

【任务导入】

了解排球运动的起源、特点、分类以及基本技术等。

【知识准备】

### 一、排球运动的起源

据史料记载，排球运动源于美国。1895 年，排球由美国马萨诸塞州霍利奥克市基督教男子青年会体育干事威廉斯·摩根发明。当时篮球和网球运动比较流行，摩根认为篮球运动比较激烈，而网球运动量又比较小，于是创造了一种比较温和的、老少皆宜的室内游戏。1896 年，美国普林菲尔德市立学校的艾特哈尔斯戴特博士把摩根游戏取名为"volleyball"，并沿用至今。1896 年在美国普林菲尔德体育专科学校举行了世界上最早的排球比赛。1897年，摩根制定了排球比赛规则，它有力地推动了排球运动的发展。1905 年，排球传入中国；1906 年，美国军官约克把排球带到了古巴；1908 年，排球传到日本；1910 年，排球传到菲律宾。排球传入欧洲时间较晚，于 1917 年传入法国，以后才传到苏联、波兰等东欧诸国。1913 年，亚洲最早的排球比赛在菲律宾马尼拉举行。1947 年，排球运动世界性组织——国际排球联合会成立。随着技术水平的不断提高，排球规则也逐步完善。1964 年，排球被列为奥运会正式比赛项目。

### 二、排球运动的特点

1. 群众性

排球场地设备简单，比赛规则容易掌握。既可在球场上比赛和训练，亦可以在一般空地上活动，运动量可大可小，适合于不同年龄、不同性别、不同体质、不同训练程度的人。

#### 2. 技巧性

规则规定，比赛中球不能落地，不得持球、连击。击球时间的短暂、击球空间的多变，决定了排球的高度技巧性。

#### 3. 全面性

规则规定，每个队员都要进行位置轮转，既要到前排扣球与拦网，又要到后排防守与接应。要求每个队员必须全面地掌握各项技术，能在各个位置上比赛。

#### 4. 对抗性

排球比赛中，双方的攻防转换始终是在激烈的对抗中进行。高水平比赛中，对抗的焦点在网上的扣拦上。在一场比赛中，夺取一分往往需要经过六七个回合的交锋。水平越高的比赛，对抗争夺也越激烈。

#### 5. 集体性

排球比赛是集体比赛项目，除发球外，都是在集体配合中进行的。没有严密的集体配合，再好的个人技术也难以发挥，更无法发挥战术的作用。水平越高的队，集体配合就越严密。

### 三、排球运动的分类

#### 1. 室内六人制排球

排球有奥运会、世锦赛、世界杯三大赛事。另外各国家都拥有自己的排球联赛，各洲际之间，也有洲际排球赛事。

#### 2. 软式排球

软式排球是日本在20世纪80年代末推出的，软式排球的设计与开展主要是以中、老年和儿童为对象的。软式排球具有重量轻、体积大、制造材料柔软、不伤手指等特点。因此，软式排球是深受广大体育爱好者欢迎的一项体育运动。

#### 3. 气排球

气排球运动是一项集运动、休闲、娱乐为一体的群众性体育项目，作为一项新的体育运动项目，如今已经受到越来越多老年朋友的青睐。其打法和记分方法与室内六人制排球相同。气排球由软塑料制成。比赛用球重约120g，比普通排球轻100～150g；圆周74～76cm，比普通排球圆周长15～18cm。

#### 4. 沙滩排球

沙滩排球，简称"沙排"，是风靡全世界的一项体育运动。比赛场地包括比赛场区和无障碍区。比赛场区为16m×8m的长方形。场地边线外和端线外的无障碍区至少宽5m，最多6m，比赛场地上的无障碍空间至少高12.5m。比赛场地的地面是水平的沙滩，沙滩必须至少40cm深，其中没有石块、壳类及其他可能造成运动员损伤的杂物。比赛场区上所有的界线宽为5～8cm，界线与沙滩的颜色需有明显的区别，并且由抗拉力材料的带子构成。

### 四、排球运动的基本技术

排球基本技术分为：准备姿势与移动、传球、垫球、发球、扣球和拦网。

#### 1. 准备姿势与移动

在排球比赛中，攻防的多数技术都是在准备姿势或快速移动后完成的，因此它是完成各项基本技术的基础。移动是为了迅速接球，保持合理击球位置并完成各种击球技术前的准备动作，比赛中常用的步伐有侧滑步、交叉步等。

2. 传球

传球主要用于衔接防守和进攻。传球的种类很多，向前传球是传球的基础动作，传球前要求人必须及时移动到适当位置，保持好人与球的合适距离。

3. 垫球

垫球技术是在全身协调用力的基础上，通过手臂的迎击动作，使来球从垫击面上反弹出去的一项击球技术，是用于接发球、接扣球、接吊球、接拦回球和处理各种难球的主要方法，是保证本方进攻的基础。垫球时，必须有正确的准备姿势、准确的击球动作和合理的击球部位，并调整手臂与地面的适宜用力角度，才能取得良好的垫球效果。

4. 发球

发球是排球比赛的开始，是由1号位队员在发球区内自己抛球，用一只手将球击入对方场区的一种击球方法。发球是排球技术中唯一不受别人制约的技术。准确而有攻击性的发球，不仅可以得分，而且还可破坏对方的战术组成，可以起到先发制人、争取主动、摆脱被动的作用。

5. 扣球

扣球是排球最重要的基本技术之一，也是排球基本技术中最难掌握的技术。扣球是队员跳起在空中将高于球网上沿的球有力地击入对方区域内的一种击球方法。扣球在比赛中占有很重要的地位，它不仅是最积极、最有效的进攻武器，也是得分的重要手段。

6. 拦网

拦网指队员在球网上空拦阻对方击来的球。防守方通过拦网这种手段来使进攻方的来球减速、减力和变向，使得后排防守队员能够起球。能为本方创造防守反击机会的拦网就是有效拦网。拦网是防守反击的第一道防线，也是主要得分的手段，因此它是积极主动并具有攻击性的防守。拦网分为单人拦网和集体拦网两种。拦网时，应有良好的判断力，准确选择拦网地点、时间和空间。

【任务实施】

① 排球运动的分类有哪些？
② 排球运动的特点是什么？
③ 排球运动有哪些基本技术？

## 学习任务二　准备姿势与移动

【任务导入】

了解并掌握准备姿势与移动的练习方法和技术要领，能够达到快速地移动和好的准备姿势的基本要求。

【知识准备】

### 一、准备姿势

根据身体重心的高低，准备姿势可以分为稍蹲准备姿势、半蹲准备姿势和低蹲准备姿势。

1. **稍蹲准备姿势**

两脚左右开立稍比肩宽，一脚在前，脚尖稍内收，脚跟微抬起。膝关节保持一定的弯曲，上体前倾，重心向前。两臂放松自然弯曲，双手置于腹前。全身肌肉放松，两眼注视来球方向，两腿保持微动如图2-6-1（a）所示。

2. **半蹲准备姿势**

半蹲准备姿势比稍蹲准备姿势重心要稍低一些，两个准备姿势技术动作完全相同，如图2-6-1（b）所示。

3. **低蹲准备姿势**

低蹲准备姿势重心比半蹲准备姿势还要更低一些，左右脚开立幅度也要更大一些，如图2-6-1（c）所示。低蹲准备姿势主要用来接大力跳发球和速度快的扣球。

(a) 稍蹲姿势　　　　　(b) 半蹲姿势　　　　　(c) 低蹲姿势

图 2-6-1　准备姿势示意图

## 二、移动技术

移动是为了保持人和球的位置关系。移动技术可以分为并步与滑步、交叉步、跑步和跨步等技术，所有的移动技术都是由起动、移动还有制动这三个小环节组成。

1. **并步与滑步**

当球距身体一步距离时，可采用并步移动，如向前移动时，则后腿蹬地，前脚向来球方向跨出一步，后腿迅速跟上做好击球准备。当球在体侧稍远，并步不能接近球时，可快速连续并步，连续的并步即是滑步。

2. **交叉步**

身体向右移动时，上体稍向右转，左脚从右脚前面向右交叉迈出一步，然后右脚在向右跨出一大步，同时身体转向来球方向，保持击球之前的准备姿势。

3. **跑步**

采用跑步移动时，两臂要配合摆动，根据球的方向，边跑边转身并降低重心，保持好击球准备。

4. **跨步**

如需要向右移动，左腿蹬地，右脚向右侧跨出一大步，身体前倾，膝盖自然弯曲，重心移到右腿上。跨步可以向前、斜前方或侧方移动。

## 【任务实施】

### 1. 准备姿势和移动练习方法

① 两人一组，相距 2~3m，做好准备姿势，一人向前、后、左、右抛球，另一人移动后把球接住再抛回，连续进行几组后两人交换。

② 学生面向教师站立，教师将球抛到学生身前、身后或身体两侧，学生快速向前或转身改变方向去接球。

③ 学生面向教师站立，教师将球从学生胯下滚出，要求学生快速移动后在规定区域内将球抱起。

### 2. 排球移动小游戏——"抛球喊号"

游戏规则：学生围圈后按顺序报数并记住自己的号数，教师位于圈内纵向抛球并随机喊数，对应的学生立即冲向前抱住球，抱住球的学生可以再次随机喊数并纵向抛球。接球失误的学生（球落地），再次捡起球后在捡球的原地可以用地滚球的方式砸向任何学生。接球失误的和被砸到的学生接受游戏惩罚。

# 学习任务三　传球

## 【任务导入】

熟练掌握传球的正确动作和练习方法，了解并掌握各种传球技术动作要领，能够达到传球动作的基本要求。

## 【知识准备】

传球是利用手指、手腕的弹击力量将球传至一定目标的击球动作，由于手触碰面积大、传球的稳定性强、手指手腕灵活、易控制球，因而传球的准确性高、传球的击球点高。在传球瞬间可用手腕的动作来改变传球的方向、线路和落点，变化比较灵活，加快了组织进攻的节奏。传球是排球基本技术之一，有正传、背传、侧传、跳传和单手传球 5 种。这 5 种传球技术的传球手型基本相似，都是在额前上方击球。传球主要运用于二传，有顺网正面二传、调整二传、背二传、侧二传、跳二传、倒地二传、传快球、传平快球、二传吊球等。

### 1. 正传

面对出球方向的传球动作，称正面传球（正传）。正面传球是最基本的传球方法，是其他一切传球的基础。

正面传球一般采用稍蹲准备姿势，抬头看球，双手自然抬起，放松置于脸前，注意观察来球。当来球距身体 1m 左右时，开始伸膝、伸臂迎击来球，将球向前上方传出。击球点在额前上方约一球距离处。两手自然张开呈半球形，手腕稍后仰，两手的拇指和食指成倒着的"八"字形，两手间有一定距离，用拇指、食指全部，中指的二三指节触球后下部，无名指和小指在球两侧辅助控制传球方向。两肘适当分开，两前臂之间约成 90°角，如图 2-6-2 所示。传球的用力主要是用手指、手腕的弹力及伸臂伴送和伸膝蹬地等动作，全身协调用力将球传出。

图 2-6-2 正面传球动作示意图

### 2. 背传

背对传球目标的传球动作称背传（图 2-6-3）。背传具有一定的隐藏性和突然性。在比赛中采用背传可以变化传球方向和路线，迷惑对方，组成多变的进攻配合。

传球时背对出球方向，利用球网等参照物确定自己的位置和传球方向。上体保持直立或者稍后仰，身体重心在两脚之间，双手自然抬起，放松置于脸前。传球时，抬上臂、挺胸、后仰上体。击球点在额上方，比正面传球稍高、稍后。触球时，手腕后仰，掌心向上，击球的下部，手型和正面传球相同。背传用力点主要是用手指、手腕的弹力及蹬地、伸膝、展腹、伸臂等动作，全身协调用力将球向后上方传出。

### 3. 侧传

身体侧对传球目标，将球向体侧方向传出的传球动作称侧传，由于二传背对球网时往往运用侧传，所以对方看不清二传侧传的出球路线，难以判断传球方向，因此侧传具有一定的隐蔽性和突然性。

图 2-6-3 背传动作示意图

传球背对球网，准备姿势、迎接动作、手型与正面传球相同，但击球点应偏向出球方向一侧，传球时双臂向出球方向一侧伸展，传球时双臂向出球方向一侧伸展，传球方向异侧手臂的动作幅度、用力距离和动作速度要大于传球方向同侧手臂，伸展的速度也应快一些。

### 4. 跳传

跳传技术是现代排球的新技术之一，跳起在空中传球，称为跳传。它主要是指二传手根据来球的方向、弧度、时间以及排球比赛进攻战术的需要进行起跳，在空中来完成各种传球战术的能力。要求有较强的时空感与应变能力，是一种难度较高的传球技术。跳传技术比原地传球具有隐蔽性强、突然性大、传球速度快的特点。同时跳传往往能与二传手的二次进攻联系在一起，使二传具有较大的迷惑性。

跳传的起跳动作，无论是助跑起跳还是原地起跳，最好都是垂直向上起跳，保持好身体的平衡，当身体上升到最高点时，靠迅速伸臂的动作，并适当加强主动屈腕屈指的动作，将球传出。跳传的正传、侧传和背传，其传球手型、击球点分别与原地的正传、背传、侧传的手形和击球点相同。由于是在空中传球，没有支撑点，传球时用不上蹬地的力量，所以主要靠手指、手臂、手腕的力量。

5. 单手传球

当球上网并高于球网，无法用双手进行传球时，可采用单手传球技术。单手传球一般是在跳起的基础上进行的，手呈勺形，并且用手指的指腹去触碰球，由于难度较大，需要用足够的力量去完成。

【任务实施】

1. **讲解示范正面传球技术**

（1）准备姿势

采用稍蹲准备姿势，抬头目视来球，双肘弯曲自然抬起，双手置于脸前。

（2）手型

手触球时，两手应自然张开成半球形，使手指与球吻合，手腕稍后仰，拇指相对，小指在前；传球时用拇指、食指全部、中指的二、三指节触球，无名指和小指在球的两侧辅助控制出球方向，两肘适当分开，自然下垂。

（3）迎球

当球接近额前时开始蹬地、伸膝、伸臂，两手微张，从脸前向前上方主动迎击来球。

（4）击球

击球点应保持在额前上方约一球远，击球部位一般在球的后下方。

（5）用力

传球主要靠伸臂力量与下肢蹬地力量的协调配合，通过球压在手上使手指手腕产生的反弹力将球传出。

（6）击球后

击球后身体重心随击球动作前移，全身放松呈准备姿势状态，准备下一个击球动作。

2. **原地徒手模仿练习**

徒手做传球准备姿势，听教师的口令依次做蹬地、展体、伸臂击球动作。

3. **原地自传球练习**

① 强调五指分工：拇指托球的后下方，食指与中指发力，无名指与小指把握方向，手指全触球，手心空出，持球的后下部，手张开，发力向上推出（要有拨球动作）。

② 自己抛球后，摆好手型，在击球后接住球，但不传出，加强对手指、击球部位、接触球顺序要领的印象。

③ 加强发力训练：手指、手腕做弹力练习。摆好手型接住球，推送给同伴，对方接推。将传球动作分解练习，为巩固手型，熟练移动，合理取位，加深印象。

④ 一人持一球，利用墙的反弹，做固定手型练习。人离墙约1球远，球在头上额前1球距离。"三屈二仰一稳定"，即膝、髋、肘关节弯曲，手腕、头仰对来球，身体要稳定。在保证手型正确的前提下，做轻推球练习，不断增强手感和球感，传球速度由慢到快。

⑤ 两脚左右站立与肩同宽，足跟提起，一脚前一脚后稍蹲（准备姿势），持球在额前，体会手型和击球部位，按教师口令，做完整击球动作，但不出球，反复做5~6次，换人练习。

⑥ 自抛自传低球，由1个→2个→3个，高度为30~50cm，体会正确手型，手臂用力。

⑦ 一人抛球，另一人传球，两人互换练习。

⑧ 自传2低1高（低50cm左右，高1m以上），注意手型，在用力的基础上，体会蹬地、伸臂、全身协调用力的方法。

⑨ 对传近距离1~2m的球，加强对球的控制，强调迎球、引球、缓冲，后手指迅速用力传出。

⑩ 自传一次，传给同伴一次，相距2~3m。

4. 行进间自传练习

① 在原地自传的基础上开始行进传球。

② 自传2低1高（低50cm左右，高1m以上），注意手型，在用力的基础上，体会蹬地、伸臂、全身协调用力的方法。

5. 两人一组，一抛一传球练习

自传一次，传给同伴一次，相距2~3m。

6. 调整传球练习

两人一组相距6m，在网前利用调整传球动作传高弧度球练习。

## 学习任务四　垫球

【任务导入】

熟练掌握垫球的正确动作和练习方法，了解并掌握各种垫球技术动作要领，能够达到垫球动作的基本要求。

【知识准备】

正面双手垫球是排球比赛中最基础、应用最多的垫球方法，是双手在腹前垫击来球的一种垫球方法，适用接各种发球、扣球和拦网球，在必要时候也可以用来组织进攻。垫球按手型可以分为抱拳式垫球、叠掌式垫球、互靠式垫球。无论哪种垫球手型都要注意垫球的部位和技术动作。垫球按技术动作方法可以分为：正面垫球、背垫球、侧垫球、单手垫球、滚翻垫球和鱼跃垫球等技术。

1. 正面垫球

正面垫球是所有垫球的基础技术。采用半蹲准备姿势，移动并正面对准来球方向，抬双臂用双手腕关节以上10cm处垫球，垫球时双手叠握，夹臂外旋形成平面，两手臂伸直夹紧，当球飞行到胸腹前一臂距离时，两臂迅速下插至球下，夹臂、压腕、含胸、提肩、向上抬臂，同时蹬地提腰，如图2-6-4所示。各个动作要协调配合，上下肢协调用力配合来控制垫球的力量与方向。

2. 背垫球

由身体前方向背后的垫球叫做背垫球。进行背垫球时，要准确判断好球的落点，快速移动到球的落点处，两臂夹紧伸直，插至球下，背对出球方向。击球时击球点要高于自己的肩部，抬头展腹后仰，直臂向后上方抬送，如图2-6-5所示。

3. 侧垫球

击球点在身体一侧的垫球叫做侧垫球。以右侧来说，当来球向右侧飞来时，左脚前脚掌内侧蹬地，右脚向右跨出一步，右膝弯曲，身体重心移到右脚上，两臂夹紧向右伸出，垫球

图 2-6-4　正面垫球动作示意图　　　　图 2-6-5　背垫球动作示意图

的后中下部，不要随球摆臂。当球向左侧飞来时，以相反方向击球。侧垫球是在正面垫球来不及时运用的一项技术，能正对来球时尽量快速移动到球的正面来完成正面击球。

4. 单手垫球

当来球比较远而且速度很快，来不及用双手垫球时，可以用单手垫球技术。单手垫球动作较快，触球面积较小，不容易控制击球的落点和方向。

5. 滚翻垫球

滚翻垫球是用于来球较远而且过低时的一项垫球技术。迎球跨出一大步，降低重心，身体前倾，蹬地使身体向前腾空猛烈跃出，以前臂或单手的手背或虎口在空中由下向上击球，双手先着地支撑，然后两肘缓屈以缓冲下落力量，同时抬头挺胸腹，身体呈反弓形，以胸、腹、腿依次着地。落地时，手的支撑点需在身体重心运动的轨迹上。通过击球手臂异侧肩部做滚翻动作并快速站起。

6. 鱼跃垫球

当来球很低而且很远，来不及移动到位的时候，可以用鱼跃垫球技术。鱼跃垫球比滚翻垫球控制范围更大，但难度很高。采用鱼跃垫球技术时，要用低蹲准备姿势，上体前倾，以前脚用力蹬地，使身体向远处腾空跃出。先用击球臂插到球下，用手臂将球垫起。落地时，两手先着地支撑，以缓冲下落力量，抬头、挺胸、挺腹，向后屈腿，身体呈反弓形。随着两臂的支撑，胸、腹、大腿依次着地，如图 2-6-6 所示。

图 2-6-6　鱼跃垫球动作示意图

【任务实施】

1. 垫球练习

（1）徒手练习

学生原地进行徒手垫球手型及脚下准备姿势练习，听教师哨声进行分解练习。

(2) 垫固定球练习

两人一组，一人双手持球于腹前，另一人摆好垫球姿势来垫固定球。

(3) 垫抛球练习

两人一组，相距3m，一人抛球，另一人垫球。

2. 垫球游戏

Z字形接力垫球：两排人一一对应站立，第一排编号为1、2、3，第二排编号为4、5、6，垫的顺序就是1→5→3→6→2→4→1，还可以更多的人一起来。

## 学习任务五　发球

### 【任务导入】

熟练掌握发球的正确动作和练习方法，了解并掌握各种发球技术动作要领，能够达到发球技术动作的基本要求。

### 【知识准备】

发球是排球运动的一项重要的基本技术。它是比赛的开始，也是排球比赛的重要进攻手段。有威力、攻击性强的发球，不但可以直接得分，起着先发制人的作用，而且还可以破坏对方组织进攻战术，减轻本方防守压力，为防守反攻提供有利条件。反之，发球失误过多，不但会失去发球权、为对方加分，而且还会给本方造成很大的心理压力和防守的困难局面。因此，发球首先要有稳定性，然后增加其攻击性和准确性。主要是采用远或近距离发平冲的重飘球和跳起发大力球，来提高发球的命中率和破攻能力。

发球按照发球的性能主要可分为发飘球和发旋转球两类。发飘球主要有正面上手发飘球、勾手发飘球和跳发飘球；发旋转球主要有正面上手发旋转球、跳发旋转球、正面下手发旋转球、侧面下手发旋转球、勾手大力发旋转球、发高吊旋转球和侧旋旋转球等。

下面介绍具体动作。

#### 1. 正面上手发球

这种发球准确性大、容易控制落点，能充分利用转体、收腹动作，带动手臂加速摆动。运用手腕推压作用，使发出的球呈上旋，不容易出界，适于大力发球。身高、臂部力量好的队员，适合这种发球方式。正面上手发球动作要领：面对球网，两脚自然开立，左脚在前，左手托球于身前。用抬臂和手掌的平托上送，将球平稳地垂直抛向右肩的前上方，高度适中。在左手抛球同时，右臂抬起，屈肘后引与肩平，上体稍向右侧转动。在右肩前上方伸直手臂最高点，用整个手掌击球中后部。击球时，手指自然张开与球吻合，手腕迅速做出推压动作，使球呈上旋飞行过网，如图2-6-7所示。击球后，随着重心前移，迅速回到场内。

上手发飘球容易控制方向，准确性高。发球时两脚自然开立，左脚向前（如果左手发球则方向相反），左手托球于体右前方。用抬臂和手掌的平托上送动作，将球平缓地垂直抛向右肩上侧，高度在头上方0.5m以内。在左手抛球同时，右臂屈肘后引，肘高于肩，上体稍向右转，挺胸、展腹。击球时四指并拢，手腕稍后仰，并用掌根平面击球体后中下部。击球主要靠挥臂力量，击球发力突然，用力快速而短促，击球应通过球重心，使球不旋转。击球后手臂有突停动作，随球前移，迅速进场。

图 2-6-7　正面上手发球动作示意图

#### 2. 跳发球

自然站立，单手或双手持球于腹前。助跑迈出第一步的同时将球高抛在右肩前上方，落点在助跑线上，高度和距离要符合个人特点，并以跳起最高点击球为准。抛球离手瞬间可加手指手腕动作，使球在空中产生旋转。紧接着，迈出第二步，两臂自然摆动，眼睛注视球，右脚跨出一大步，两臂在体侧划弧摆动，并使左脚迅速跟上，屈膝蹬地跳起，使身体腾空。腾空后，加大挺身屈腹，使身体呈反弓状。右臂屈肘上举，手掌自然张开。当身体在最高点时，以猛烈收腹和提肩带动手臂向前方挥动，在手臂伸直的最高点，用全掌击中球的后中下部，击球点不宜靠前，如图 2-6-8 所示。击球后，双脚落地，双膝缓冲，迅速入场，落地

图 2-6-8　跳发球动作示意图

时要注意平衡，防止受伤。跳发也可不加助跑，而用原地起跳发球过网（左撇子则相反）。

#### 3. 下手发球

下手发球球速慢、威胁小，比赛中很少使用，但比较简单。下手发球分为正面下手发球和侧面下手发球。正面下手发球最为简单，一只手将球向上抛起，另一只手摆臂向上将球击出。侧面下手发球相对较复杂些，球向侧面跑出，转体击球。

正面下手发球时身体正面对网，两脚前后开立，左脚在前，两膝微屈，上体稍微前倾，重心偏后脚。左手持球在腹前，将球轻轻地抛起在体前右侧，手臂右后下方向前摆动，在腹前将球击入对方场区，如图 2-6-9 所示。正面下手发球比较简单，也比较适用于初学者学习和运用。

项目六　排球

图 2-6-9　正面下手发球动作示意图

侧面下手发球是身体侧对着球网站立，左肩对网，两脚左右开立，约与肩同宽，两膝微屈上体微微向前倾斜，重心落在两脚之间。左手将球平稳抛送至体前，约距身体一臂远。抛球时，右臂摆置体侧后下方，利用右脚蹬地旋转的力量，带动右臂向前上摆动，在腹前用手掌根或者手掌等击球的中下方。

【任务实施】

① 徒手做抛球挥臂击球动作练习。
② 抛球练习体会抛球位置和高度（不击球）。
③ 模仿发球挥臂动作击固定球练习：即一人双手持球置于头上，另一人做挥臂击球练习。
④ 抛球与挥臂击球结合练习（不要把球击出）。
⑤ 两人站在两条边线上对发练习。

## 学习任务六　扣球

【任务导入】

熟练掌握扣球的正确动作和练习方法，了解并掌握各种扣球技术动作要领，能够达到扣球技术动作的基本要求。

【知识准备】

扣球是排球基本技术之一，也是较难掌握的一项技术。扣球按技术动作可以分为双脚起跳扣球、单脚起跳扣球、扣快球、后排扣球、轻扣球（吊球）。

1. 双脚起跳扣球

双脚起跳扣球是扣球技术中的一种基本方法。以两步助跑右手扣球者为例，助跑时左脚先向前迈出一小步，紧接着右脚快速跨出一大步，然后左脚及时并上，左脚稍在右脚之前，两脚脚尖稍向内准备起跳。在助跑的同时，两臂向后引，左脚在并上蹬地过程中，两臂向后摆动，随着起跳两臂做上摆。跳起后，挺胸收腹，右臂向后上方抬起，身体呈一个反弓形，挥臂击球时依次带动肩部、肘部、腕部关节做鞭打动作进行击球。击球时五指自然张开呈勺形，以全手掌包球，掌心击打球，同时屈腕向前推压，如图 2-6-10 所示。

2. 单脚起跳扣球

单脚起跳扣球的助跑过程减少了踏跳并步这一环节，是指扣球人助跑时一只脚落地后另一只脚向上摆动的一种扣球方式。单脚起跳的前冲力大，能提高击球点，扣球有力。由于起跳时缺乏制动力，跳起后前冲力大，容易触网。同时助跑距离长，角度小，难于控制起跳时机。随着排球技战术不断提高，单脚

图 2-6-10  双脚起跳扣球动作示意图

起跳扣球技术的运用正逐渐增多。

3. 扣快球

在二传附近起跳，扣二传传出的高于球网的快速球称为扣快球。扣快球多用于快攻战术。扣快球在二传出手传球之前起跳。

4. 后排扣球

后排扣球是指后排队员在 3m 进攻线后起跳扣球。后排扣球技术动作和双脚起跳扣球动作相同。

5. 轻扣球（吊球）

轻扣球是指扣球人佯做大力扣球动作，但在击球一瞬间突然减缓手臂挥臂速度，将球轻打过或用手指以及拳头轻吊向对方场区的球。

【任务实施】

① 原地双脚起跳练习。

② 一步或两步助跑起跳练习。

③ 学生分别站在进攻线后向网前做两步助跑起跳练习、完整扣球练习。

④ 助跑起跳扣固定球练习：教师在网前高凳上，手托球，学生依次扣高出网口的球。

⑤ 扣抛球练习：在网前轮流扣教师的抛球。

⑥ 4 号位扣球练习：扣球者每人一球，先将球传给 3 号位，再由 3 号位把球顺网抛或传给 4 号位，扣球者上步助跑起跳扣球。

# 学习任务七  拦网

【任务导入】

熟练掌握拦网的正确动作和练习方法，了解并掌握各种拦网技术动作要领，能够达到拦网技术动作的基本要求。

【知识准备】

拦网是排球运动的基本技术之一，也是一项具有进攻性的防御技术。成功的拦网可以直

接拦死、拦回对方扣球,削弱对方进攻锐气,减轻本方后排防守的压力,为组织反攻创造机会,是得分和获取发球权的重要手段之一。

从参与拦网的人数上分,拦网可分为单人拦网和集体拦网,集体拦网又分为双人拦网和三人拦网。

1. 单人拦网

单人拦网是集体拦网的基础。其动作结构分为准备姿势、移动、起跳、空中动作和落地5个互相衔接的部分。

(1) 准备姿势

队员面对球网,两脚左右开立,约与肩同宽,距网 30~40cm。两膝微屈,两臂屈肘置于胸前自然屈肘。

(2) 移动

常用的步法有一步、并步、交叉步、跑步等。无论采用哪种移动步法,都要做好移动动作,以保证向上起跳,避免触网和冲撞同队队员。

(3) 起跳

原地起跳时,两腿屈膝,重心降低,随即用力蹬地,向上起跳,两臂以肩发力,在体侧近身处,做划弧前后摆动,帮助身体迅速跳起。其起跳动作与原地起跳一样,但要注意制动并使移动与起跳动作紧密衔接。

(4) 空中动作

起跳时,两手从额前沿球网向上方伸出,两臂伸直并保持平行,两肩上提。拦网时,两臂应伸过网去接近球。两手自然张开,屈指屈腕成半球状。当手触球时,两手要突然紧张,压力屈腕,手腕下压盖在球的前上方。

(5) 落地

拦球后,要做含胸动作,以保持身体平衡。手臂要先后摆或上提,从网上收回至本方上空,再屈肘向下收臂,以免触网。与此同时屈膝缓冲,双脚落地,随即转身面向后场,准备接应来球或做下一个动作准备。

2. 集体拦网

集体拦网指两人或者三人拦网。一般拦 4 号位时,由本队 2 号位队员定位,3 号位甚至 4 号位队员移动过来与 2 号位队员配合,共同组成集体拦网。同理拦 2 号位时,由本方 4 号位队员定位,3 号位甚至 2 号位移动过来与 4 号位队员配合,共同组成集体拦网。拦 3 号位时,由本方 3 号位队员定位,2 号、4 号位队员向其移动配合,共同组成集体拦网。

3. 拦网的注意事项

① 手不能碰网,否则判犯规。
② 拦网要看准出球的速度,在适当的时间跳起来拦。
③ 手上戴好适合的护具,以防手受伤。
④ 拦球时要跳得高。
⑤ 手要保持拦网动作。

【任务实施】

1. 徒手练习

① 原地做拦网的徒手动作练习。

② 网前原地起跳或以不同步法移动，做拦网练习。
③ 由3号位向2号位或者4号位移动做拦网练习。

#### 2. 结合球练习

① 两个人一组，一人站在高台上持球，另一个人跳起拦球。
② 两人一组，在原地一扣一拦。
③ 在2号位、4号位和3号位拦对方扣球。
④ 在2号位和3号位或者3号位和4号位之间连续移动拦网。

#### 3. 集体拦网练习

① 对方4号位扣球，本方3号位队员向2号位移动，与2号位队员共同组成集体拦网。
② 对方3号位扣球，本方2号位和4号位队员向3号位移动，与3号位共同组成三人集体拦网。

## 学习任务八　排球运动规则

### 【任务导入】

了解排球比赛的基本站位及战术，熟练掌握排球竞赛常用规则，能够达到完成一场完整的排球比赛的基本要求，并且组织一场排球比赛，培养团结协作的团队精神。

### 【知识准备】

排球比赛中，2号、3号、4号位为前排，1号、5号、6号位为后排。每局从站1号位的队员开始发球。排球站位是轮换制，没有固定位置的队员，但同类型的队员一般站对角，比如主攻A站4号位，那么对角的1号位必然站的是主攻B；副攻A在3号位，6号位就必然是副攻B；接应如站2号位，二传则会在5号位。换位依据轮次来，首先由1号位队员发球，下轮则该队员转到6号位，由上轮在2号位的队员，转到1号位发球，依次顺时针转。如本方的球权，该轮被对方得分，本方轮次不会变，直到本方得分，换人发球，则轮次转一轮。

### 一、排球竞赛常用规则

#### 1. 场地

排球场地为长方形，长18m，宽9m。两边线外无障碍区至少5m宽，两端线外至少8m，上空无障碍区至少12.5m。地面为木制或合成物，浅色，场地内外颜色有区别。球场中间挂网，网下面划有中线，把球场划为两个区。中线两侧3m处画有两条平行线，称为进攻线。进攻线把每个场区分为前、后场区。发球区在端线后，与场地同宽。场上各线宽为5cm。边、端线的宽度包括在球场面积内。

排球网长9.50m，宽1m，网孔面积为10cm$^2$，网为黑色。上沿缝有5cm宽的双层白色帆布。球网挂在两侧的球网柱上，与中线垂直。男子网高为2.43m，女子为2.24m。球网两侧与场地边线相垂直处挂有一条宽5cm的白色标志带。在标志带外侧各树一根、红白相间的标志杆，杆的顶端高出球网上沿80cm。

2. 球

球的圆周为65～67cm，重量为260～280g，气压为400～450Pa。

3. 比赛人员

规则规定1个队最多有12名队员，教练员、助理教练员、医生各1人，队员服装必须统一，上衣前后有明显号码。教练员可在暂停和局间间隙时间进行指导。比赛中只有场上队长可向裁判员提出询问或要求解释规则。如果教练员或队员有非道德行为表现，裁判员将出示黄牌给予警告，如再犯将出示红牌，判罚该队失发球权或对方得1分。如辱骂裁判员或对方队员等严重犯规者，将取消其该局或全场比赛资格。每局比赛前，教练员必须将上场阵容位置表交给记录员或第二裁判员，不得更改。每队上场6人，站成两排，从左至右，前排为2号、3号、4号位，后排为1号、5号、6号位。在发球时，双方队员都必须按规定位置站好，否则将被判失发球权或对方得1分。

4. 换人规定

比赛成死球时，教练员和队长可向裁判员请求暂停或换人。每次暂停不得超过30s。一局比赛每队可要求两次暂停。每队在1局比赛中，换人最多不得超过6人次。

5. 赛制规定

前4局比赛采用25分制，每个队只有赢得至少25分，并同时超过对方2分时，才胜1局。正式比赛采用5局3胜制，决胜局的比赛采用15分制，一队先得8分后，两队交换场区，按原位置顺序继续比赛到结束。在决胜局（第五局）的比赛中，先获15分并领先对队2分为胜。

6. 裁判设置

正式排球比赛应有第一、第二裁判员各1人，记录员1人，司线员2～4人。

## 二、比赛阵型

有"4-2"和"5-1"两种标准阵型。5-1是最基本的阵型，在高级别比赛中，目前最常用的是5-1阵型。

4-2阵型由4个攻手和2个二传手组成，场上没有接应二传，两名二传手中一名轮转到前排后负责进攻，另一名后排二传手负责后排插上传球组织战术进攻，因此在比赛的任何时刻全队都有三名前排进攻球员。4-2阵型对两名二传手的要求很高，不仅要传球稳定，而且一定要具备较强的进攻能力。4-2阵型以灵活快速多变著称，虽然相比5-1阵型，4-2阵型在整体结构上较为复杂，但在实际运用上却可以达到5-1阵型所不能达到的进攻效果。5-1阵型更加适合拥有绝对高度和弹跳的球队，这样的球队要求简单有效，利用绝对高度克敌制胜，所以目前在国际高级别比赛中，各国国家队最常用的是5-1阵型。4-2阵型适合身高相对较矮的球队，因为4-2阵型可以充分发挥、灵活、快速，多变的打法，利用大量的个人战术、集体配合来取得比赛中的优势。4-2阵型很明显的特点就是每一排都有三名进攻球员，使得球队可采用的战术进攻手段很多。

5-1阵型中只有一名球员担任二传手，不管他的位置在前排还是后排。因此当二传手在后排时，全队拥有三名前排攻击球员；而当二传手在前排时，只有两名前排攻击球员。

在5-1阵型中，轮转中与二传手对角站位的球员称为接应二传。一般来说，接应二传不参与一传，当对手发球时，接应二传站在队友们的后方。当二传手位于前排时，接应二传可以作为第三进攻点，这在现代排球中已经成为各队提高攻击力的常用手段。因此接应二传通常是队中扣球技术最好的球员。后排进攻通常来自后排右侧（1号位），但在高级别的比赛中从后排中间六号位进攻的情况比较多。

5-1阵型的一大优势是二传后排时有3个前排攻击点可供选择。如果二传手运用好这一点，对方的副攻手可能没有足够的时间与队友组织双人拦网，增加了本方进攻得分的机会。另一个优势是，当二传手位于前排时，可以采用二次球进攻，这样能够进一步扰乱对方拦网球员；本方二传手可能二次扣球吊球，也可能传球给进攻球员中的任何一位。一个优秀的二传手能深刻理解这一点，不仅能二次球进攻或者传快攻，还可以能够设法迷惑对方球员。

**【任务实施】**

① 策划并组织排球比赛。

② 制订排球赛活动方案。

比赛方式：12人制排球，各队抽签分组，赛制为淘汰制。

比赛时间：根据具体情况安排。

比赛计分：标准计分，以裁判判罚为主。

比赛规则：具体判罚以裁判为主。

比赛场地：本校排球场地。

裁判构成：客观选2名裁判员，2名司线员。

③ 开始比赛。

④ 赛后进行比赛评估，包括个人评估、小组评估和教师评估。

## 参 考 文 献

[1] 虞重干. 排球运动教程. 北京：人民体育出版社，2009.

[2] 林森. 排球运动教程. 沈阳：辽宁大学出版社，2011.

[3] 刘云民，王恒. 排球教学与训练. 哈尔滨：哈尔滨工程大学出版社，2016.

[4] 林森. 排球正面垫球技术教学方法研究. 世界体育学术版，2006（7）：69-70.

# 项目七 乒乓球

## 【案例引入】

乒乓球（ping-pong），中国国球，是一种世界流行的球类体育项目，包括进攻、对抗和防守。比赛分团体、单打、双打等数种。2001年9月1日前，以21分为一局，现以11分为一局；采用五局三胜、七局四胜。乒乓球为圆球状，重2.53～2.70g，白或橙色，用赛璐珞或塑料制成。"乒乓球"一名起源自1900年，因其打击时发出"ping pong"的声音而得名，在中国以"乒乓球"作为它的官方名称。1926年，在德国柏林举行了国际乒乓球邀请赛，后被追认为第1届世界乒乓球锦标赛，同时成立了国际乒乓球联合会。

## 学习任务一 乒乓球发展史

### 【任务导入】

了解乒乓球的起源、特点、场地设施、比赛规则等。

### 【知识准备】

#### （一）乒乓球起源

乒乓球项目起源于英国。19世纪末，欧洲盛行网球运动，但由于受到场地和天气的限制，英国有些大学生便把网球移到室内，以餐桌为球台，书作球网，用羊皮纸做球拍，在餐桌上打来打去。1890年，几位驻守印度的英国海军军官偶然发觉在一张不大的台子上玩网球颇为刺激，后来他们改用实心橡胶代替弹性不大的实心球，随后改为空心的塑料球，并用木板代替了网拍，在桌子上进行这种新颖的"网球赛"，这就是table tennis得名的由来。

乒乓球出现不久，便成了一种风靡一时的热门运动。20世纪初，美国开始成套地生产乒乓球比赛用具，它是美国头号持拍运动，有超过20万美国人在打乒乓球。最初，table tennis有其他的名称，如indoor tennis，后来，一位美国制造商以乒乓球撞击时所发出的声音创造出ping-pang这个新词，作为他制造的"乒乓球"专利注册商标，ping-pang后来成了table tennis的另一个正式名称，当它传到中国后，人们又创造出"乒乓球"这个新的词语。

乒乓球的很多用词是从网球变来的。打乒乓球所用的球叫 ping-pong ball 或 table tennis ball，乒乓球台叫 ping-pong table，台面称 court，中间的球网称 net，支撑球网的架子叫 net support，乒乓球拍叫 ping-pong bat。

乒乓球单人比赛原来一般采取三局两胜或五局三胜制（每局 21 分），2001 年改为七局四胜制或五局三胜制（每局 11 分），所谓"局"，英文是 set，发球叫 serve。

在名目繁多的乒乓球比赛中，最负盛名的是世界乒乓球锦标赛，起初每年举行一次，1957 年后改为两年举行一次。

### （二）乒乓球变革

20 世纪初，乒乓球运动在欧洲和亚洲蓬勃开展起来。1926 年，国际乒乓球联合会（ITTF）正式成立，并决定举行第 1 届世界乒乓球锦标赛。乒乓球运动的发展大约经历了三个阶段。初期，运动员使用的球拍虽形状各异，但都是木制的，球弹出后速度慢、力量小，没有什么旋转技巧，打法也很简单，就是把球在两者之间推来推去。

图 2-7-1　胶皮球拍

1903 年，英国人古德发明了胶皮球拍，如图 2-7-1 所示，有力地促进了乒乓球技术的发展。从 1926 年到 1951 年，世界各国选手大都使用表面有圆柱形颗粒的胶皮拍。击球时增加了弹性和摩擦力，可以使球产生一定的旋转，因而出现了削下旋球的防守型打法。这一打法在欧洲流行长久，不少运动员采用这种打法获得了世界冠军。这一时期乒乓球运动的优势在欧洲，其中匈牙利队成绩最突出，在 117 项世界冠军中，他们获 57 项，占欧洲队的一半。但这种球拍只能以制造下旋为主。

1959 年，容国团获得了第 25 届世界乒乓球锦标赛男子单打冠军，中国运动员开始登上了国际乒坛。逐渐形成了以"快、准、狠、变"为技术风格的直拍近台快攻打法。在 1961 年第 26 届世界锦标赛中，中国队既过了欧洲关，又战胜了远台长抽加秘密武器——"弧圈球"打法的日本选手，第一次夺得了男子团体世界冠军。此后连续获得第 27、第 28 届男子团体冠军。中国近台快攻的优点是站位近、速度快、动作灵活、正反手运用自如，比日本远台长抽打法又大大前进了一步。20 世纪 60 年代，中国乒乓球技术水平位于世界最前列，乒乓球运动的优势由日本转移到中国。这是乒乓球运动水平的第二次大提高。

在中国乒乓球运动发展的同时，欧洲运动员从失败中总结经验教训，经过近二十年的努力，终于取日本弧圈球技术和中国近台快攻打法之长，创造出适合于他们的先进打法，即以弧圈球为主结合快攻的打法。其代表人物是匈牙利的克兰帕尔和约尼尔。以快攻为主结合弧圈球的打法，是以正反手快攻为主要技术，用反手快拨快攻力争主动，以正手拉弧圈球寻找机会扣杀为得分手段。其代表人物是瑞典的本格森、捷克的奥洛夫斯基等。这种打法的特点是技术较强、速度快，能拉能打，低拉高打，回旋余地较大。乒乓球运动又推进到技术和速度紧密结合的新高度。这是乒乓球运动水平的第三次大提高。

20 世纪 70 年代以来，由于国际交往和学习研究的加强，各种打法互取长短，使乒乓球技术得到了更快的发展和提高。比如，中国近台快攻、直拍快攻结合弧圈球、横拍快攻结合弧圈球等打法和技术均有所发展和创新，在国际比赛中取得了优良的成绩。

1982 年，国际奥委会通过了关于从 1988 年起把乒乓球列为奥运会正式比赛项目的决定，推动了乒乓球运动更快地发展。

20世纪80年代初,在中国队囊括第36届世界乒乓球锦标赛7项冠军之后,就有人提出把乒乓球加大,把网加高等建议,但这一建议没有得到人们的重视。此后,乒乓球运动技术不断发展,球速越来越快,旋转越来越强,不少运动员对阵时回合减少,有时球飞如闪电,观众还未看清,胜负已经决出,削弱了乒乓球爱好者的兴趣。

1999年,在第45届世乒赛期间举行的国际乒联代表大会上,"大球改革"提案因未获得四分之三多数票而被搁置。2000年2月23日,国际乒联特别大会和代表大会在吉隆坡通过40mm大球改革方案,决定从2000年10月1日起,使用直径40mm、重量2.7g的大球,从而取代38mm小球。2017年6月9日,国际乒联官网宣布,乒乓球混双将成为东京奥运会正式比赛项目。

### (三) 乒乓球在中国

新中国成立后,毛泽东主席号召"发展体育运动,增强人民体质",乒乓球因为对场地要求不高、简便易行,所以在全国开展得比较好。1959年乒乓球运动员容国团为中国夺得了第一个世界冠军,让世界瞩目、国人振奋。第26届世界乒乓球锦标赛上,庄则栋和丘钟慧分别获得男女单打冠军,中国队也拿下了男子团体冠军。从这个时候开始,乒乓运动也长盛不衰。至2005年,我国共获冠军143次,其中世锦赛100次,世界杯赛27次,奥运会16次。而且有三次包揽世锦赛全部7个金杯,两次包揽奥运会全部4枚金牌。

乒乓球运动开展的条件不苛刻,可参与性强。男女老少都能打,天南海北都能打,室内室外都能打。条件好的可用高级球台打,条件差的水泥球台也能打,没有球台用几张桌子拼起来也能打。天气好在露天可以打,遇上大风大雪在一间不大的房间里就可以打。乒乓运动是一项全身运动,健体健脑又健心。相对于足球、篮球等运动,它没有直接的身体对抗,自己可控制运动量,非常有利于普及。这项运动特别适合中国的国情,得到了国人的普遍喜爱,普及程度很高。

### (四) 场地设施

奥运会乒乓球比赛在体育馆内进行,馆内的具体标准有如下几条。

#### 1. 比赛区域

正式比赛场地应可容纳4张或8张(视竞赛方法而定)标准尺寸(8m宽、16m长、天花板高度不得低于4m)的球台,比赛区域还应包括比赛球台旁的通道,电子显示器,运动员、教练员座席,竞赛官员区域(技术代表、裁判长、仲裁等),摄影记者区域,电视摄像区域以及颁奖区域等所需要的面积。

#### 2. 灯光

奥运会为了保证电视转播影像清晰,要求照明度为1500~2500lx,所有球台的照明度是一样的。如果因电视转播等原因需要增加临时光源,该光源从天花板上方照下来的角度应大于75°。比赛区域其他地方的照明度不得低于比赛台面照明度的1/2,光源距离地面不得少于5m。场地四周一般应为深颜色,观众席上的照明度应明显低于比赛区域的照明度,要避免耀眼光源和未遮蔽的窗户的自然光。

#### 3. 地面

地面应为木制或经国际乒联批准的品牌和种类的可移动塑胶地板。地板具有弹性,没有其他体育项目的标线和标识。地板的颜色不能太浅或反光强烈,可为红色或深红色;不能过量使用油或蜡,以避免打滑。

### 4. 温度

馆内比赛区域的空气流速控制在 0.2～0.3m/s 之内，温度为 20～25℃左右，或低于室外温度 5℃。

### 5. 器材规格

图 2-7-2　乒乓球台

场地规格赛区应由 0.75m 高的同一深色的挡板围起，并与相邻的赛区及观众隔开。每张球台的比赛场地面积为 8m×16m。场地内放有球台、球网、球、挡板、裁判桌、裁判椅、记分牌等。每张球台至少要使用两台电子记分牌，决赛时使用四台。电子记分牌安放在乒乓球比赛场地两侧后面或四角，牌上有运动员的姓名、所属国家或地区、时间、各局比分等，使观众在看台上可以清楚地看到显示屏上的比分。体育馆内还有一个所有观众都能看清楚的大电子显示屏，能同时显示所有球台比赛的有关信息。决赛或仅使用一张球台比赛时，裁判员使用话筒，以方便全场观众观看比赛。器材规格有如下规定。

① 球台（图 2-7-2）：高 76cm、长 2.74m、宽 1.525m，颜色为墨绿色或蓝色。

② 球网：高 15.25cm、台外突出部分长 15.25cm，颜色与球台颜色相同。

③ 球：呈白色或橙色，且无光泽，直径 40mm、重量 2.7g 的硬球。

④ 挡板：高 0.75m、宽 1.4m 或 2m，颜色与球台颜色相同。

所有器材均由国际乒联特别批准和指定，在整个比赛过程中包括训练设施均必须采用相同牌号的器材。

### （五）乒乓球比赛规则

#### 1. 发球、接发球和方位的选择

① 选择发球、接发球和场地的权利应通过选择硬币的正反面来决定。选对者可以选择先发球或先接发球，或选择先在某一方。

② 当一方运动员选择了先发球或先接发球或选择了场地后，另一方运动员应另一个选择的权利。

③ 在每发球两次之后接发球方即成为发球方，依此类推，直到该局比赛结束，或者直至双方比分都达到 10 分实行轮换发球法，这时发球和接发球次序仍然不变，而且每人只轮发一分球。

④ 一局中在某一方位比赛的一方，在该场的下一局应换到另一方位。单打决胜局中当有一方满 5 分时应交换方位。

#### 2. 发球、接发球次序和方位错误的处理

① 裁判员一旦发现发球、接发球次序错误应立即暂停比赛，并按该场比赛开始时确立的次序，根据场上的比分由应该发球或接发球的运动员发球或接发球；在双打中，则按发现错误时那一局中首先有发球权的一方所确立的次序继续进行比赛。

② 裁判员一旦发现运动员应交换方位而未交换时，应立即暂停比赛，并按该场比赛开始时确立的次序，根据场上比分纠正运动员所站的方位后再继续比赛。在任何情况下，发现错误之前的所有得分均有效。

③ 发球者发出的球触碰到网，称为擦网，裁判应令发球者重新发球，直到没有擦网，或者其他发球失误。

### 3. 合法还击

对方发球或还击后，本方运动员必须击球，使球直接越过或绕过球网装置（包含触及球网装置）后，再触及对方台区。凡属上述情况，均为合法还击。

### 4. 重发球

不予判分的回合出现下列情况，应判重发球。

① 如果发球员发出的球，在越过或绕过球网装置时触及球网装置，此后成为合法发球或被接发球员或其同伴阻挡。

② 如果发球员或同伴未准备好时球已发出，而且接发球员或其同伴均没有企图击球。

③ 由于发生了运动员无法控制的干扰，如灯光熄灭等原因，而使运动员未能合法发球、合法还击或未能遵守规则。运动员与同伴相撞或者被挡板绊倒而未能合法回击，则不能判重发球。

④ 裁判员或副裁判员宣布的暂停比赛。例如：由于要纠正发球、接发球次序或方位错误；由于要实行轮换发球法；由于警告或处罚运动员；由于比赛环境受到干扰以致该回合结果有可能受到影响（例如外界球进入赛场或者是足以使运动员大吃一惊的突然喧闹）。

### 5. 判一分

回合中出现重发球以外的下列情况，应判失一分。

① 未能合法发球。

② 未能合法还击。

③ 阻挡。

④ 连续两次击球（如执拍手的拇指和球拍连续击球）。

⑤ 除发球外，球触及本方台区后再次触及本方比赛台面。

⑥ 用不符合规定的拍面击球。

⑦ 双打中，除发球或接发球外运动员未能按正确的次序击球。

⑧ 裁判员判罚分。

⑨ 其他已列举的违规现象。

### 6. 一局比赛

在一局比赛中，先得 11 分的一方为胜方；比分出现 10 平后，先多得 2 分的一方为胜方。

### 7. 一场比赛

① 一场比赛应采用七局四胜制或五局三胜制。

② 一场比赛应连续进行，但在局与局之间，任何一名运动员都有权要求不超过 2min 的休息时间。

### 8. 轮换发球法

① 如果一局比赛进行到 15min 仍未结束（双方都已获得至少 9 分除外），或者在此之前的任何时间，应双方运动员要求，应实行轮换发球法。计时员应在每一局比赛的第一个球进入比赛状态时开表，在比赛暂停时停表，恢复比赛时重新开表。比赛暂停包括：球飞出赛区至重新回到赛区、擦汗、决胜局交换方位及更换损坏的比赛器材。一局比赛进行到 15min 尚未结束，计时员应报"时间到"。

② 当时间到时，球仍处于比赛状态，裁判员应立即宣布暂停比赛，由被暂停回合的发

球员发球继续比赛。当时间到时，球未处于比赛状态，应由前一回合的接发球员发球，继续比赛。

③ 出现上述情况时，计数员应在接发球方每一次击球后报出击球数，在使用轮换发球法时，计数员报数应用英语或用双方运动员及裁判员均能接受的任何其他语言。

④ 此后，每个运动员都轮发一分球直至该局结束，如果接发球方进行了十三次合法还击，则判发球方失一分。

⑤ 轮换发球法一经实行，该场比赛的剩余部分必须继续进行，直至该场比赛结束。

【任务实施】

① 乒乓球在发展过程中的变革有哪些？
② 乒乓球运动的特点是什么？
③ 乒乓球在中国的发展历程是怎样的？

# 学习任务二　乒乓球基本技术

【任务导入】

熟练掌握乒乓球持拍的正确动作和方法，了解并掌握乒乓球动作技术要领，达到运用技术动作的基本要求。

【知识准备】

（一）握拍方法

1. 直拍

图 2-7-3　快攻型握拍法

（1）快攻型握拍法

拍前食指第二指节和拇指第一节在拍的前面呈钳形，两指间在距离 1~2cm，拍柄贴住虎口，另外三指自然弯曲贴于球拍后的 1/3 上端，如图 2-7-3 所示。

（2）弧圈型握拍法

弧圈型握拍法与快攻型握拍法基本相同，其区别是：拇指和食指形成一个小环状，其他三指在拍背面自然重叠，由中指的第一指关节顶于拍柄的延长线上。

2. 横拍

横拍握拍法（见图 2-7-4）如同握手一样，中指、无名指、小指自然弯曲握住拍柄，大拇指在球拍正面靠近中指，食指自然伸直，斜放于球拍背面。正手攻球时，食指稍向上移动，反手攻球时，拇指稍向上移动。

（二）直拍快攻类型与握法

快攻类型（包括左推右攻和两面攻两种打法）常见的握拍方法有以下三种。

第一种握拍方法为球拍柄右侧贴在食指的第三关节处，以食指的第二关节压住球拍的右肩，食指的第一关节自然向内弯曲，拇指的第一关节压住球拍的左肩（拇指与食指之间的距离要适中）。其他三指自然弯曲斜重叠，以中指第一指节托于球拍背面，使球拍保持平稳。

这种握拍法，手腕比较灵活。可以在发球时利用手腕动作，发出动作相似而旋转、落点不同的球。也可以很灵活地打出斜、直线球。对台内球的处理也较为有利，由反手位用反手击球后再打正手位的来球，以及由反手位用反手击球后进行侧身正手攻球时，有利于正、反手两个技术动作的协调结合。对中路追身球，手腕可以自然下垂，通过手腕来调节拍形，对来球进行合理的回击。

图 2-7-4　横拍握拍法

用这种握拍法进行正手攻球时，拇指与中指协调用力，食指相对放松，无名指微离中指，指尖轻托球拍背面，以保持发力时球拍的稳定。进行反手攻球或推挡球时，食指和中指协调用力，拇指相对放松。用手腕发力时（包括正、反手击球），以中指发力为主，拇指和食指保持拍形的稳定，同时作辅助用力。

第二种握拍方法与第一种基本相同，但拇指与食指之间的距离较大（钳形较大）。这种握拍法有利于上臂和前臂的集中发力。因此，中、远台攻球，正手攻球，扣杀球都比较有力。但由于拇指与食指之间的距离较大，握拍较深，对手腕的灵活性有一定的影响，对处理台内球、转球、推挡球和追身球差。

第三种握拍方法为拍柄右侧贴在食指第二、三关节之间，以拇指和食指的第一关节压住球拍的左、右两肩，两指间的距离适中（但比第一种握法要小一些），以中指的第一指节左侧将球拍背面托住，无名指和小指斜叠在中指之下，用无名指辅助中指托住球拍背面，使球拍保持平稳。

这种握拍法为部分两面攻的运动员所采用，其优点是进行反手攻球时，提起前臂后拍头朝上，有利于反手高压打球，使打出去的球快速有力。这种握拍法，由于沉手时拍形下垂，因此在进攻中路追身球时比较协调。由于拇指与食指之间的距离较小，手腕比较灵活，因此易于处理台内球，对突击加转球也较好，其缺点是对正手离身球因拍形下垂而难以高压击球。同时因手腕比较灵活，拍形不易固定。

（三）攻球技巧

1. 身体姿势

两脚开立与肩同宽或比肩稍宽，两膝微屈，前脚掌着地（主要以脚内侧蹬地），脚趾轻微用力压地，脚跟微离地面，重心置于两脚之间。上体略前倾、收腹，持拍手臂自然弯曲。直握拍的肘部略向外张，球拍置于腹部右前方，手腕自然放松，拍头指向右斜前方。横握拍的肘部向下，前臂自然平举，手腕自然放松，拍头指向上方，非持拍手臂自然弯曲于身体左侧。两眼注视来球。

2. 站位

不同打法的人，其站位方式也不同。直拍左推右攻打法的站位，一般是左脚稍前于右脚，左脚位置基本处于球台左边线的延长线上。身体与球台端线的距离约为 40cm 左右。

（四）打法类型

1. 打法分类

乒乓球的打法可以分为 6 大类。

① 快攻打法。
② 弧圈打法。
③ 弧圈结合快攻打法。
④ 快攻结合弧圈打法。
⑤ 以削为主的削球打法。
⑥ 削球和进攻结合的削球打法。

**2. 乒乓球发球方式**

(1) 正手发奔球

① 特点：球速急、落点长、冲力大，发至对方右大角或中左位置，对对方威胁较大。

② 要点：

ⅰ. 抛球不宜太高。

ⅱ. 应提高击球瞬间的挥拍速度。

ⅲ. 第一落点要靠近本方台面的端线。

ⅳ. 点与网应同高或稍低于网。

(2) 反手发急球与发急下旋球

① 特点：球速快、弧线低，前冲大，迫使对方后退接球，有利于抢攻，常与发急下旋球配合使用。

② 要点：

ⅰ. 击球点应在身体的左前侧，与网同高或比网稍低。

ⅱ. 注意手腕抖动发力。

ⅲ. 第一落点在本方台区的端线附近。

(3) 发短球

① 特点：击球动作小，出手快，球落到对方台面后的第二跳不出台，使对方不易发力抢拉、冲或抢攻。

② 要点：

ⅰ. 抛球不宜太高。

ⅱ. 击球时，手腕的力量大于前臂的力量。

ⅲ. 发球的第一落点在球台，不要离网太近。

ⅳ. 发球动作尽量与发长球相似，使对方不易判断。

(4) 正手发转与不转球

① 特点：球速较慢，前冲力小，主要用相似发球动作，制造旋转变化去迷惑对方，造成对方接发球失误或为自己抢攻创造机会。

② 要点：

ⅰ. 抛球不宜太高。

ⅱ. 发转球时，拍面稍后抑，切球中下部。越是加转球，越应注意手臂的前送动作。

ⅲ. 发不转球时，击球瞬间减小拍面后仰角度，增加前推的力量。

(5) 正手发左侧上（下）旋球

① 特点：左侧上（下）旋转力较强，对方挡球时向其右侧上（下）方反弹，一般站在中线偏左或侧身发球。

② 要点：

ⅰ. 发球时要收腹，击球点不可远离身体。

ⅱ. 尽量加大由右向左挥动的幅度和弧线，以增强侧旋强度。

ⅲ. 发左侧上旋时，击球瞬间手腕快速内收，球拍从球的正中向左上方摩擦。

ⅳ. 发左侧下旋时，拍面稍后仰，球拍从球的中下部向左下方摩擦。

（6）反手发右侧上（下）旋球

① 特点：右侧上（下）旋球力强，对方挡住后，向其左侧上（下）反弹。发球落点以左方斜线长球配合中右近网短球为佳。

② 要点：

ⅰ. 注意收腹和转腰动作。

ⅱ. 充分利用手腕转动配合前臂发力。

ⅲ. 发右侧上旋球时，击球瞬间球拍从球的中部向右上方摩擦，手腕有一个上勾动作。

ⅳ. 发右侧下旋球时，拍面稍后仰，击球瞬间球拍从球的中下部向右侧下摩擦。

（7）下蹲发球

① 特点：下蹲发球属于上手类发球，中国运动员早在20世纪50年代就开始使用。横拍选手发下蹲球比直拍选手方便，直拍选手发球时需变化握拍方法，即将食指移放到球拍的背面。下蹲发球可以发出左侧旋和右侧旋，在对方不适应的情况下，威胁很大，关键时候发出高质量的球，往往能直接得分。

② 要点：

ⅰ. 注意抛球和挥拍击球动作的配合，掌握好击球时间。

ⅱ. 发球要有质量，发球动作要利落，以防在还未完全站起时已被对方抢攻。

ⅲ. 发下蹲右侧上、下旋球时，左脚稍前，身体略向右偏转，挥拍路线为从左后方向右前方。拍触球中部向右侧上摩擦为右侧上旋，从球中下部向右侧下摩擦为右侧下旋。

ⅳ. 发下蹲左侧上、下旋球时，站右中部向左上方位稍平，身体基本正对球台，挥拍路线为从右后方向左前方。拍触球摩擦为左侧上旋，从球中部向左下部摩擦为左侧下旋。

ⅴ. 发左（右）侧上、下旋球时，要特别注意快速做半圆形摩擦球的动作。

（8）正手高抛发球

① 特点：最显著的特点是抛球高，增大了球下降时对拍的正压力，发球速度快，冲力大，旋转变化多，着台后拐弯飞行。但高抛发球动作复杂，有一定的难度。

② 要点：

ⅰ. 抛球勿离台及身体太远。

ⅱ. 击球点与网同高或比网稍低，在近腰的中右处（15cm）为好。

ⅲ. 尽量加大向内摆动的幅度和弧线。

ⅳ. 发左侧上、下旋球与低抛发球相同。

ⅴ. 触球后，附加一个向右前方的回收动作，可增加对方的判断（结合发右侧旋球，更有威力）。

# 学习任务三　技巧学习

【任务导入】

熟练掌握正手攻球、反手攻球的正确动作和练习方法，掌握动作技术要领，能够达到对攻的基本要求。

【知识准备】

攻球从大的动作结构来讲，可分为正手和反手攻球两大类。攻球是快速进攻最重要的一项技术，杀伤力强，是解决战斗的关键技术。

（一）动作要点（以右手为例）

1. 正手攻球

近台中偏右站位，左脚稍前，身体斜对球台，持拍手自然放松置于腹前，拍半横状。顺来球路线略向右侧引拍，约与台面齐高，拍面与台面约成 80°，前臂与台面基本平行。当球从台上弹起，持拍手由右侧向左前上方挥动，以前臂快速内收发力配合手腕内转沿球体做弧线挥动，在上升期击球的中上部，击球位置在身体右前方一前臂距离处。

2. 反手攻球

站位近台，右脚稍前，持拍手自然弯曲置于腹前偏左，重心偏于左脚。顺来球线路向后引拍。当球从台上弹起，持拍手由左后向右前上加速挥拍，前臂发力为主，手腕外转，拍面前倾，重心移至右脚，左右胸前击球上升时期的中上部。攻球的重点难点是挥拍发力和正确恰当的击球点。

（二）教学方法

徒手模仿正、反手攻球动作，体会挥臂、腰部扭转和重心转换等动作要领。练习者站位近台中偏右（左），在右（左）角端线附近自抛自攻对方右（左）边斜线。体会前臂内收发力和手腕内（外）旋及击球点，可做下列练习。

① 两人对练，一人自抛自攻，另一人用挡球回击，互换练习。

② 两人对角，一人正（反）手攻球，一人推挡回击，互换练习。

③ 两人对练，一人一点攻两点，另一个两点推挡一点，互换练习。

④ 两人正（反）手对攻斜线。

⑤ 两人对攻中路直线。

（三）易犯错误及纠正方法

① 正手攻球时不敢大胆挥拍，有停顿，弧线制造不好。

纠正方法：用徒手模仿挥拍练习把拍挥够。

② 上臂与身体夹角过小。

纠正方法：放松肩部，加大上臂与身体的距离。

③ 抬肘抬臂。

纠正方法：对做近台快攻练习，强调击球时肘肩向后下方。

④ 手腕下垂，球拍与前臂垂直。

纠正方法：强调手腕内旋拍柄向左，徒手模仿练习。

⑤ 判断球的落点不准，引拍动作不到位。

纠正方法：用先做接平击发球的练习，再做连续推挡球的练习来纠正。

⑥ 反手攻球时拍面前倾过早。

纠正方法：徒手做引拍练习使拍面稍后仰。

⑦ 拍面前倾不够。

纠正方法：作平击发球练习，体会击球时手腕外旋动作的方法。

## 学习任务四　主要战术

**【任务导入】**

熟练掌握乒乓球的推攻，两面攻，拉攻，拉、扣、吊结合搓攻削中反攻，发球抢攻，接发球抢攻的动作技术和练习方法，了解并掌握各种攻球动作技术要领，熟练技术动作进行比赛。

**【知识准备】**

（一）推攻

1. 特点

主要运用正手攻球和反手推挡的速度和力量，结合落点变化和节奏变化来压制和调动对方，以争取主动或得分。推攻战术是左推右攻打法对付攻击型打法的主要战术，有反手推挡能力的两面攻运动员、攻削结合运动员等也常使用。

2. 方法

① 左推右攻。

② 推挡侧身攻。

③ 推挡、侧身攻后扑正手。

④ 左推结合反手攻。

⑤ 左推、反手攻、侧身攻后扑正手。

3. 注意事项

① 推、攻都要有线路变化、落点变化和节奏变化，这是推攻战术争取主动和创造扣杀机会的主要方法。

② 推挡一般以压对方反手为主，然后突然变正手，以创造进攻机会。如果对方正手较差，才可以推对方正手为主。

③ 在推挡中突然加力推对方中路，使对方难以用力回击，然后用正手或侧身扣杀。

④ 遇到机会球时要果断扣杀，这是推攻战术得分的主要手段。

⑤ 推攻战术要坚持近台，又不能死守近台，要学会近台和中台的位置转换，掌握对手节奏。

⑥ 推攻战术对付弧圈类打法应坚持近台为主，用加、减力推挡控制落点，伺机采用近台反拉或中等力量扣杀弧圈球，然后进入正手连续进攻。

（二）两面攻

1. 特点

主要利用正、反手攻球技术的速度和力量压制对方，争取主动和创造扣杀机会。两面攻技术是两面攻打法对付攻击型打法的主要战术。

2. 方法

① 攻左扣右。

② 攻打两角，猛扣中路。

**3. 注意事项**

① 正、反手攻球都要有线路变化和落点变化，以便创造扣杀机会。

② 要以压对方反手为主，然后攻击对方正手或中路，以创造扣杀机会。

③ 遇到机会球时要大胆扣杀。

④ 两面攻战术在主动进攻情况下要坚持近台，被动情况下可适当后退，在中近台或中台进行反攻。

⑤ 两面攻战术对付弧圈球打法应坚持近台，用快攻顶住对方的弧圈球，伺机采用近台反拉或中等力量扣杀弧圈球，然后转入连续进攻。

### （三）拉攻

**1. 特点**

连续运用正手快拉创造进攻机会，然后采用突击和扣杀来作为得分手段。拉攻战术是快攻打法对付削球类打法的主要战术。

**2. 方法**

① 正手拉后扣杀。

② 反手拉后扣杀。

**3. 注意事项**

① 拉、扣的力量要有较大的悬殊，以使对方措手不及。

② 拉球要有线路和落点变化以调动对方，争取主动和创造进攻机会。

③ 遇到机会球时要大胆扣杀或突击。

④ 采用拉攻战术要有耐心，不要急于求成，对没有把握的机会球不要过凶。

### （四）拉、扣、吊结合

**1. 特点**

由拉攻与放短球相结合而成，是快攻型打法对付削球打法的常用战术。

**2. 方法**

① 在拉攻战术的扣杀或突击后放短球。

② 在拉攻战术中放短球后，结合扣杀或突击。

**3. 注意事项**

① 拉攻中放短球，要在对方站位较远并且来球比近网时进行，这样，放短球的落点容易靠近球网，可增加对方向前移动的距离和难度。

② 放短球后扣杀时，如果对方靠台极近，可对准对方身体方向扣杀，这样，往往能使对方难于让位还击。

### （五）搓攻

**1. 特点**

主要运用"转、低、快、变"的搓球控制对方，以寻找战机，然后采用低突、快点或拉攻等技术展开攻势并进入连续进攻。在搓球中遇到机会球时进行扣杀，常常带有突然性，往往可以直接得分。搓攻战术是乒乓球各种打法都不可缺少的辅助战术。

**2. 方法**

① 正、反手搓球结合正手快拉、快点、突击或扣杀。

② 正、反手搓球结合反手快拉、快点、突击或扣杀。

3. 注意事项

① 搓攻战术既要尽可能早起板,以争取主动,但又不能有急躁情绪,否则,起板容易失误。

② 在搓球中遇到机会球时要大胆扣杀,这是搓攻战术的主要得分手段。

③ 在搓短中摆短,可使对方不易抢先进攻,故有利于创造进攻机会,以便伺机用正、反手或侧身进攻。

### (六) 削中反攻

1. 特点

削中反攻由削球和攻球结合而成,常以逼角加转削球为主,伺机反攻。或以转、低、稳、变的削球,迫使对手在走动中拉攻,以从中寻找机会,予以反攻。这种战术有"逼、变、凶、攻"的特点,是攻、削结合打法的主要技术。

2. 方法

① 正、反手削球逼角,结合正手攻或侧身攻对方右侧空当。

② 正、反手削两大角长球,结合正、反手反攻。

3. 注意事项

① 正、反手削球都要注意旋转强度的变化。在削加转后用削加转球相似的手法削不转球,是使对方拉出高球,以进行反攻的有效方法。

② 削球时要尽可能压低弧线,以避免对方扣杀或突击。

③ 削球逼角时要适当配合削另一角,以使对方在走动中击球。

### (七) 发球抢攻

1. 特点

发球抢攻战术是以旋转、线路、落点以及速度不同的发球来增加对方回击的难度,使其出现机会球,或降低回球质量,然后抢先进攻,以争取主动或直接得分,这是乒乓球所有打法特别是进攻型打法的主要战术和得分手段。

2. 方法

① 发下旋转球与不转球抢攻。

② 发正、反手奔球抢攻。

③ 发正、反手侧上、下旋球抢攻。

3. 注意事项

① 发球要有线路和落点变化,以使对方前、后、左、右走动中接发球。

② 发球后要有抢攻准备,以不失抢攻的机会。

③ 自己发什么球,对方可能以什么技术回击,要做到发球前心中有数。这样,才能较好地做好抢攻的准备。

④ 抢攻要尽可能凶,又不能过凶,否则,会影响命中率。

### (八) 接发球抢攻

1. 特点

由某一单项攻球技术所形成,进攻性强,可变接发球的不利地位为主动地位,也可直接得分,是乒乓球运动各种打法特别是进攻型打法的主要战术。

2. 方法

用快点、快攻或中等力量突击进行接发球抢攻。

### 3. 注意事项

① 由于接发球抢攻是在对方主动发球，自己处于被动的接发球地位时所采取的进攻性打法，所以难度较大。接发球抢攻一般不可过凶，要看准来球的旋转方向、旋转强度和高度，采用适当的方法进攻。例如对方发加转下旋球，接发球抢攻时要采用提拉手法，以免下网。同时，攻球的力量不可过大。

② 接发球抢攻动作结束后，要立即作好对攻或连续攻的准备，以便继续处于主动地位。

③ 接发球抢攻、抢冲的力量越小，越应注意球的路线或落点，一般应多打在对方反手。若对方反手强而正手弱，则可多打在对方正手。

### （九）其他战术

① 弧圈结合快攻：以弧圈球为主，快攻为辅，当今最流行的打法，男子中这种打法的可能占八成。一般球拍两面反胶。

② 快攻结合弧圈：以快攻为主，弧圈球为辅。一般球拍一面反胶，一面正胶、生胶或长胶（也有两面都是正胶、生胶、长胶的）。

③ 削中反攻：以被动的削球为主，伺机反攻的打法，20世纪50年代时曾垄断世界乒坛。当前使用这种打法的较少。

④ 怪球：当前基本没有这种打法，没有确凿的定义。一般是以长胶削、磕、拱、飘等技术集合封堵来球，伺机（用倒板技术）反攻。

**【任务实施】**

① 策划并组织乒乓球比赛。

② 制订乒乓球比赛活动方案。

    比赛方式：各队抽签分组，淘汰制。

    比赛时间：根据具体情况安排。

    比赛计分：标准计分，以裁判判罚为主。

    比赛规则：标准赛事规则，具体判罚以规则为准。

    比赛场地：体育馆。

    裁判构成：由教师和学生组成。

③ 开始比赛。

④ 比赛评估，包括个人评估、小组评估和教师评估。

## 参 考 文 献

[1] 孙麒麟. 全国普通高等学校体育实践教程. 第2版. 大连：大连理工大学出版社，2002.

[2] 金其荣. 体育与健康实践教程. 上海：华东理工大学出版社，2003.

[3] 孟光云，杨宁. 大学体育教程. 北京：北京理工大学出版社，2005.

[4] 李保宁. 体育. 上海：上海交通大学出版社，2004.

# 项目八 羽毛球

【案例引入】

　　羽毛球是一项隔着球网，使用长柄网状球拍击打平口端扎有一圈羽毛的半球状软木的室内运动。可以分为单打与双打。相较于性质相近的网球运动，羽毛球运动对选手的体格要求并不很高，却比较讲究耐力，极适合东方人发展。

## 学习任务一　初识羽毛球

【任务导入】

　　了解羽毛球运动的起源、特点、作用以及基本技术、场地等

【知识准备】

### 一、羽毛球运动的起源

　　早在两千多年前，一种类似羽毛球运动的游戏就在中国、印度等国出现。中国叫打手毽，印度叫浦那，西欧等国则叫做毽子板球。19世纪70年代，英国军人将在印度学到的浦那游戏带回国，作为茶余饭后和休息时的消遣娱乐活动。据传，在14世纪末，日本出现了把樱桃插上美丽的羽毛当球，两人用木板来回对打的运动。这就是羽毛球运动的原型。18世纪时，印度的浦那，出现类似今日羽毛球活动的游戏，以绒线编织成球形，上插羽毛，人手持木拍，隔网将球在空中来回对击，但这种游戏流行的时间不长。

　　现代羽毛球运动诞生在英国。1873年，在英国格拉斯哥郡的伯明顿镇，有一位叫鲍弗特的伯爵在他的领地开游园会，有几个从印度回来的退役军官就向大家介绍了一种隔网用拍子来回击打毽球的游戏，人们对此产生了很大的兴趣。因这项活动极富趣味性，很快就在上层社会社交场上风行开来。"伯明顿"（Badminton）即成为英文羽毛球的名字。1893年，英国14个羽毛球俱乐部组成羽毛球协会。

　　羽毛球运动约于1920年传入我国，新中国成立后得到迅速发展。20世纪70年代我国羽毛球队已跻身于世界强队之列。70年代，国际羽毛球坛是印度尼西亚与我国平分秋色。80年代，优势已转向我国，说明我国羽毛球运动已达到世界先进水平。羽毛球在1992年巴

塞罗那奥运会上被列为正式比赛项目，共设男女单打和男女双打及混合打共5项比赛。其他羽毛球比赛也很多，像汤姆斯杯、尤伯杯以及世界羽毛球锦标赛等。

## 二、羽毛球运动的主要特点

### 1. 是一种全身运动项目

无论是进行有规则的羽毛球比赛还是作为一般性的健身活动，都要在场地上不停地进行脚步移动、跳跃、转体、挥拍，合理地运用各种击球技术和步法将球在场上往返对击，从而增大了上肢、下肢和腰部肌肉的力量，加快了锻炼者全身血液循环，增强了心血管系统和呼吸系统的功能。据统计，大强度羽毛球运动者的心率可达到160～180次/min，中强度心率可达到140～150次/min，低强度运动心率也可达到100～130次/min。长期进行羽毛球锻炼，可使心跳强而有力，肺活量加大，耐久力提高。此外，羽毛球运动要求练习者在短时间对瞬息万变的球路作出判断，果断地进行反击，因此，它能提高人体神经系统的灵敏性和协调性。

### 2. 可调节运动量

羽毛球运动适合于男女老幼，运动量可根据个人年龄、体质、运动水平和场地环境的特点而定。青少年可作为促进生长发育、提高身体机能的有效手段进行锻炼，运动量宜为中强度，活动时间以40～50min为宜。适量的羽毛球运动能促进青少年增长身高，能培养青少年自信、勇敢、果断等优良的心理素质。老年人和体弱者可作为保健康复的方法进行锻炼，运动量宜较小，活动时间以20～30min为宜。

### 3. 简便性

（1）不受场地的限制

羽毛球活动对设备的基本要求比较简单，只需两个球拍、一个球和一条绳索即可。正规比赛场地面积仅65～80$m^2$，长13.40m，宽6m（双打）或5.18m（单打），平时进行羽毛球活动只要有平整的空地就可以了。在风不大的情况下，可以在户外进行活动，只要把球网架起来，在一定长度和宽度的空地上画上几条线，就可以双方对练。因此它不仅可以在正规的室内运动场进行，也可以在公园、生活小区等处广泛地开展。当它作为户外运动时，还可使锻炼者吸入新鲜空气，受到阳光照射，改善人体的血液循环和新陈代谢，同时感受大自然的美丽，在运动中怡心健体。

（2）集体、个人皆宜

羽毛球运动既可单兵作战（两人对练），又可集体会战（双打练习或三人对三人对练）。单人对练时，练习者可以随心所欲地打出任何弧线、任何远度、任何力量和速度；集体会战则可以使练习者养成协调配合的习惯，培养集体主义精神。

（3）不受年龄、性别的限制

羽毛球运动游戏性较强，运动量可大可小。身强力壮的年轻人可以将球打得又刁又重，拼尽全力扑救任何来球，尽情散发自己的青春气息；年老体弱的练习者可以把球轻轻地击来打去，根据自己的要求来变换击球节奏，从而达到锻炼身体、延年益寿的功效，既活动了身体，又娱乐了心情。不同年龄、不同性别以及不同体质的人都能在羽毛球运动中找到乐趣。

## 三、羽毛球运动的主要作用

① 羽毛球是一种全身运动。无论是进行有规则的羽毛球比赛还是作为一般性的热身运动，都会加快全身血液循环，增强了心血管系统和呼吸系统的功能。

② 羽毛球是可调节运动。促进生长发育，适量的羽毛球运动可以增长身高，同时也达到出汗、弯弯腰、舒展关节的目的。从而增强心血管和神经系统的功能。

③ 羽毛球具有娱乐性和欣赏性。羽毛球作为一种娱乐活动，参与者在球的对击过程中通过不停地奔跑和身体变化，让打球充满了丰富的乐趣。运动员打羽毛球的力与美，让观赏者浏览一副悦目的画，令人心旷神怡、流连忘返。

④ 羽毛球具有锻炼性。羽毛球是激烈运动，且趣味性强，是一种全身性的综合运动，对运动者的协调性和体能都有很高的要求。所以也是一项考验运动综合素质的项目，有增强体质、抗病防衰、调节精神的作用。

⑤ 羽毛球培养意志。羽毛球运动因其竞争性、对抗性、大强度等诸多特质可以培养坚持奋进的精神。掌握正确的运动技术，在树立自信心的同时，可以培养团队精神、培养光明正大的作风。

⑥ 羽毛球陶冶情操，能够培养良好的心态，正确的人生观面对家庭、事业、荣辱等。双打培养与人合作能力，可以增进感情，培养默契。

## 四、羽毛球的技术动作及场地简介

### （一）羽毛球技术动作

**1. 羽毛球基本技术**

① 握拍技术：正手握拍、反手握拍。

② 发球技术：正手发球（高远球、平高球、平快球、网前球）、反手发球（网前球、高远球）。

③ 接发球技术。

④ 后场高空击球技术：高远球、平高球、吊球、杀球。

⑤ 前场网前击球技术：搓球、放网前球、勾对角球、推球、扑球。

⑥ 下手击球技术：底线抽球、挑球、接杀球。

⑦ 中场平击球技术：正、反手中场平抽球、半蹲式中场平击球。

**2. 羽毛球的步伐**

① 上网步伐：跨步上网、垫步或交叉步上网、蹬跳上网。

② 后退步伐：正手后退步伐、头顶后退步伐、反手后退步伐。

③ 两侧移动步伐：向左移动步伐、向右

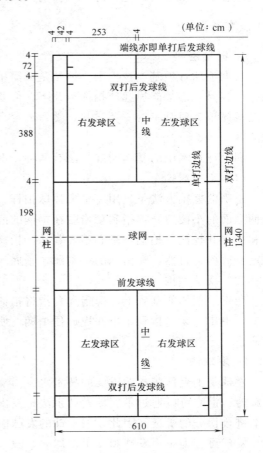

图 2-8-1　羽毛球场地平面图

移动步伐。
④ 起跳腾空突击步法。

### （二）场地简介

羽毛球场地长 13.40m，双打宽 6.10m，单打宽 5.18m。羽毛球网长 6.10m、宽 76cm，为优质深色的天然或人造纤维制成，网孔直径在 15～20mm 之间，网的上沿应缝有 75mm 宽的双层白布（对折而成），并用细钢丝绳或尼龙绳从夹层穿过，牢固地张挂在两网柱之间。标准球网应为黄褐色或草绿色。网柱高 1.55m，无论是单打或双打，两根网柱都应分别立在双打场地边线的中点上。正式比赛时，球网中部上沿离地面必须为 1.524m 高，球网两端高为 1.55m。球网的两端必须与网柱系紧，它们之间不应该有缺缝，如图 2-8-1 所示。

## 学习任务二　握拍与发球技术

【任务导入】

熟练掌握握拍和发球的正确动作和练习方法，了解并掌握各种握拍和发球动作技术要领，能够运用正确动作进行练习和活动。

【知识准备】

### 1. 握拍法

在羽毛球各项基本技术中，握拍是最简单但又最易被初学者疏忽的一项技术。看起来，握拍很容易，谁都能抓起球拍挥舞几下，但要想提高球技，打起球来得心应手，就非得从握拍这最简单、最基本的一环学起，掌握适合自己的握拍方法。以下是几种基本握拍方法的示意图（图 2-8-2）。

羽毛球技术中的基本的握拍法有两种，即正手握拍法和反手握拍法。

（1）正手握拍

正确的握拍方法是先用左手拿住球拍杆，使拍面和地面垂直，然后张开右手，虎口对着拍柄窄面的小棱边，拇指和食指贴在拍柄的两个宽面上，食指和中指稍微分开，中指、无名指和小指并拢握住拍柄，掌心不要紧贴，拍柄端与近腕部的小鱼际肌平。在击球之前，握拍一定要放松、自然，在击球的一刹那才紧握球拍。

（2）反手握拍

在正手握拍的基础上，拇指和食指将拍柄稍外转，拇指顶点放在拍柄内侧的宽面上内侧棱上，中指、无名指和小指并拢握住拍柄，使掌心留有空隙，球拍斜侧向身体左侧，拍面稍后仰。

### 2. 发球法

发球是羽毛球基本的重要的技术之一。羽毛球发球虽不能像乒乓球发球那样使球产生各种旋转，但它可以通过不同的发球手法，发出不同弧度、不同落点的球来控制对方，为本方创造进攻得分的机会。因此，羽毛球的发球应引起初学者的充分重视。

发球可分为正手发球和反手发球。一般来说，发网前球、平快球、平高球均可以用正手发球或反手发球的技术来完成，而发高远球，则须采用正手发球。

项目八 羽毛球

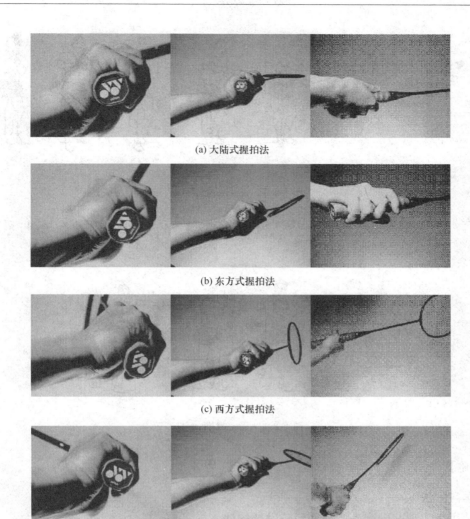

(a) 大陆式握拍法

(b) 东方式握拍法

(c) 西方式握拍法

(d) 反手握拍法

图 2-8-2 握拍方法示意图

（1）正手发球

站位：单打时，一般站在发球区离前罚球线 1m 左右的中线附近。双打时可站前面一些。

左脚在前（脚尖对网），右脚在后（脚尖斜向侧方），两脚距离与肩同宽，上身自然伸直，身体重心放在右脚上，成左肩斜对球网之势。右手握拍向右后侧举起，肘部微屈，左手拇、食指和中指夹住球，举在腹部右前方，然后放开球，挥拍击球。击球时，身体重心由右脚移至左脚（图 2-8-3）。

（2）反手发球

站位：站在前发球线后 10～50cm 及发球区中线的附近。

面向球网，两脚前后站立，上体稍前倾，身体重心在前脚上。右手手臂屈肘，用反手握拍，将球拍横举在腰间，拍面在身体左侧腰下。左手拇指与食指捏住球的两三根羽毛，球托朝下，在球拍前对准拍面。击球时，前臂带动手腕朝前横切推送，使球内飞行弧线略高于网

141

图 2-8-3 正手发高远球

底,下落到对方前发球线附近。反手发平快球时要突然发力,拍面要有"反压"的动作(图 2-8-4)。

图 2-8-4 反手发网前球

【任务实施】

1. 学习方法

① 徒手做发球前的准备姿势和模仿发球的动作练习。
② 在球场上两人对练发球,或一人用多球做完整的发球练习。
③ 先练习定点发球,后练习不定点发球。
④ 综合练习不同种类的发球。

2. 易犯错误与纠正方法

(1) 易犯错误

① 发球时,挥拍动作僵硬。
② 脚移动。
③ 放球与挥拍配合不当。
④ 击球点靠近身体或者离得太远。
⑤ 握拍太紧以至力量发不出。
⑥ 发球过手、过腰。

(2) 纠正方法

① 按正确挥拍路线的慢动作挥拍练习,逐步过渡到正常的挥拍练习。
② 掌握动作结构、顺序,多做放松、协调的发球练习。
③ 反复练习发球放球,强调落点,保持球向下落,采用多球发球练习。

## 学习任务三　接发球

【任务导入】

掌握接发球技术动作、站位，能够运用在比赛与健身运动中。

【知识准备】

发球接发球是一对矛盾。发球方想方设法发出各种不同弧线的球，以此来控制对方；接发球方则想后发制人，来达到反控制的目的。羽毛球比赛就是在这种控制与反控制的争夺中给人以刺激、乐趣和启示。

**1. 接发球的位置**

一般情况下，单打的接发球站位离发球线约1.5m处。在右发球区要站在靠近中线的位置；在左边发球区则要在中间稍微偏边线的位置，主要防备对方发球攻击反手部位。双打接发球时，站位可靠近前发球线，因双打的后发球线距前发球线比单打短0.76m，发高远球易被对方扣杀。所以，双打接发球主要精力应放在对方发网前球上。

**2. 接发球的准备姿势**

① 单打接发球应左脚在前，右脚在后，侧身对网，重心在前脚，后脚脚跟稍抬起，双膝微屈，收腹含胸，持拍于右身前，双眼注视对方。

② 双打接发球准备姿势基本同单打，但重心可随意放在任何一脚上，身体前倾些，球拍举得高些，注意力高度集中。在球来到网上最高点时击球，采取主动（图2-8-5）。

图2-8-5　接发球的准备姿势

【任务实施】

**1. 学习方法**

① 开始应采用固定的一种基本技术去接对方的单一发球。
② 在各种方法基本熟练的基础上，可运用多种技术方法来接对方的单一发球。
③ 在掌握了较好的接发球控制能力的同时，应加强提高接发球抢攻的技能。

**2. 易犯错误与纠正方法**

易犯错误：准备动作不充分，球拍掉在下方，身体僵直，重心偏高。

纠正方法：站于距离中长线大约1m及短发球线2m之后。略举高球拍，放于胸前，放松握拍。腰部稳定，左脚向前，微屈膝，身体稍向前倾。注意球的飞行。

## 学习任务四　击球

【任务导入】

了解击球在比赛中的作用，掌握击球的动作要领，运用在以后的比赛和训练中。

## 【知识准备】

羽毛球击球是调动对方、寻找战机的重要手段，并可直接得分。

### 1. 高手击球

（1）正手击高球

判断来球的路线和高度，迅速移位使球下落位于右肩稍前上空，侧身对网，左脚在前，右脚在后，重心在右脚。击球后，手臂惯性向后前下方挥摆收拍于体前，重心由右脚移至左脚（图2-8-6）。

图 2-8-6　正手击高球

（2）反手击高球

判断来球的路线和高度，迅速位移，最后一步右脚前交叉向左侧底线跨出，背对网，重心在右脚，举拍于左胸前，双膝微屈准备击球。击球时，下肢由屈到伸用力，持拍手肘关节高举，用大臂支撑，以肘关节为轴，小臂伸直并外旋，以小臂带动手腕，手指力量闪动，在右侧上方向后击球。击球后迅速转体面向网（图2-8-7）。

图 2-8-7　反手击高球

### 2. 吊球

在中、后场的高球，运用劈切或者拦截的技术动作，使球轻轻地落在对方网前区，称为吊球。吊球技术分为正手、反手和头顶三种手法，按球的飞行弧线和击球动作的不同，分为劈吊、拦截吊和轻吊。

### 3. 扣杀球

把对方击来的高球全力向下扣压叫扣杀球。扣杀球的特点是力量大、速度快，它是主动进攻的重要技术。扣杀球分为正手杀球、反手杀球和头顶杀球。

4. 网前击球

网前击球技术是一项可以调动对方，使战术多变的击球方法。网前击球技术包括搓球、推球、勾球、扑球和被动放网前球等。

（1）网前搓球

正手搓球：上网步伐要快，左脚蹬地，右脚网前跨成弓步，侧身对网，重心在右脚。持拍手臂向前伸出，出手要快，握拍手腕和手指自然放松。击球时前臂稍外旋，拍面和球网成斜面向前。用手指控制好拍面并发力。挥拍时，腕部由展腕至收腕闪动，带动手指向前"切削"，搓击球托侧底部，球呈下旋翻滚过网；或腕部有收腕至展腕闪动，带动手指离网"提拉"，搓击球托侧底部，球呈上旋翻滚过网（图2-8-8）。

图 2-8-8 网前搓球

反手搓球：上网步法要快，左脚蹬地，右脚向网前跨成弓步，侧身背对网，重心在右脚，握拍手臂向前伸出，出手要快，手腕、手指自然放松，前臂稍上举，手腕前屈，握拍手部高于拍面，反拍迎球。击球时，主要靠前臂的前伸外旋和手腕由内至外展的合力，带动手指离网"提拉"，挫击球托的侧底部，使球上旋翻滚过网。

（2）网前推球

正手推球：准备姿势与正手网前搓球相似。准备击球时，肘关节微屈回收，小臂稍外旋，手腕后伸，球拍向后摆，小指、无名指稍松开，使拍柄稍离鱼际肌。击球时，身体稍前移，小臂前伸并带内旋、收腕，手指控制拍面角度，收腕由后伸至闪动，食指前压，小指、无名指突然握紧拍柄。球拍急速推击球，球沿边线飞至对方后场底角。击球瞬间，拍面几乎与球网平行。

反手推球：准备姿势与反手网前搓球相似。准备击球时，小臂向左胸前收引，屈肘屈腕。击球时，小臂前伸略带外旋，收腕由屈到伸闪动。中指、无名指和小指突然握紧拍柄，大拇指顶压，向前挥拍，推击球托侧底部，将球推击到对方后场底线。

【任务实施】

1. 学习方法

① 进行徒手挥拍模仿练习，体会动作要领。

② "一点打一点",即进行直线或斜线的固定球路对击练习。
③ "一点打两点"和"两点打两点"练习。
④ 用多球进行练习。

### 2. 易犯错误与纠正方法

(1) 后场击球的常见错误及纠正方法

① 击球点选择不当,打不到球。

纠正方法:做挥拍练习。在适当的高度上用细绳吊一个羽毛球进行挥拍练习。纠正握拍方法和挥拍路线。发多球(高远球)定点练习,基本上在不做移动的情况下回击球。

② 动作不协调,发力不好,击球时用力顺步不协调。不是以肩为轴挥臂,而是以肘为轴。不是用挥臂甩腕动作,靠"爆发力"把球击出,而是将球推出。杀球时腰腹力量用不上,手腕甩动不够。

纠正方法:进一步了解、领会技术要领。加强挥拍练习,体会甩腕击球、"鞭打"击球技术的要领。加强腰腹、手臂力量练习,例如,利用哑铃、沙袋做挥网拍练习。做小重量快速挺举、屈伸臂、腕、仰卧起坐等练习。进行综合性高、吊、杀练习。

(2) 网前击球的常见错误及纠正方法

① 击球后,身体重心继续前冲,回动有困难。

纠正方法:最后一步向前跨时,要超越膝关节,并做到以脚跟外沿先着地,然后过渡到前脚掌着地,以脚趾制动。与此同时,上体稍前倾,左臂往左后张开,以利身体平衡。如最后一步蹬跨步幅度很大,在右脚着地后左脚向前拖滑跟近一段距离,以利回蹬。

② 球不过网或过网弧度太高。

纠正方法:进一步领会网前技术要领。握拍要根据动作需要灵活放松,以维持用手指灵活控制拍面角度和掌握用力大小的能力。击球点离网较近时,拍面后仰的程度要适当大些;击球点离网较远,拍面后仰的程度要适当小些。

# 学习任务五　羽毛球基本步法

## 【任务导入】

了解羽毛球步法的作用,掌握每个步法的动作要领,在以后的学习和比赛中熟练运用每种步法。

## 【知识准备】

初学者在学习和掌握了发球和原地击高远球技术之后,就应该开始学习一些步法。因为羽毛球的步法和手法(即各种击球法)是相辅相成、不可分割的。许多击球技术都是靠熟练、快速、准确的步子移动来完成的。不掌握正确的步法,就会影响各种击球手法的学习和掌握,而在比赛中如没有到位的步子,就会使手法失去应有的积极作用。

羽毛球步法大致分为三类,一是上网步法;二是后场步法;三是中场步法。在实践中常运用跨步、垫步、蹬步、并步、交叉步、腾跳步等综合步法。

### 1. 上网步法

准备姿势:两脚稍前后自然开立,双膝微屈,重心在两脚间不断移动,以随时调整身体重心，便于起动。

（1）正手上网步法

交叉步上网步法：起动后，右脚向前方迈一小步，左脚接着越过右脚（如在身后越过右脚为后交叉）向右前方迈出较大的一步，然后右脚迅速向右前方跨一大步到达击球位置。击球后，用并步或交叉步退回中心位置。

并步上网步法：起动后，右脚先向右前方迈一小步，随后左脚立即垫一小步靠拢右脚跟，着地后用脚掌内侧蹬伸，右脚在左脚垫步尚未着地时迅速向右前方跨一大步到达击球位置。击球后，用并步或交叉步退回中心位置。

（2）反手上网步法：起动时右髋迅速转向左前方，使身体右侧斜对反手网前区。脚步移动方法同正手上网，只是朝左前方移动。

2. **后退步法**

（1）正手后退步法

从起动开始，右脚向右后侧蹬转，髋部带动身体转向右后场，同时以交叉步或并步移动到接近端线的位置，利用右腿蹬地起跳在空中转体击球。落地时应采用左腿后撤，右腿前跨，以利迅速回动。

（2）头顶后退步法

从起动开始，右脚向左后方蹬转。髋部带动身体转向左后方。以并步或交叉步移动到左后侧端线附近，右脚起跳击球，同时左侧髋部迅速转向左后方，带动左腿后撤到身后，利用脚掌和脚跟内侧着地缓冲并支撑身体内侧。当右脚落地时，身体前倾，重心移向右脚，左脚开始回动。

3. **两侧移动步法**

（1）两侧蹬跨步

向右侧蹬跨步时，身体重心先移至左脚，然后左腿迅速用力蹬伸，右腿向边线跨出的同时髋关节旋外，落地后成侧弓箭步状。击球后，右腿再旋内蹬伸回中心位置。向左侧蹬跨步则相反而行。

（2）并步右侧移动步法

从起动开始，身体侧向右侧，重心移向右脚，左脚向右脚靠拢垫一小步并以前脚掌蹬地，髋向右转，右脚向右侧夸一大步，脚尖朝外，击球后，右腿再旋内蹬伸回中心位置。

（3）左侧前交叉移动步法

左脚向左侧迈一小步，右髋左转，右脚向左侧跨出，呈背部对网姿势，击球后，右腿迅速蹬伸转体，利用左脚并步调整身体重心回到中心位置。

【任务实施】

1. **学习方法**

①学习和掌握转体、并步、跨步、交叉步、垫步和蹬跳等分解步法。
②徒手做单一路线的移动步法练习。
③结合击球技术进行单一路线的移动步法练习。
④配合相应的手法，进行组合和连贯的步法移动练习。

2. **易犯错误与纠正方法**

①对对方的来球移动判断错误，不能识别对方动作及出球线路，往往造成落点在前向

后场移动，球的落点在左（右）侧向右（左）侧移动，球的落点在后场向前场移动等。

纠正方法：加强步法练习；进行两人对打综合练习；进行比赛练习，提高动作及出球路线的识别判断能力。

② 起动反应移动慢。

纠正方法：通过素质练习来增强踝关节、小腿、脚弓的力量和爆发力；按手势指令做起动练习；通过多球有目的做反应起动练习；在练习过程中，注意击球后回中心位置，做好下一步起动接球的准备姿势，全身自然协调。

③ 步法与击球动作配合不协调。

纠正方法：进一步了解步法在羽毛球运动中的重要性；按手势指令练习，并强调各种步法练习接球的步幅和重心转换；进行多球练习。

④ 击球后缺乏回中心位置意识。

纠正方法：加强速度耐力练习，增强移动能力；强调击球后回到中心位置，要求移动步法等每一次都回到中心位置；进行多球四角练习。

## 学习任务六　羽毛球基本战术

【任务导入】

学习羽毛球技战术做到：知己知彼、以我为主、随机应变。

【知识准备】

在羽毛球比赛中，如何正确地运用战术是一个很重要的问题，若是运用得当，可使自己牢牢地掌握场上的主动权；相反，错误的战术则使自己处处被动。当然，在双方技术水平悬殊太大时，再合理的战术也无济于事。只有在技术水平相当的情况下，战术才能起到决定的作用。

### 一、单打战术

#### 1. 发球战术

发球不受对方干扰，只要在规则允许的范围内，发球者可以随心所欲地以任何方式发到对方接球区的任何一点。采用变化多端的发球战术，常常能起到先发制人、取得主动的作用。因此，发球在比赛中占有重要地位。

（1）发后场高远球

这是单打中常用的发球，要求把球发到对方端线处，迫使对方后退还击，给对方进攻制造难度。发高远球虽然弧线高，飞行时间长，但由于离网距离远，球从高处垂直下落，后场进攻技术差的对手较难下压进攻。把球发到对方左、右发球区的底线外角处，能调动对方至底线边角，便于下一拍打对方对角网前，拉开对方的站位。

（2）发平高球

发平高球，球的飞行弧度较低，但对方仍然必须退到后场才能还击。落点的选择基本与发高远球相同。

（3）发平快球

发平快球（或者平高球）和网前球配合，争取创造第三拍的主动进攻机会，称为发球强攻战术。发平快球属于进攻发球，球速很快，如作为突袭手段运用得当，往往能取得主动。但当接球方有所准备时，也能半途拦截，以快治快，发球方反会处于被动。发平快球时，球的落点一般应在对方的反手区，或直接对准接发球者的身体，使对手措手不及。

（4）发网前球

发网前球能减少对方把球往下压的机会，发球后立刻进入抢攻。发网前球也可以发对方的追身球，造成对方被动。发网前球时最好配合发底线球，才能取得较好的效果。

2. 接发球技术

接发球虽然处于被动等待的状态，但由于发球时受到诸多规则的限制，使发球不能给接发球者带来太大的威胁。发球者发球只能发到对角线的接发球区内，而接发球者只需防守不到半个区域，却可还击到对方的整个场区。所以，接发球者若能处理好这一拍也可取得主动。

（1）接发高远球、平高球

一般可用平高球、吊球或杀球还击。但如对方发球后站位适中，进攻时要注意落点的准确性。若用杀球、吊球还击，自己的速度要跟上。如果对方发球质量很好，就不要盲目重杀，可用高远球、平高球还击，伺机再攻，或者用点杀、劈杀、劈吊下压先抑制对方。

（2）接发网前球

可用平推球、网前球或挑高球还击。当对方发球过网较高时，要抢先上网扑杀。接发网前球的击球点应尽量抢高。

（3）接发平快球

要观察对方的发球意图，随时做好准备。借用对方的发球力量，快杀空当或追身都能奏效，也可借助反弹力拦吊对角网前。

3. 逼反手

就所有的运动员而言，后场的反手击球总是或多或少地弱于正手击球，相对进攻性不强，球路也较简单，有的运动员还不能用反手把球打到对方端线，所以对于对方的反手要毫不放松地加以攻击。

（1）调开对方位置

使对方反手区露出空当，然后把球打到反手区，迫使对方使用反拍击球。

（2）对反手较差的对手

后场反手较差的人，经常使用头顶击球、侧身击球、侧身击球来弥补反手的不足。由于头顶、侧身击反手区时，身体重心、身体位置要偏向左场区的边线，因而可以重复攻击对方的反手区域，使其身体位置远离中心。这样本来是对方优点的正手区就出现大片的空当，成了被攻击的目标。

4. 平高球压底线

用快速、准确的平高球打到对方后场两角，在对方不能拦截的前提下，尽量降低球的飞行弧线，把对方紧压在底线，当对方回击半场高球时，就可以扣杀进攻。使用平高球压底线时，如配合劈吊和劈杀可以增加平高球的战术效果。

5. 拉、吊结合杀球

此战术是把球准确地打到对方场区的四个角上，使对方每次击球都要在场上来回奔跑。使用此种战术时，对不同特点的对手要采用不同的拉、吊方法。对后退步法慢的可以多打前、后场；对盲目跑动满场飞的可以使用重复球和假动作；对灵活性差的应对打对角线，尽量使对方多转身；对后场反手差的可通过拉开后攻反手；对体力不好的可用多拍拉、吊来消耗其体力。

### 6. 吊、杀上网

先在后场以轻杀、点杀、劈杀结合吊球把球下压，落点要选择在场地两边，使对方被动回球。对方还击网前球时，迅速上网贴网搓球或勾对角，或快速平推创造半场扣杀机会；若对方在网前挑高球，可在其向后退的过程中把球直接杀向他的身上。

### 7. 过度球

首先要明确过度球是为了摆脱被动，为下一拍的反攻积极创造条件。被动时要做到：首先，争取时间调整好自己的位置和控制住身体的重心。从网前或后场底线击出高远球是被动时常用的手段。当处于不停地跑动追球的状态，或身体重心失去控制时，都可以打出高远球，以赢得时间，恢复身体重心，调整自己的处境。其次，利用球路变化打乱对方的进攻步骤。在接杀球或吊球时要把球还击到远离对方的地方，以破坏对方吊、杀上网的连续快速进攻。如果对方吊、杀球后盲目上网而自己的位置较好时，则可把球还击到对方底线。

### 8. 防守反攻

这一战术是对付那种盲目进攻而体力又差的对手。比赛开始时，先高球诱使对方进攻，在对方只顾进攻而疏于自己的防守时，即可突击进攻。或者在对方体力下降、速度减慢时再发动进攻。

## 二、双打战术

双打比单打多增加一名队员，而场地宽度仅增加92cm，接发球区还比单打缩短了76cm。因此，双打从发球开始，就形成短兵相接的局面。由于进攻和防守都加强了，这就更加要求运动员技术全面、能攻善守、反应灵敏。特别是对发球、接发球、平抽、挡、封网、扑、连续扣杀、连续跳高球及防守反击等诸多技术，要求更高。

### 1. 发球

由于双打的后发球线比单打短，在双打中若发高远球，接发球方可以大力扣杀，直接争取主动。因此，站位往往压在靠近前发球线处，对发球者造成较大的心理上和技术上的威胁。所以，发球质量、路线的配合、弧线的制造、落点的变化对整个双打比赛的胜负意义极其重大。

（1）发球站位

发球的站位不同，对发球的飞行路线、弧线、落点和第三拍的击球都有影响。

（2）发球路线

发球路线和落点的选择需注意如下几点。

① 调动对方站位，破坏对方打法。

② 避实就虚，抓住对方弱点发球抢攻。

③ 发球要有变化。

（3）发球时间

接发球方在准备接发球时，思想虽然高度集中，但因受到发球方的牵制，要等球发出后才能判断、起动、还击。所以，发球动作的快、慢也应在规则允许的范围内有所变化，不要给接球方掌握规律。

(4) 发球时心理的影响

在双打比赛中，有时会出现发球失常。其原因一是发球技术不过硬；另一个原因则是受接发球者的影响。由于接球者站位逼前，扑、杀凶狠且命中率较高，加之比分正处于关键时，易心情紧张造成手软，从而影响了发球质量。遇到这种情况，首先要沉住气，观察接发球者的动向、心理意图、接发球的路线和规律，提高发球质量，增强还击第三板的信心。另外，发球的路线要善变且无规律，这样就会减少不必要的顾虑，发球质量也会稳定下来。

**2. 接发球**

接发球方如果判断准确，起动快、还击及时，就能在对方发球质量稍差时杀、扑得手或取得主动；反之，也会因接发球失误或还击不利使自己陷入被动。

(1) 接发内角位网前球

以扑或轻压对方两边中场及发球者身体为主要攻击方法，配合网前搓、勾等其他路线。

(2) 接发外角位网前球

平推对方底线两角以调动对方一名队员至边角，扩大对方另一队员的防守范围。

(3) 接发内角、外角位后场球

应以发球者为攻击点，力争扣杀追身球。如起动慢了，可用平高球打到对方底线两角。一般发球者在后场球发出后，后退准备接杀的情况居多，这时可用拦截吊球，落点可选择在发球的对角。

**3. 攻人**

这是双打中常用的一种战术，就是以人为攻击目标。对付两名技术水平高低不一的对手时，一般都采用这种战术。对付两名队员实力相当时也可采用这一战术。几种攻势集中于对方一名队员，在另一队员过来协助时，又会暴露出空当，可在其仓促接应、立足不稳时偷袭。

**4. 攻中路**

① 守方左右站位时，把球打在两人的中间。

② 守方前后站位时，把球下压或轻推在边线半场处。

**5. 攻后场**

这种战术常用来对付后场扣杀能力较差的对手，把对方弱者调动到后场后也可以使用。此战术多采用平高球、平推球、挑底线把对方一人紧逼在底线，使其在底线两角移动击球，在其还击出半场高球或者网前高球时随即大力扣杀，取得该球的胜利或主动。如在逼底线两角时对方同伴后退支援，则可攻击网前空当或打后退者的追身球。

**6. 后攻前封**

后场队员积极大力扣杀创造机会，在对方接杀放网、挑高球或企图反击抽球时，前场队员以扑、搓、勾、推控制网前，或拦截吊、点封住前半场，使整个进攻连贯而又有节奏变化，使对方防不胜防。

**7. 防守**

(1) 调整站位

为了摆脱被动，伺机转入反攻，首先要调整好防守时的站位。如果是网前挑高球，那么击球者应该直线后退，切勿对角后退。直线后退路线短、站位快；对角后退路线长，也容易被对方打追身球。另一名队员应根据同伴移动后的情况补到空当位。双打防守时的站位调整，都是一名队员在跑动击球时，另一名队员根据同伴移动情况填补空当。

(2) 防守球路

① 攻方杀球者和封网队员在半边场前后一条直线上，接杀球应打到另半边前场或后场。

② 攻方杀球者和封网者在前后对角位上，接杀球可还击到杀球者的网前或封网者的后场。

③ 攻方杀球者杀对角后，另一名队员想要退到后场去助攻时，接杀球时可以还击到网前中路或直线网前。

④ 攻方杀来的直线球挑对角、杀来的对角球挑直线以调动杀球者。

## 学习任务七　羽毛球规则和裁判方法

【任务导入】

熟练掌握羽毛球竞赛常用规则，能够达到完成一场完整羽毛球比赛的基本要求，并选出优秀队员、裁判员给予鼓励。增强班级凝聚力，培养团结协作精神。

【知识准备】

(一) 羽毛球竞赛裁判员

① 裁判长：对整个竞赛负全责。

② 裁判员：负责主持一场比赛。

③ 发球裁判员：专门负责宣判发球违例。

④ 司线裁判员：负责宣判球在他所负责的线附近的落点是界内或界外。

每场比赛由裁判长指派一名裁判员（亦称主裁判），裁判员主持一场比赛并管理该场地及其周围，比赛时坐在场外网柱旁的裁判椅上，执行羽毛球竞赛规则的各项条款，各项条款如下。

① 及时地宣判违例或重发球，并随时在记分表上作相应的记录。

② 对申诉应在下一次发球前作出裁决。

③ 应使运动员和观众能了解比赛的进程。

④ 可与裁判长磋商，安排、撤换司线裁判员或发球裁判员。

⑤ 裁判员不能推翻司线裁判员和发球裁判员对事实的裁决，但在裁判员确认司线裁判员明显错判时，可以纠正。

⑥ 在有临场裁判员不能做出判断时，由裁判员执行他的职责或判重发球。

⑦ 裁判员有权暂定比赛。

⑧ 裁判员应记录与规则16条（比赛连续性、行为不端及处罚）有关的情况并向裁判长报告。

⑨ 执行其他缺席裁判员的职责。

⑩ 裁判员应将所有仅与规则有关的申诉提交给裁判长。

(二) 裁判员的裁判工作方法

裁判员在一场比赛的工作与各时间阶段有密切的关系。为便于有条理地叙述，裁判员在一场比赛的裁判工作可分为三个阶段。比赛开始前：比赛开始前又可分为进场前、进场后到比赛开始。比赛开始后：比赛开始后可分为发球期、球在比赛进行中、发球前期（死球期）三个时间段落。比赛结束。

1. 进场前裁判员的工作

进场前是指在接受担任某场比赛的裁判工作后，到进入比赛场地的一段时间，进场前裁判员的工作包括以下几个方面。

① 检查自己的裁判用品是否备齐（记分笔、秒表、挑边器、红黄牌等）。

② 到记录台领取记分表，检查表中各项内容是否正确，填写好可以预先填写的项目，熟悉运动员的姓名和准确宣报姓名的发音，在国际比赛时，准确宣报队名和运动员姓名尤为重要。

③ 与该场比赛的发球裁判员见面问好，提出需要配合的工作，如提醒他准备比赛用球、佩戴好运动员的姓名牌等。

④ 检查该场比赛的司线裁判员是否做好准备。

2. 比赛时的宣报方法

（1）宣报比赛开始

在正式宣布比赛开始前，裁判员应报"停止练习"，此时让双方运动员做好正式比赛的最后准备。每次比赛由裁判长决定比赛的宣报，一般地说都是采用简单宣报的形式，只有在半决赛或决赛时可能会采用完整宣报形式。裁判员在宣报时，应该抬起头，声音清晰响亮，使运动员和观众都能听清楚，在报运动员姓名时，要以右手或左手指向相应的一方。不要造成裁判员的手指向一方时，该场区的运动员还在场外的情况，一定要在双方运动员都站好位后，再报"比赛开始，零比零"（love all play）。

（2）比赛中的宣报

① 比分和换发球：永远把发球方的分数报在前面。在换发球时，要先报"换发球"接着报比分，而且要把新的发球方的分数报在前面。

② 界外：球落在有司线裁判员分管的线的界外时，由该司线裁判员负责报"界外"，球落在没有司线裁判员分管的线的界外时，裁判员应先报"界外"然后接着报比分或换发球和比分。

③ 违例：无论比赛中出现何种违例，裁判员都应立即报"违例"，然后报比分或换发球和比分。

④ 重发球：在比赛场上出现需要判重发球的情况时，裁判员应报"重发球"，接着把比分再报一次，一是强调比分不变；二是比赛继续，发球员可以发球了。

⑤ 比赛暂定：有意外事故发生或有运动员不能控制的情况，裁判员可宣报"比赛暂定"。在恢复比赛时，裁判员宣报"继续比赛"并报当时的比分。

⑥ 局点：在一方运动员再得一分，就将胜该局比赛时，裁判员在报比分前要加报"局点"，但只有一方第一次出现此情况时需报"局点"。

⑦ 场点：在一方运动员再得一分，就将胜整场比赛时，裁判员在报比分前要加报"场点"，方法与报"局点"相同，只是把"局点"改为"场点"。

3. 比赛时的记分方法

羽毛球比赛时，裁判员需自己在记分表上做记录，一张完整的记分表应该反映出该场比赛所属竞赛的名称、比赛双方运动员姓名、队名、组别、位置号、比赛项目、阶段、轮次、日期、时间、地点、比赛场地号、比赛开始时间、比赛结束时间、裁判员姓名、发球裁判员姓名、每局比赛开始时的发球员和接发球员。随着比赛进程，通过记录，可随时了解当时的比分、发球方位、顺序和发球员、接发球员。当然在记分表的最后一行是胜方的队名或姓名、整场比赛的比分以及裁判员和裁判长的签名。从记分表上还可进行有用的数据统计，例如，该场比赛总共打了多少个回合、有几次打成平分、在什么时候有多少次发球未得分等。

裁判员从记录台领取记分表后，先应逐一检查各项内容，并填写能事先填写的项目。从进场后，随着裁判工作的进行，裁判员的记录方法具体如下。

① 挑边后，在发球方的记分空格的第一格画 0，双打项目的在开局时的发球员姓名后的小格内写 S（即 server，发球员）。在开局时的接发球员姓名后的小格内写 R（即 reciever，接发球员）。应以裁判员座位的左或右标明发球方在开局时所站的场区。

② 记分：比赛开始后随着比赛的进程，裁判员在每个球成死球后都应在表上作相应的记录。

#### 4. 发球裁判员的职责和裁判法

发球裁判员通常坐在裁判员对面网柱旁的矮椅上，使视线基本与发球员的腰部持平。根据需要也可以坐在裁判员同侧，在视线被挡而不能看清发球员的发球动作时可以挪动位置直至能看清发球员的发球动作为止。

（1）发球裁判员的职责

① 专门负责宣判发球员在发球时的违例。当看到并肯定发球员发球违例时，大声报"违例"，并使用发球裁判员五个手势中相应的一个手势表明是何种发球违例。裁判长和裁判员都不能否决发球裁判员对发球员在发球时是否"违例"的判决。

② 协助裁判员检查场地、器材（如检查网高）。

③ 协助裁判员管理羽毛球。只有在裁判员示意换球时，才把新球换给运动员。要注意把新换的球迅速交给发球员，以免延误比赛时间。当运动员离发球裁判员较远时，发球裁判员需把球抛给运动员，要注意不能把手举起从高处掷向运动员这是不礼貌的，正确的方法是用手心四个手指托着整个羽球，大拇指放在球心中央，球托向前，从下向上的方向把球抛向运动员。

④ 在局数打成一比一时，在场地中央网底下放置暂停标记。发球裁判员的基本要求是发球违例的宣判，这是羽毛球裁判工作中的难点，经常容易引起比赛双方的争议。做好发球裁判员，要有对羽毛球竞赛规则中有关发球的条款扎实的理论基础，还要结合实际正确运用规则的细节和精髓。

（2）三个"一样"

要做好发球裁判员，在临场执裁中必须做到以下三个"一样"。

① 对无论什么运动员（有名与无名、高水平与低水平、熟悉与不熟悉），发球违例判罚的尺度都是一样的。

② 从一场比赛的开始到结束，判罚尺度都是一样的。

③ 双方比分悬殊时和双方比分接近时，判罚尺度都是一样的。

（3）发球裁判员的裁判工作方法和技巧

① 从发球员准备发球时开始直至发球结束，发球裁判员一定要面向发球员，精神集中，全神贯注的双眼正视发球员，让发球员、接发球员以及所有在场的其他人员意识到，发球裁判员正在认真地履行他的职责，这样发球裁判员做出的判决才能让人信服。

② 发球是一个相当快的过程，而发球员的故意违例又往往带有偷袭性，更是发生在一

瞬间，发球裁判员如果宣判稍慢就几个来回过去了。所以发球裁判员在发球员发球时，时刻都要准备报"违例"，发球裁判员宣报发球违例一定要声音响亮，让裁判员和运动员都听到，如果裁判员没听到，比赛还在进行，发球裁判员可以站起来，再次大声宣报，直至裁判员报"发球违例"。

③ 在宣报发球违例和做手势表明是何种发球违例时，发球裁判员一定要面向发球员，在发球员询问是何种违例时，发球裁判员应果断地再次重复违例的手势，不应回避。

④ 在比赛一开始时，当发现有发球违例时就一定要果断予以宣判，只有这样才能控制住发球员的发球。否则，当比赛进行到比分接近或关键时刻出现发球违例时，发球裁判员再判此发球违例，就会显得前后尺度不一致，如果不判，双方的发球违例将失去控制，发球裁判员也就陷入极度的被动。发球裁判员的裁判水平，历来是衡量一名羽毛球裁判员业务水平高低的重要方面。它反映了一名合格的发球裁判员，既要有规则理论基础，又要有丰富的临场经验；既要有优秀的道德品质，又需具备良好的心理素质。所以发球裁判水平一直是羽毛球裁判员晋升和考核的一个重要内容。

**5. 司线裁判员的职责工作**

每场比赛的司线裁判员数目可以不同，一般从三名至十名不等。司线裁判员应坐在对准他所负责的线的延长线的矮椅上（双打比赛时负责端线的司线裁判员，应坐在边线外的端线与双打后发球线之间），专门负责察看球在他所负责的线附近的落点，并以规定的一个术语、三个手势进行宣判。一名司线裁判员只能负责一条线（只有双打比赛时，负责端线的司线裁判员在发球时，要负责双打后发球线）。凡没有安排司线裁判员的界线，都由裁判员自己负责。

（1）不同数目司线裁判员的座位及分工

① 至少有 3 名司线裁判员，两名分别负责两条端线，最好面对裁判员，余下一名负责裁判员对面的一条边线。

② 有 4 名司线裁判员，两名分别负责两条端线，另两名分别负责两条边线（包括网两边的整条边线）。也有另外一种方法，即负责边线的两名司线裁判员，同时负责裁判员对面的一条边线，两人各自只看本方场区到网的一段边线，这样，裁判员一边的边线就由裁判员自己负责了。现在采用前一种方法的居多。

③ 有 6 名司线裁判员，两名分别负责两条端线，另外四名各负责半条边线。

④ 有 8 名司线裁判员，在 6 名司线裁判员的安排基础上，另两名分别负责两条前发球线。

⑤ 有 10 名司线裁判员，在 8 名司线裁判员安排的基础上，另两名分别负责两条中线。

（2）如何判断界内和界外球

羽毛球竞赛规则中涉及界内球和界外球的条款有以下两条。

① 所有场地线都是它所确定的区域的组成部分。

② 羽毛球应有 16 根羽毛固定在球托部。

依据这两条规则可以得出，只要球的任何部分的最初落地点，落在此时该球应落的有效区域（发球区或场区）的线上即为界内球。比如说，单打比赛时，发球员从右发球区发出球，凡球落在对方场区的右发球区的界线上及界线以内均为界内球。

（3）司线裁判员的工作方法

① 界内：球落在他所负责的线的界内，只伸出右手指向他所负责的线，不宣报。

② 界外：无论球落在他所负责的线的界外多远，都应立即做出两臂向两边平展的手势，在这同时高声报"界外"。

③ 视线被挡：司线裁判员的视线被运动员挡住，没能看到球的落点，就应举起双手遮着双眼，以向裁判员表示自己的视线被挡，不能做出判决。

④ 如果球碰运动员身体、衣服或球拍后出界，司线裁判员不要马上做手势，让裁判员来宣判，如果裁判员仍要求司线裁判员给手势，司线裁判员只就球的落点做出界内或界外的手势，不要示意此球碰运动员的身体、衣服或球拍。司线裁判员的工作虽然简单，但对一场比赛的胜负却极其重要，随意安排司线裁判员的做法，将会导致严重后果。

（4）做好司线裁判员的条件、要素和技能

① 懂得羽毛球运动，最好能有打羽毛球的经历。

② 身体健康，能坐势端正、自然，但不紧张地集中注意力坚持长达一个小时以上。

③ 能不受运动员的影响和外界的压力，坚持自己的判断，在球的落点非常接近线时，司线裁判员的手势更是要快，要坚决果断，犹豫不决或迟缓的手势都会引起运动员和观众的怀疑，特别是判落在司线裁判员座位本方场区非常接近界线的界内球时，很多时候本方场区的运动员会走向司线裁判员表示不满或对判决有争议，此时，该司线裁判员可再次重复"界内"的手势。有些运动员是想以此方法来影响司线裁判员以后的判决。作为一个有丰富经验的司线裁判员，既不要受此影响使以后的判决倾向于该运动员，但也不可意气用事，故意把界外球判成界内球与该运动员作对。

④ 要随时保持与裁判员的配合，在宣判时声音要洪亮，手势要清楚并稍作停留，眼睛要注视裁判员，在裁判员看到后再收回手势。

⑤ 有时球明显落在界内，司线裁判员没做手势，这是正确的，但司线裁判员仍应看着裁判员，一旦裁判员报"司线裁判员请给手势"，司线裁判员还应立即打出"界内"的手势。

⑥ 当球落在后场端线与边线的交接处附近时，负责端线和边线的两名司线裁判员，没有必要互相配合，以此来做出相同的手势。如果做出一个判界外、另一个判界内两个不同的判决，这并不矛盾，因为各人只判断球在自己负责一条线附近的落点，只要有一名司线裁判员判界外，这球就是界外无疑了。

⑦ 司线裁判员一定要集中注意力，看自己场地的比赛，千万不能看其他场地的比赛，疏忽漏球是一瞬间的事，后果严重。有了一个错误将会给心理造成压力，处理不当，就会接连犯错误。

⑧ 在一场长时间的比赛里，当局数为一比一时，司线裁判员应该站起来，原地舒展一下筋骨，使思想得到放松，在第三局比赛开始时也可轮转座位，改变视角的景观，减低疲劳。

## 参 考 文 献

[1] 肖杰. 羽毛球运动教学. 北京：人民体育出版社，2000.
[2] 林建成. 羽毛球球技、战术、训练与运用. 北京：人民体育出版社，2009.
[3] 胡亦海. 竞技运动特征研究. 北京：人民体育出版社，2014.
[4] 朱建国. 羽毛球运动教学与训练教程. 北京：清华大学出版社，2015.

# 项目九 网　球

【案例引入】

　　网球运动是一项把力量美和艺术美，形体美、服饰美与环境美，比赛中竞争的激烈性与观众的文明性有机结合在一起，即把竞争性、文化性、观赏性和参与性有机结合在一起的极具魅力的体育项目。网球是当今世界最为流行的时尚运动之一，与高尔夫球、保龄球、桌球并称为世界四大绅士运动。它是一种享受和艺术追求，也是一种增进健康的方式。网球运动既是一项富有乐趣的体育运动，又是奥运比赛的重要项目，是能锻炼人的控制力、耐力，养成团队精神和良好性格的运动。

## 学习任务一　初识网球

【任务导入】

　　了解网球运动的起源、特点、作用以及基本握拍方式等。

【知识准备】

### （一）网球运动的起源

　　网球运动最早起源于12～13世纪法国传教士在教堂回廊里用手掌击球的一种游戏，后来成为宫廷里的一种室内消遣娱乐活动。也有人认为，网球运动的起源应追溯到"百年战争"（1337～1453年英法两国战争）前在法国民间流传的一种名叫海欧·德·巴乌麦的球类游戏。据说这种游戏是两个人进行的，每人各执一个球拍，球场的周围筑有围墙，球撞到墙上后被弹回去，而后过网。因此，无论从使用的场地和器具上，还是从进行游戏的方法上，它与现代网球运动都有许多相似之处，所以有人把它看作是网球运动的原始形态。网球的直径在6.541～6.858cm之间。起初的网球，只是两个半球中填充草、树叶或头发等制成，后来随着网球的不断发展，球的制作也越来越讲究（图2-9-1）。

图 2-9-1　网球

(二) 网球运动的主要特点

1. 网球具有独特的健身价值

有人曾经作过统计，在一场有相当水平的网球比赛中，运动员所跑的路程在 5000m 左右，有的甚至达到 10000m，不亚于一场激烈的足球比赛。运动员在比赛过程中，还要作出及时的判断，不时前进或后退、左移或右转跃起、急停或猛扣等。一个网球运动员无论在力量、速度、耐力、柔韧性和灵敏性方面，都必须具备良好的素质。特别是随着网球技术的不断发展，上网打法已相当普遍，运动员在发球或接发球之后都积极争取时机跑到近网处做空中截击、高压动作，这时要照顾到前后左右四个方位的来球，如果没有精确的预测能力、快速的灵敏反应以及熟练的截击、高压技术，就不能适应这种打法。

此外，网球运动常被人形容为"挥拍上阵"，曾有人统计过网球比赛中运动员的挥拍情况，一场比赛总的挥拍次数不少于千次，如果没有强壮有力的手臂是不能胜任的。可见，只有具备了良好的、全面的身体素质，才能保证网球技术、战术的正常发挥。也就是说，网球运动对发展人的全面的身体素质具有积极作用。比如，打网球需要长时间连续来回地移动和击球，这能够促进人的反应灵敏度，使起动快、移动迅速，并能在较长一段时间内保持这种快速活动能力。又如网球运动中有力抽击球和凶猛高压球，都需要较好的力量素质，因此，打网球可以使人们动作迅速、判断准确、反应快并能提高速度、力量、耐力、灵敏等素质，对发展协调性有积极作用。

2. 球场、球网、球场线

球场应为长 23.77m、宽 8.23m 的矩形。中间由一条挂在最大直径为 0.8cm 粗的绳索或钢丝绳上的球网分开。

球网粗绳索或钢丝绳最大直径为 0.8cm，网的两端应附着或挂在两个网柱顶端，网柱应为边长不超过 15cm 的正方形方柱或直径为 15cm 的圆柱。网柱不能超过网绳顶端 2.5cm。每侧网柱的中点应距场地 0.914m，网柱的高度应使网绳或钢丝绳顶端距地面的垂直距离为 1.07m。在单双打两用场地上悬挂双打球网进行单打比赛时，球网应该由两根高度为 1.07m 的单打支杆支撑，该支杆截面应是边长小于 7.5cm 的正方形方柱或直径小于 7.5cm 的圆柱。每侧单打支杆的中点应距单打边线 0.914m。球网需要充分拉开，以便能够有效填补两根支柱之间的空间，并有效打开所有网孔，网孔大小以能防止球从球网中间穿过为准。球网中点的高度应该是 0.914m，并且用不超过 5cm 宽的白色网带向下绷紧固定。球网上端的网绳或钢丝绳要用一条白色网带包裹住，每一面的宽度介于 5~6.35cm 之间。

球场两端的界线叫底线，两边的界线叫边线。在距离球网两侧 6.4m 的地方各画一条与球网平行的线，称为发球线。球网与每一边的发球线和边线组成的场地再被发球中线分为两个相等的区域，称为发球区，发球中线是一条连接两条发球线中点并与边线平行的线，线宽须为 5cm。每一条底线都被一条长 10cm、宽 5cm 的发球中线的假定延长线分为相等的两个部分，该短线为"中点"，它与所处的底线呈直角相连，自底线向场内画。除了底线的最大宽度可以不超过 10cm 以外，所有其他线的宽度均应在 2~5cm 之间。所有的测量都应以线的外沿为准。

(三) 网球运动的主要作用

① 强身健体，增强体魄。网球是一种有氧户内外运动，由于人们成天忙于工作、学习和生活，大多数的时间在室内中度过，需要到室外进行一些户外运动，网球就是最好的选择之一。

② 网球可以提高人们的综合素质。网球影响着人们的思想和行为。任何一种文化都是一种价值取向，规定着人们所追求的目标，通过网球运动中的技能、心理、准则、礼仪等将网球文化所要求的思维模式、道德规范、行为准则有机融为一体，以提高其综合素质。

③ 网球可以培养团结协作的精神。网球比赛是非常讲究团结协作精神的运动项目。教练与球员之间、团体赛队友之间、双打搭档之间都要有默契的配合，而这种默契就来自每个球员所具有的团队协作精神。特别是在双打比赛中，想在比赛中做到配合默契，就要始终尊重和鼓励搭档，特别在失误丢分后，一定要勇于承担责任。这种协作精神将大大加强集体的凝聚力和战斗力，它的功效在学生进入社会后会自然地体现出来。如郑洁和晏紫获得澳网女双冠军，除了技术、战术好外，与她们16年的团结和睦相处、默契配合是分不开的。

④ 网球运动是可以充分施展个性，身心放松的运动项目之一。上班族有工作上的压力，学生有课业上的压力。研究表明，适当的运动可以增进体能并增强免疫系统。因此，选择适合自己的运动并配以充足的休息，是疏解压力、调节免疫的最佳手段。在网球运动中，需全神贯注排除一切杂念，快速奔跑击球、大力扣杀等活动可以把一天的疲劳、困扰等挥洒得干干净净，使身心完全地放松，特别是在击出了一个好球时，你可以充分地咆吼、跳跃、丢拍子等，释放你的个性气质。

### （四）握拍方式
#### 1. 正手握拍
（1）大陆式握拍

这种握拍法还被称为"榔头"式握拍法，因为采用这种握拍时，食指根部压在与拍面水平的平面上，拍面的角度几乎与地面垂直，所以仿佛在用拍框的侧面钉钉子一样。大陆式握拍法适合用来击打任何类型的球，但在发球，打截击球、过顶球、削球以及防守球时采用这种握拍效果更好。

优势：运用大陆式握拍法，可以在发球或打过顶球时手臂自然下压，这样不但攻击的效果最好，而且给手臂的压力也最小。由于在打正手和反手球时不需要调整握拍方法，因此大陆式握拍法也是打网前截击球的最佳选择，因为采用这种握拍法可以使攻防转换十分迅速。同时，它还适合于在防守时击打已到达身体侧面或击球点较晚的球。

劣势：用大陆式握拍法很难打出带上旋的击球或削球。这就意味着击球点必须要比球网高，由于球在这一点停留的时间非常短暂，所以留下的击球时间就很短。另外，这种握拍不容易处理高速的落地球。

（2）东方式正手握拍

这里介绍一个正确采用东方式握拍［图2-9-2（a）］的小窍门：将手平放在拍弦上，然后下滑到拍柄根部抓握；或者把球拍平放在桌面上，闭上眼，将球拍拿起。从技术的角度讲，东方式正手握拍就是先以大陆式握拍法持拍，然后逆时针方向旋转球拍（左手握拍的选手需顺时针方向转动），直到食指的根部压到下一个接触的斜面为止。

优势：东方式正手握拍可以被称为"万能握拍法"。采用这种握拍，拍面可以通过摩擦球的后部击出上旋球，还可以打出有很大力量和穿透性的平击球。同时，东方式握拍很容易转换到其他握拍方式，因此，对那些喜欢上网的选手，东方式握拍也是不错的选择。

劣势：与大陆式握拍相比，尽管东方式握拍的击球点在身体前部要更高、更远一些，但它仍不适用于打高球。虽然东方式握拍击出的球比较有力量和穿透性，但更多的是平击球，这就导致稳定性会差一些，因此很难适应多回合的打法。因此东方式握拍不适用于那些希望

 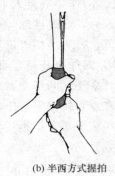 

(a) 东方式握拍　　　　(b) 半西方式握拍　　　　(c) 西方式握拍

图 2-9-2　正手握拍

打出更多上旋球的选手。

(3) 半西方式正手握拍

以东方式握拍，然后逆时针方向（左手握拍则顺时针方向旋转）旋转球拍，使食指根部压在下一条拍棱上 [图 2-9-2 (b)]。在职业网球巡回赛中，底线力量型选手多采用这种握拍。

优势：相对于东方式握拍，这种握拍可以让选手打出更多上旋，使球更容易过网，而且强烈的上旋有助于把更多的球打在场内，也更好控制线路，因此，它很适合打上旋高球和小角度的击球，这种握拍还可以打出更深远的平击球，也适合大幅度地引拍。半西方式正手握拍在身体前部的击球点比东方式握拍更高、更远，因此更有利于控制高球。

劣势：半西方式握拍不适合回击低球。因为采用这种握拍时，拍面自然地呈关闭状态，这样迫使选手必须打球的下部然后向上挑，容易给对手留下进攻机会。

(4) 西方式正手握拍

在半西方式握拍的基础上，逆时针转动拍面（左手握拍顺时针转动），使食指根部接触到下一个平面，这种握拍就是完全的西方式握拍 [图 2-9-2 (c)]。喜欢打强烈上旋的土场选手多采用这种握拍法。

优势：这是一种很"极端"的握拍，手腕的位置迫使拍面强烈地击打球的后部，从而产生更多的上旋，可以让击出的球恰好过网，但过网后它就会立刻下坠，而球在落地后还会高高地弹起，这就会迫使对手退至底线后回球。这种握拍比其他任何一种正手握拍法的击球点都要高和远。正是因为西方式握拍法对高球的良好控制，因此许多土场选手和青少年都很青睐这种握拍法。

劣势：回击低球是此种握拍法的致命点。这就是为什么许多采用这种握拍的职业选手在球速较快、球的反弹较低的硬地或草地场上比赛时表现得不尽人意的原因。同时，需要以更快的挥拍动作来给球加上必要的旋转，否则，击出的球就会既没有速度也没有深度。对于一部分选手来说，采用这种握拍也很难打出线路较平的球。

**2. 反手握拍**

反手握拍见图 2-9-3。

(1) 东方式单手反手握拍

右手东方式单手握拍：用大陆式握法逆时针转动手腕直至食指指节在球柄的上方。

左手东方式单手握拍：用大陆式握法顺时针转动手腕直至食指指节在球柄的上方。

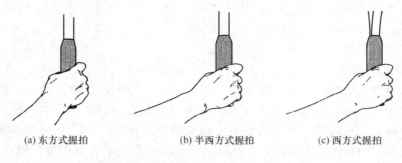

(a) 东方式握拍　　(b) 半西方式握拍　　(c) 西方式握拍

图 2-9-3　反手握拍

优势：击球时球手的手腕会保持稳定。另外球手可以打出带上旋或攻击性的穿越球，也可以作反手削球。最后就是这种握法可以帮助球手发上旋球。

劣势：对处理反手高球不是很有效，通常的解决办法是用防卫性的削球。

(2) 半西方式单手反手握拍

从东方式握拍顺时针转动（左手握拍逆时针转动）握拍手，直到食指根放在下一条斜边上，这时的握拍就是半西方式握拍。这种握拍方式在强力底线型职业选手中盛行，而很多职业教练也会鼓励他们的学生使用这种握拍方式。

优势：半西方式握拍比东方式握拍能击出更强烈的上旋球，使击球更为保险和受控，特别是在放高球和小斜线。也可以用这种握法打出制胜的平击或者穿越球。球手用这种握法可以自由地选择在击球时加入上旋。它的击球区域会比东方式离身体更高更远一些，所以用它打半高球会有更好的控制和进攻性。

劣势：用这种握拍，球手难以打低球。既然这种握拍方式必须要低于球开始挥拍，它很难用来回击低球。而且，这是一种典型的打网前球时需要改变为大陆式握拍的握拍方式。这就是底线型选手来到网前都不很舒服的原因。

(3) 西方式单手反手握拍

正手握拍后，把球拍上下颠倒过来，用同一拍面击球。在硬式网球中，多数人感到这种颠倒球拍打反手低球很不方便。因此，很少有人使用此种握拍法。

## 学习任务二　网球移动步伐

【任务导入】

现代顶尖的网球比赛中，为了适应激烈比赛的需要，步法训练越来越受到教练员和运动员的重视。没有灵活的步法，就不可能抢占有利的击球位置并有效地回击来球。网球运动中有句俗语：手法是基础，步法是关键。本节通过自身的体会，参阅大量国内外文献资料、国外训练视频资料对网球步法做概括性总结。

【知识准备】

(一) 网球步法定义及划分

在英文中步法的翻译为 footwork，顾名思义就是脚步是如何工作的，也就是如何移动的，这不是一个状态而是一个过程，一个完整的步法包括准备、起动、移动、击球、还原五个阶段，每一个特定的阶段都会对应相应的网球步法。因此在本节中将每个阶段的步法称为网球单个步法，而几个单个步法结合在一起就构成了网球的组合步法。底线抽击球步法则是单个和组合步法构成的综合步法。

（二）网球组合步法

两个以上单个步法组合在一起就是网球组合步法。每个击球动作都是从准备姿势开始的，起动之后才能移动，起动步法主要有分腿垫步和跳步。但是在快节奏、连续性的击球中，往往将准备姿势和起动同时进行，中间没有明显的停顿。起动从跳步或者分腿垫步开始，然后与上步、调整步法、回撤步、跨步结合。调整步法不需要衔接其他步法，而上步、回撤、跨步之后要结合跑步、交叉步等步法。击球之后要进行还原，一般来说，中远距离的击球之后的还原首先要做出一个交叉步，然后再根据来球决定移动方向。在大范围的奔跑移动中击球，则直接选择跑步回位。而近距离的击球之后则原地调整。

（三）网球底线抽击球步法

在国外，底线抽击球步法的训练从青少年阶段或者更早的阶段就已经开始了。正是经过了长时间的基础训练，世界优秀运动员在比赛中的步法才会表现出很好的稳定性，即在特定的空间、时间上会运用相同的步法。正是因为他们的这种表现，反过来也成为网球底线抽击球步法教学的依据。本节总结了其中的11种，以文字形式进行表述。

1. 单脚旋转步法

单脚旋转步法以击球同一侧的脚为轴转动，主要用于中距离3～5步的侧向移动。在对方来球很深、很重，准备时间不充分时，对球简单化处理。单脚旋转步法正反手都适用，正手击球时，想打出直线球，膝盖仅仅抬起来保持平衡；如果想打出斜线球，就把腿抬起向后转动。而对于双手反拍反手则较难打，回球多回向对方中路。单脚支撑步法的击球的过程有如下几步。

① 调整到合适位置，向后跨步，半开放站位。
② 击球时以后腿为轴转动，另一腿膝盖抬起。
③ 交叉步或者滑步继续回位。

2. 双脚旋转步法

双脚旋转步法是防守步法，主要在近距离1～3步的侧向移动时使用。当对手的底线回球深远时，没有太多时间准备回球，这时候以开放式站位，降低重心，保持腿部的适当弯曲并回击球，也属于过渡性质的步法。运动员从起动到击球只是适当调整，不需要移动多远的距离。双脚支撑的步法可用于反手为双手反拍的运动员。双脚旋转步法击球过程有如下几步。

① 以侧跨步调整到击球位置，开放站立，保持双腿适当弯曲度。
② 击球时以双脚为轴转动，击球后内侧腿、膝盖和髋向下沉。
③ 交叉步快速回位。

3. 身体旋转步法

身体旋转步法是过渡性的步法，在中距离侧向3～5步移动时采用。以半开放式站位，击球时旋转髋关节。右脚所指方向就是回球的方向，正反手都适用。击球过程有如下几步。

① 调整步法移向来球，半开放式站位，内侧腿承载65%的体重。
② 旋转髋部，重心降低，外侧脚脚趾指向击球方向。

③ 交叉步快速还原。

4. **反向旋转步法**

反向旋转是最大程度防守型的步法，在近距离向后 1~3 步移动时使用。对方来球较深、较高飘，选手来不及或者不愿意过多的后退时，多采用此步法，一般用于正手。击球过程有如下几步。

① 向后移动成半开放式站位，后腿载重。
② 向侧面踢外侧脚，内侧脚着地，并指向侧面挡网。
③ 交叉步还原回位。

5. **大步转移步法**

大步转移步法是一种防守性质的步法，主要用于侧向远距离 5 步和 5 步以上的移动。开放式站位击球，针对拉出场外的球，大步移动是个很好的击球步法。因为在击完球之后身体不会超越球太多，所以回场更快一点。大步转移步法在击球时站的较宽，身体重心从一侧到转移到另一侧，动作就像滑雪一样。正手和双手反拍此种步法应用较多。击球过程有如下几步。

① 跑动寻找最佳击球位置，开放式站立。
② 先击球然后向另一侧转移，降低重心，保持腿部积极的弯曲，蹬离外侧脚。
③ 交叉步还原回位。

6. **单足跳步法**

单足跳步是一种极富攻击性的击球步法，对来到网前很有帮助，向前 1~3 步移动时使用。做完前脚跳后立刻回位，但是大多时候用于随球上网。击球过程有如下几步。

① 后腿前交叉 45°并保持腿部适当弯曲。
② 打开交叉的两腿成垂直式击球姿势，起跳击球。
③ 起跳脚落地后马上分腿垫步，判断对手下一来球。

7. **上步**

上步的步法就是我们所说的垂直式击球方式，是具有进攻性的步法。在前近距离 1~3 步移动时使用，不管是单反还是双反运动员的正反手击球都适用。击球过程有如下几步。

① 重心落在后脚，向场内上步，成垂直式站位。
② 击球后后腿跟进到与前脚平行或者前脚右前方 45°的位置，保持腿部适当弯曲。
③ 击球后用交叉步或者侧滑步回到原点。

8. **大力转移步法**

大力转移是一种防守性的步法。在侧向移动距离大于等于 5 步时使用。当选手被拉出场外或者被迫在很深的后场时会用到这种击球步法。大力击球需要在跑动中击球，因此击球力量比较大，而在运用此种步法时，角度也会打得比较刁钻，因此也会起到出奇制胜的效果。正反手都会用到此种击球步法，单手反拍则运用较少。击球过程有如下几步。

① 在跑动中寻找合适击球位置，成开放式站位，髋部面对侧面挡网。
② 后腿踢起，触球时髋部关闭，脚步制动改变方向。
③ 交叉步回位。

9. **转换步法**

转换步法很有攻击性，近距离 1~3 步移动时使用。双脚站成半开放式站位，重心放在后脚上，跳起击球之后，前脚前移，后脚落在前脚的前方。转换步法在正手中的应用相当普遍，是进攻的利器。双手反拍的转换步法也有运用。击球过程有如下几步。

① 侧迈步或者调整步法移动到击球位置，半开放站位，外侧脚脚尖指向侧围栏。

② 前脚向前，后腿踢起落在前脚的前方。朝击球的方向转移重心，后腿随上以保持平衡。

③ 调整身体还原，等待对手下一次来球。

10. **关闭旋转步法**

关闭旋转步法属于防守性质的步法，在反拍中运用很多。中距离侧向 3~5 步移动时使用，一般处于离球稍微远的位置。右脚跨过身体，背部对着球网，多借助腰部的旋转发力。击球之后，后腿多数情况下超越身体，起到支撑、发力、快速还原的作用。

11. **应急性步法**

由于运动员是在应急的状态下完成的，表现出步法的不规律性。

# 学习任务三　网球发球技术

【任务导入】

熟练掌握网球发球的正确动作和练习方法，了解并掌握各种网球发球动作技术要领，能够达到发球动作的基本要求。

【知识准备】

网球发球的时候，球员要站在底线之后的一边，向对面的发球区发球。高水平的运动员一般都将网球抛起，身体后仰，将球拍举过头顶，然后利用身体的扭曲带动球拍向身前或者一侧用力下挥，抽击或者削击在头顶空中的网球，使网球快速地落入对方的场地，以破坏对方的回球，从而取得优势，如图 2-9-4 所示。

图 2-9-4　网球发球动作示意图

（一）发球要点

1. 稳定情绪

心浮气躁的情况下是很难发出一个好球的。通常的做法是：在发球的位置上做几次深呼吸，再拍拍球，然后站定准备发球。各人习惯不同，因而稳定情绪的做法也各有异，但这一环节最好不要省略并且应尽量延续至准备动作当中去。

### 2. 握拍

许多网球初学者都喜欢用东方式正手握拍进行发球，这可能是底线击球所留下的"后遗症"。其实一试便知，如果采用此种握拍在右区用正常动作发球，球出手后十有八九会偏向外角一侧，因为手腕在自然情况下所形成的拍面就是如此的角度，若想使拍面偏向内角则必须向内转手腕，而经常做此动作不仅相当别扭而且易使手腕受到损伤。所以在可能的情况下最好不要用东方式正手握拍进行发球。

### 3. 准备动作

众所周知，发球要发在对角的发球区内才算好球，发球员若站在单打右区发球，那么球应该落入对面的 A 区（对面左区）之内，若站在左区发球则球应落入对面的 B 区（对面右区）之内，靠近发球线的 C、D 两个角（中线与发球线相交的两个角）一般被称为内侧角，靠近边线的 E、F 两个角（两侧边线与底线相交的两个角）相应地被称为外侧角。球员在发球之前对球出手后的方向、落点、旋转、速度等都应做个先期的预算，盲目发球出手无疑是在浪费先发制人的好机会。

发球前具体的准备动作：双脚自然分开站立，两脚的连线根据球员习惯可与底线相垂直，也可以保持另外一个合适的角度。身体自然前倾，最好只持一个球，球自然着落在持球手拇指、食指及中指三指上，无名指和小指自然屈于球的后部，切忌用力将球握在手里或捏在手里，如图 2-9-5 所示。

图 2-9-5　准备动作

关于球拍相合，许多初学者喜欢拿起球、拍，走到发球位置后立即就开始抛球并挥拍击球，仿佛球和拍是不相关的两样东西，这显然是很草率的。球拍相合，不仅能够给球员一个集中注意力的提示，告诉自己"我要发球了"，同时也是稳定情绪和整理思路的延续，初学者应该养成此习惯。

### 4. 抛球

准备动作稳定下来以后，顺势就是抛球及挥拍击球了。这两个环节能否配合得好是能否发好球的关键，而抛球的质量则又是关键的关键。位置得当、出手平稳的抛球为挥拍击球创造了稳定的条件，反之则就会给下面一系列环节制造了一个动荡的外部环境。很少有人能在前后左右飘忽不定的抛球之下发出保质保量的好球，初学者更是如此，所以学发球的第一步是先学抛球、先练抛球。

（1）抛球的方法

在准备动作的基础上，持球手的肘部渐渐伸直并向下靠近持球手同侧的大腿，然后从腿侧自下而上将球抛起。在整个动作过程中，手臂保持伸直的状态，其走势与地面垂直，掌心向上，以拇指、食指、中指三指将球平稳托起，尽量避免勾指、甩手腕等多余的手部小动作［图 2-9-6（a）］，以

图 2-9-6　抛球动作

免影响球的平稳走势,球在空中的旋转越少越好。球脱手的最佳点在手掌走势的最高点,脱手过早容易造成球在空中旋转或晃动,出手过晚则会令球"走"向脑后失去控制。脱手时托球的三手指最大程度地展开,球不是被扔到空中而是被抛送到空中去的,初学者应对此多作体验。

(2) 球脱手后在空中的位置

根据不同的需要,球出手后在空中相对于身体的前后位置也不尽相同。一般来说,第一发球强调出球的速度与攻击力,击球点较靠前,因此球也抛得较靠前。第二发球较为保守,在保证成功率的前提下强调球的旋转和控制球的落点,击球点也就相应后移,因此球自然要抛得靠后一些,基本上与背弓时身体的纵轴线相一致。抛球的位置也可参照球落地后相对于前脚的位置来确定。一般来说,第一发球抛球后球应落于前脚前一个拍头的位置上。

(3) 抛球的高度

球抛到空中的高度当然不能低于击球点的高度,但究竟多高才合适,要视个人情况而定,因为此高度限定了挥拍击球所用的时间。从准备姿势到抛球出手,身体重心还有个后靠至后脚再前移至前脚的过程,同时髋部前顶、腰背呈"背弓"状,然后反弹背弓并发力挥拍击球。在下文中还将对此有详细的论述。初学者肯定要面临总是抛不稳球的难题,没关系,"再抛一次"是最好的攻关办法。因为抛球的稳定性建立在一定的手感基础之上,所以一般在学发球动作之前最好能专门花一点时间练习抛球,在以后的实际发球练习中也要注意要领,如果偶尔没有抛好的话,接住重抛就是了,千万不要勉强发球出手,否则很容易破坏掉辛辛苦苦学来的动作。

5. 挥拍击球

抛球与挥拍击球[图 2-9-7 (a)]是同时开始进行的,挥拍击球包括以下几个环节。

图 2-9-7 挥拍击球

(1) 后摆球拍

以准备姿势为基础向持拍手一侧转身,同时持拍手引导球拍贴近身体像钟摆一样将球拍摆至体后(不一定要直臂后摆,但掌心一定要朝向身体)。

(2) 背弓动作

球拍后摆至一定高度后(此高度因各人习惯而异,至少大臂不应紧夹在体侧),以肘为轴,小臂、手、拍头依次向体后、背部下吊,同时屈双膝并伴随身体后展呈"弓"状[图 2-9-7 (b)]。

(3) 击球

在屈膝、背弓动作的基础上自下而上依次蹬直踝部、膝部,反弹背弓并向出球方转体。与此同时仍以肘为轴带动手、拍头摆向击球点,最后在力的爆发点上击中抛送于空中的球。发力是自下而上一气呵成的,其间的快慢由个人掌握,习惯、素质不同,速度也就不一样,但共同点是:球拍走势最快、最具爆发力的一点应在到达击球点那一瞬间。击球点时身体已全部面向出球方,拍面自然地稍向内侧以便击于球的侧后部,发出侧上旋球或侧旋球。

(4) 搔背动作

挥拍击球时肘部有一个引导小臂、球拍下吊至背后再以肘部为轴带动臂、拍摆向击球点的过程。这一过程好像在用拍头给后背搔痒，故被称为"搔背动作"，其目的是为了持拍手能有一个获得足够摆动速度的过程，为到达击球点一瞬间力的爆发做充分的准备。搔背动作完成的是否到位关键要看搔背时手、臂是否得到了充分放松，如果在手、臂十分僵硬的情况下完成此动作，那么到达击球点时球员一定会感到整个身体的弹性都已被破坏掉了，发不出力也就在情理之中。

(5) 击球点的位置

球员手持球拍在空中所能争取到的最高一点就是击球点。当然，屈膝、弓背积蓄力量及蹬地、发力是一个比较理想化的说法，因为根据第一发球和第二发球的不同需要，击球点是相应要有前后变动，但力争高点却是在选择击球点时最基本的原则。有了制高点，不仅动作可以最大限度舒展地做出来，更重要的是在控制球路和球的落点以及对球施加压力上，高点击球有着显而易见的优势。许多朋友希望自己发出的球个个威力无比，所以在击球时就不自觉地想将球大力强压过网，平击的成分无形中也便占了主导。若想将球平击发过网并令其落在发球区内，那么击球点至少要高达2.74m，也就是说击球者的身高至少要达到1.80m。也许很多朋友可以具备如此的身高，但掺杂进技术的成分，这个高度就很难真正体现到发球当中。所以，发球者最好不要在发球时太过于苛求平击平打，多加些侧、上旋是比较明智的，因为这样可以让球走一个弧形轨迹，利用弧顶的高度达到过网的目的，再利用余下半段的弧线达到令球落入发球区的目的，这样可以大大提高发球的成功率。

图 2-9-8　随挥动作

(6) 随挥

击中球时虽然挥拍击球动作已告完成，但整个发球过程却仍在继续。到达击球点后球员应顺着身体及挥拍的惯性做收腹、转肩和收拍的动作，最终拍子由大臂带动收向持拍手的异侧体侧（图2-9-8），结束发球动作。这一过程被称为随挥，即随球挥动，与底线击球的随挥异曲同工。很多初学者往往习惯于将拍子收于持拍手同侧的体侧，这不仅有违于发力、转体的惯性，击球者还很容易将拍头敲在自己的小腿胫骨上，从而造成伤痛。非持拍手在送球脱手后不应立即放下或紧夹于体侧，而应帮助身体掌握平衡并在随挥结束时接住已处于末势的球拍。

(二) 网球发球技术

在现代网球运动中，发球技术是非常重要的，是唯一由自己掌握的击球法。它可以不受对方制约，在较大的程度上能够发挥出个人的特点，用以控制对方，为自己的进攻创造有利条件。为此，要求运动员必须比较全面地掌握各种发球技术，以利在比赛中争取主动。

1. 动作要领

① 握拍法选用大陆式或东方式反拍握拍法。

② 准备姿势全身放松，侧身站立在端线外中场标记近旁边（单打），左肩对着左边网栏，面向右边网柱，两脚分开约同肩宽，左脚与端线约成45°，右脚约与端线平行，重心在左脚上。左手持球轻托球拍在腰部，拍头指向前方。呼吸均匀，精神集中。

③ 抛球与后摆抛球与后摆拉拍动作是同步开始的，持球手拇指、食指和中指三指轻轻托住球，掌心向上。当球拍向下向后引拍时，持球手同时下降至右腿处，紧接着当球拍从身

后向头上方做大弧度形摆动,身体做转体、屈膝、展肩时,持球手柔和地在身前左脚前上举,直至伸高及头顶。抛球动作要协调、平稳,球送至最高点再离开手指抛向空中。此时右肘向后外展约同肩高,拍头指向天空,左侧腰、胯成弓形状,身体重心随着抛球开始先移向右脚,然后平稳地开始前移。此刻,肩与球网成直角。

④ 当左手抛出球时,球拍继续向上摆起,这时握拍手的肘关节放松,可以使向前转动的身体和右肩自动地使手臂产生一个完美的绕圈(注意不是故意叫拍子去做搔背动作)。当球下降至击球点时,迅速向上挥拍击球,左脚上蹬,使手臂和身体充分伸展,当身体向前上方伸展击球时,肩、手臂已经回转,双肩与球网平行。挥拍击球时,持拍手腕带动小臂有一个旋内的"鞭打"动作,这就是发球发力的关键动作,也是其他诸如重心前移、蹬腿、转体、挥拍等力量聚集的总和。

⑤ 随挥动作球发出后,身体向场内倾斜,保持连续完整的向前上方伸展的随挥动作。球拍挥至身体的左侧(美式旋转发球球拍随挥至身体的右侧),重心移向前方,做到完全自然地跟进并保持身体平衡。

**2. 发球的分类及其方法**

发球基本分三种:平击发球、切削发球和上旋发球。每一种发球都有自己的特点和用途,好的发球具有相当大的攻击力,并使发出的球在速度、力量、旋转和落点方面有变化。

(1) 平击发球

平击发球在诸种发球中是球速最快的,也叫炮弹式发球。该发球不但球速快,而且反弹低。如果身材高大,就可以借助高点击球的空中优势直接进攻对方;如身材较矮小或女选手,就不宜使用平击发球。这种发球虽然力量大、球速快、威胁大,但命中率比较低。

发平击球时,击球点应在身体的右眼前上方,以拍面中心平直对准球,击球的后中上部。因此手腕的向前抖甩和前臂的"旋内鞭打"非常重要,身体充分向上向前伸展,以获得最高击球点,提高发球命中率。

(2) 切削发球

这是一种以右侧旋转(略带下旋)为主的发球法,就是由球的右上往左下切削击球。由于切削发球的飞行轨迹及弹跳方向,该发球不但球速快、威胁大,而且容易提高发球命中率。为此被世界各国多数运动员所采纳。

发球时把球抛到右侧斜上方,球拍快速从右侧中上方至左下方挥动。击球部位在球的中部偏右侧,使球产生右侧旋转。

(3) 上旋发球

这是以上旋为主,侧旋为辅的发球法。由于球的上旋成分多于切削发球,使球产生一个明显的从上向下的弧形飞行轨迹。发力越强,旋转成分越多,弧形就越大,命中率也越高。落地后高反弹到对方的左侧,迫使对方离位接球,给对方造成很大压力,同时为发球上网带来足够的时间。

发上旋球时把球抛到头后偏左的位置,击球时身体尽量后仰呈弓形,利用杠杆力量对球加旋转,球拍快速从左向右上方挥动,从下向上擦击球的背面,并向右带出,使球产生右侧上旋。

除以上三种发球方法外,还有一种急剧旋转的发球法,也叫美式旋转发球。发美式上旋球时,抛球位于头的后上方,挥拍沿球中下部向左上部擦球,随挥动作在身体的右侧结束,使球产生强烈上旋。这种发球难度较大,需要腰部更多的弯曲和强力扭转发力动作。由于难度大，稍有不慎极易造成扭伤，现已很少使用。

## 学习任务四　网球基本技术

### 【任务导入】

网球技术是指运动员在网球比赛中所采用的合理动作的总称。网球运动是一项技术动作相当复杂的运动项目，根据网球运动员在场上的技术特点可分为正手击球和反手击球。

### 【知识准备】

#### （一）正手击球

正手击球技术是打底线落地球技术的一种，是网球基本技术中最常用的击球方法，是初学者最先学习的技术。在比赛中正手击球的机会比较多，正手击球后，可使运动员在场上的位置更有利。

正手击球击球有力，速度快。一场网球比赛，正手击球的机会较多，有经验的运动员是依靠正拍创造机会进而得分制胜。对初学者来说网球最重要的是先把球打过网并且要落在球场内，而正手击球恰恰容易做到这一点。下面以右手握拍为例介绍正拍击球的动作要领。

1. 正手击球动作

正手击球动作由四个动作技术环节组成：准备姿势，后摆引拍，挥拍击球和随挥跟进。

（1）准备姿势

面对球网，两脚自然开立与肩同宽或略大于肩宽，两膝放松，重心落在前脚掌上。左手扶住拍颈，拍面与地面垂直，拍头朝正前方，注意对方来球，做好击球准备，如图 2-9-9 所示。

（2）后摆引拍

当判断来球需要用正拍回击时，要快速向后引拍，持拍的手臂放松向后直引拍，引拍的路线是直线向后。球拍指向球场后端的挡网，拍底正对着球网，拍头向上稍高于手腕。转动双肩，重心后移，左脚前踏，左肩对网，尽量保持侧身迎击球，左手一定要随着身体侧身转体而指向前面的来球，如图 2-9-10 所示。

图 2-9-9　准备姿势

图 2-9-10　后摆引拍

（3）挥拍击球

击球时应转动身体，用力蹬腿，以肩关节为轴，手腕固定，用大臂挥动带动小臂，提前挥拍，沿着来球的轨迹挥出去，如图2-9-11所示。击球点一般在左脚右侧前方，与腰齐高。当来球较高时，就快速后退；来球较低时应上前，屈膝，让球保持与腰齐高的高度击球。

（4）随挥跟进

球触拍后，使拍面平行于网的时间尽量长些，挥拍沿着球飞行的方向前送，重心前移落在左脚上，身体转向球网，拍头随着惯性挥到左肩的前上方，肘关节向前，用左手扶住拍颈，随挥跟进结束，立即恢复到准备姿势。

图2-9-11 挥拍击球

**2. 正手击球动作技术要点**

① 击球全过程眼睛要始终盯住球。

② 尽早、尽快地后摆引拍。

③ 击球点正对着前髋。

④ 击球时，握紧球拍，绷紧手腕。

**3. 正手击球训练方法**

（1）正手颠球训练

这个动作的实战应用是冲向前救小球，训练中放一些小球给学员追，引导他们向前冲的同时拍子要伸在身体前方，拍面打开，提早做好颠球准备。传统法姿势论中，学员追这种小球多数是拍子拉在身后，到位才挥拍，这是传统法后遗症的错误动作之一。

（2）正手推挡训练

逐步后退到小场对打，在步骤熟练的基础上逐步送较长的球，一米一米推进，直到整个小场。在这个过程中，学员的拍面角度本能会自动调整，无需教练引导，此类自动调整击球动作的人类本能是简易教法的科学基础。送球到前后左右不同位置练习正反手击球，教师应留意观察缺点提醒改正。

击球动作基本合理后，与学员进行一场11分的小场比赛，不准截击，只许打落地球。为了增加乐趣，设定取得一分有奖品。多数人比赛一场后动作已很好，少数未能熟练击球的，可增加数回合的游戏，逐步增加回合目标。这个步骤就是激活正反手推挡感觉的训练，没有刻意讲解，只是本能在不经意中完成。

正手推挡的实战应用是接发球和接高速来球。正手推挡感觉激活以后无须经常训练，只需要在接发球训练时引导学员应用。

（3）正手击球步法训练

网球比赛的来球千变万化，能够最快到位的移动步法就是好步法，被动救球的步法由来球决定不是由自己决定，能够自主选择步法的只能是时间允许的进攻性抽击和防守性过渡击球。

正手击球有三种常用的步法。合理的站位是打好网球的基础，漂亮的姿势必须有重心转移动作，应该经常练习这三种常用的正手击球步法。

① 开放式。双脚连线平行于球网，适合横向移动。击球前，重心在右脚内侧；击球后，重心在左脚，右脚跟离地，右脚尖拖地。

② 封闭式。适合横向移动，跑动中击球。击球时，刚好左脚跨到右边着地，以左脚作为轴心，右脚随惯性转半圈，转到与左脚并立；击球后，重心落在双脚。

③ 中间式。前后脚站位，适合向前纵向移动。击球前，重心在左脚；击球时，右脚蹬

起，动作夸张地向前跨步，右脚尖触地；击球后，右脚回位与左脚并列的准备状况。

不论什么站位，都应强调击球的步幅有一支球拍以上距离。这些训练的回合少，应该用多球在小场对打。

（4）正手平击法训练

正手平击有两种，一种是流传很久的中间式站位，从后向前直线挥拍，这个动作容易掌握。

另一种是较新的开放式站位，转腰180°旋转挥拍，这个动作的感觉较难激活，需要引导技巧。学员持拍手尽量不动，手动作多了，腰就不会动。减慢节奏，近似太极拳的转腰。伸出左手与右手平行，击球两手一齐转动，结束两手保持原状，右肩对着网，右脚跟离地，脸对着网。

转腰对击球的作用力是水平运动，所以容易下网，为此需叠加双腿蹲下蹬起，拍子受从下向上的作用力，这样的抛物线才理想。

如果学员10min还找不到转腰的感觉，就不必强求，不要破坏了兴趣和自信心。根据次序定律，多练不转腰的姿势，以后经教师适当提示，再慢慢激活转腰的感觉。

还有一种不常用的是跑动中封闭式站位，以左脚为轴心转动身体击球。

（二）反手击球

反手击球是网球基本技术中最常见的击球方法，初学者一般是先学习正手击球再学习反手击球。当正手有了一定的基础后，再学习反手比较容易，反手击球动作技术有些与正手相似，因此，学反手击球也不是一件很难的事。

**1. 反手击球动作**

反手击球动作技术同样也由四个环节组成：准备姿势、后摆引拍、挥拍击球和随挥跟进。

（1）准备姿势

反手准备姿势与正手击球相同。面向球网，双脚分开与肩同宽，屈膝，上体稍前倾，重心落在前脚掌上。左手扶住球拍拍颈，拍头指向对方，拍面与地面垂直。眼睛密切注意对方来球。

（2）后摆引拍

当判断对方来球朝反手方向飞来时，扶住拍颈的左手应迅速帮助右手握拍变换为反手握拍法，向左转肩转髋带动球拍向左后方摆动，后摆时肘关节自然弯曲，拍头稍翘起，指向后方，右脚向左前方上步，右肩或者是右背对着球网，重心移向左脚。反手击球的引拍动作应比正手击球的引拍要完成得早，整个动作要连贯、协调，左手始终扶住拍颈，如图2-9-12所示。

（3）挥拍击球

球拍由后向前上方挥出，前挥时手臂仍保持弯曲，直到随挥结束后才伸直。击球点在右脚左侧方向，击球时球拍与右脚应在一条直线上，击球高度在膝与腰之间（比正手击球稍低），击球时手腕绷紧，拍面与地面保持垂直，击在球的中部，要有以手背击球的意识，用转体和转肩的力量使重心前移右脚上。

（4）随挥跟进

击球后，球拍沿着球飞行的方向向前向上送，重心前移落在右

图2-9-12 后摆引拍

图 2-9-13　随挥跟进

脚上，挥拍在右肩上方结束，拍底部指向前方（图 2-9-13），左手稍提起来保持整个身体平衡，身体转向球网，恢复原来的准备姿势。

### 2. 反手击球技术要点

① 迅速转体，转肩，球拍及早后摆。
② 眼睛自始至终盯球。
③ 击球时，前臂保持伸直，绷紧手腕。
④ 向上挥拍，球拍随球送出。
⑤ 在身体另一侧的高处结束随挥动作。

### 3. 反手击球训练方法

（1）徒手模仿正确动作，进行挥空拍练习

用意念方法，在大脑默念正确的动作，按照动作的要求，边默念，边做动作。在挥击时，设想确有其球，保持正确的位置和准确的击球点，由慢到快反复作徒手挥拍动作的练习，直到熟练、自如地掌握动作，达到动作定型。

（2）对着镜子来检查挥拍动作

站在一面大镜子前，挥拍时可看到自己的全身，通过镜子检查自己后摆时球拍的最远位置、击球点位置以及随挥动作完成的位置。观察镜子里自己的击球姿势，并纠正那些不正确的动作。例如，许多运动员正拍击球的后摆过高，可以在镜子里看着自己的球拍向后拉到什么位置，如果太高了，则自行调整并继续在镜子前练习，直到动作达到标准。重复做挥拍击球动作，直到头脑里对正确的击球动作有了概念。在球场上，当击球动作不对时，回想这些概念将会有助于作出正确的挥拍动作。

（3）对墙练习使击球动作定型

对墙练习是练习基本功的最好方法，墙是理想的陪打者。不但初学者进行对墙练习，职业选手也常用对墙练习，以达到"学而时习之"的目的。几乎所有击球技术都能对着墙练，但是，对墙击球不能太用力。有人喜欢猛力击球，结果球回来得太快，以致没有时间作好下次击球的预备姿势。练习落地球时，应站在离墙 9m 处，手握拍充分后摆，做完挥拍动作，目的是练习击球的稳定性，在墙上作一个记号，记下命中的次数。也可以和同伴一起对墙练习，两个人打，用近似于网球比赛的节奏，并且在击球后也像比赛一样移动，不像一个人打墙时，总在同一位置上。对墙进行连续击球时，要注意掌握节奏，不断增加正确击球的次数，一旦失去节奏就停下来，重新开始。

## 学习任务五　网球规则

【任务导入】

熟练掌握网球的正确规则，了解并掌握各种比赛规则，能够达到熟练掌握网球规则并达到裁判的基本要求。

【知识准备】

### 1. 发球

（1）发球前的规定

发球员在发球前应先站在端线之后、端线中点和边线的假定延长线之间的区域里,用手将球向空中任何方向抛起,在球接触地面以前,用球拍击球(仅能用一只手的运动员,可用球拍将球抛起)。球拍与球接触时,就算完成球的发送。

(2) 发球时的规定

发球员在整个发球动作中,不得通过行走或跑动改变原站的位置,两脚只准站在规定位置,不得触及其他区域。

(3) 发球员的位置

① 每局开始,先从右区端线后发球,得或失一分后,应换到左区发球。

② 发出的球应从网上越过,落到对角的对方前场方块区域内或其周围的线上。

(4) 发球失误

发球失误包括以下几种情况:未击中球;发出的球,在落地前触及固定物(球网、中心带和网边白布除外);违反发球站位规定。发球员第一次发球失误后,应在原发位置上进行第二次发球。

(5) 发球无效

发球触网后,仍然落到对方发球区内或接球员未作好接球准备,均应重发球。

(6) 交换发球

第1局比赛终了,接球方成为发球方,发球方成为接球方。以后每局终了,均依次互相交换,直至比赛结束。

2. 通则

(1) 交换场地

双方应在每盘的第1、3、5等单数局结束后,以及每盘结束双方局数之和为单数时,交换场地。

(2) 失分

发生下列任何一种情况,均判失分。

① 在球第二次着地前,未能还击过网。

② 还击的球触及对方场区界线以外的地面、固定物或其他物件。

③ 还击空中球失败。

④ 故意用球拍触球超过一次。

⑤ 运动员的身体、球拍在发球期间触及球网。

⑥ 过网击球。

⑦ 抛拍击球。

(3) 压线球

落在线上的球都算界内球。

3. 双打

(1) 双打发球次序

每盘第1局开始时,由发球方决定由何人首先发球,对方则同样地在第2局开始时,决定由何人首先发球。第3局由第1局发球方的另一球员发球。第4局由第2局发球主的另一球员发球。以下各局均按此顺序发球。

(2) 双打接球次序

先接球的一方,应在第1局开始时,决定何人先接发球,并在这盘单数局继续先接发球。双方同样应在第 2 局开始时，决定何人接发球，并在这盘双数局继续先接发球。他们的同伴应在每局中轮流接发球。

(3) 双打还击

接发球后，双方应轮流由其中任何一名队员还击。如运动员在其同队队员击球后，再以球拍触球，则判对方得分。

4. 计分方法

(1) 一局

① 每胜 1 球得 1 分，先胜 4 分者胜 1 局。

② 双方各得 3 分时为"平分"，平分后，净胜两分为胜 1 局（现一般巡回赛双打比赛，澳网、法网、美网混双比赛无需净胜两分）。

(2) 一盘

① 一方先胜 6 局为胜 1 盘。

② 双方各胜 5 局时，一方净胜两局为胜 1 盘。

(3) 决胜局计分制

在每盘的局数为 6 平时，有以下两种计分制。

① 长盘制：现一般决胜盘使用，一方净胜两局为胜 1 盘。

② 短盘制（抢七）：其他盘与决胜盘均适用，一般应按以下办法执行。

ⅰ. 先得 7 分者胜该局及该盘，若分数为 6 平时，一方须净两分。

ⅱ. 首先发球方发第 1 分球，对方发第 2、3 分球，然后轮流发两分球，直到比赛结束。

ⅲ. 第 1 分球在右区发，第 2 分球在左区发，第 3 分球在右区发。

ⅳ. 每 6 分后和决胜局结束都要交换场地。

③ 双打抢十制：同抢七制，先得 10 分者为胜，若分数为 9 平时，一方须净胜两分。

(4) 双打规则改变

当双打盘分战至 1∶1 的情况下，双方将会进行抢十局决胜负（被称为"抢十"或"超级抢七"），和抢七一样需要净胜两分。

# 参 考 文 献

[1] 周文胜，闫美怡. 网球：基础与实战技巧. 成都：成都时代出版社，2007.

[2] 勒特尔 E P，科瓦奇 M S. 网球运动系统训练. 孟焕丽，张晶译. 北京：人民邮电出版社，2015.

# 项目十 台球

【案例引入】

台球是一种用球杆在台上击球，依靠计算得分确定比赛胜负的室内体育项目。该运动是在国际上广泛流行的高雅室内体育运动，台球也叫桌球、撞球。在我们的生活中，台球室随处可见。这项运动已经没有了年龄的限制，上到八十岁的老人，下到七八岁的儿童，都可以进行。这是一项完全没有身体接触的高雅运动，已经成为当代人闲暇时光中必不可少的一项体育运动。

## 学习任务一　初识台球

【任务导入】

了解台球运动的起源、特点、作用。

【知识准备】

### （一）台球运动的起源

台球运动至今已有五六百年历史。据说台球活动开始是在户外地面上挖洞，把球用木棒打进洞内的一种玩法，后来才从室外改在室内桌子上活动。台球起源于欧洲，公元14世纪，在英国维多利亚女王时代，台球活动非常受人们的重视。在一些富豪家庭里，不仅有豪华讲究的台球间，在进行打球活动时，还有严格的活动礼节，有的规定至今仍在沿用。如在打球时，有客人来，必须轻轻开门入室，不得高声谈话和喧叫，以免影响打球人的沉静思考。又如在打球时，可以要求对方不要正面对着自己或靠近自己站立，不允许随便挥舞球杆等。台球是一种高雅的运动，台球厅、室，也都有类似的不许高声喧哗和吸烟的明文规定。

1510年，台球出现在法国。由于法国国王路易十四的御医建议国王餐后做台球活动，有利于健身。因此台球得到国王喜爱和关心。路易十四在凡尔赛宫玩的台球是"单个球"（single pool），在桌上放一个用象牙做的拱门（port）和一根叫"王"（king）的象牙立柱，用勺形棒来打球，把球打进门或碰到王便可得分。在17世纪，台球在法国逐渐风行起来，这可能就是台球起源于法国的根据。

在台球的长期流传中，经过人们的不断改进丰富，现已达到了比较完善的程度。从前开始在室内桌子上玩球时,在桌子中心开了一个圆洞,后来又在桌子四角开了四个洞,洞的增加同时也激发了人们的玩球兴趣。直到在桌子开了六个圆洞,才演变成了今天落袋式台球球台的雏形。在球台的发展过程中还有过八角形球桌,在桌每边开洞,共有八个洞,洞增多了,一盘球可以多容纳几个人来参加。

到了 19 世纪初期,台球运动的发展开始走向成熟。在技术提高的同时,设备用具也随之发展,许多大大小小的改进和发明创造不断涌现。21 世纪初,各类台球在中国再度兴起,由街头台球向健康、娱乐型运动迅速发展;中国顶尖球手在世界顶级比赛中也取得越来越好的成绩;中国制造的台球产品也走向世界,逐渐成为世界顶级赛事的指定用品。台球的创新发明也不断涌现,其中最突出的是中式斯诺克台球,将当时较为主流的美式台球、英式台球及花式九球各自的优势特点融合为一体,将台球的八大元素等进行全面改进。由于其结合了世界各国台球的特点,并对结构进行创新且在规则中引入博弈理念,精彩路线较多且持续刺激程度较强,很快就迅速发展并风靡流行起来。

### (二) 台球的特点

#### 1. 儒雅

台球是四大绅士运动(网球、高尔夫球和保龄球)之一。台球运动的环境、装束、行为、礼仪无不表现着儒雅之风。

#### 2. 安全方便

台球是室内运动,不受季节气候影响,无安全顾虑。能摆乒乓球台的地方就能摆下一张桌球台,且架杆不比挥拍,实际需要的空间比乒乓球还要小。一个人可以练习,三五个人也可共同参与。

#### 3. 运动寿命长

台球活动无剧烈的身体运动,对人的身体素质没有特别的要求,只要能够站立、持杆,无论力量大小、水平高低,都能参与,不受年龄、性别限制,运动寿命长于其他项目。

#### 4. 健身、健脑

台球运动是力与智的结合,台球融入了数学和力学的知识,加上不同的杆法、战术、谋略,既是一种身体的运动,更是一种思维的训练,真正融艺术、技术和体力于一体。台球运动量可以自己掌握,作为一种轻松愉快的休闲方式,这种运动不会使人大量出汗,无出汗、着凉、感冒之忧。但这不是说台球活动没有运动量。打一小时台球平均要走三千步左右,打一场标准的斯诺克比赛,选手们要围绕球台走 10km,这还不包括每次击球过程中的弯脚动作。台球运动属于慢速有氧运动,也是减肥的最佳运动方式。

#### 5. 防治多种疾病

长期伏案工作的职员,最易受腰颈、肩周疾病之扰。台球运动需要不停地俯身、抬头、转腰、提肩,对腰、颈、肩周疾病有很好的防治作用。台球运动需要沉稳静心、不急不躁、情绪平和、心态淡定,这也是防治高血压和心脑疾病的最佳情绪疗法。台球桌面的绿色呢绒配上柔和的灯光,时近时远的目光扫描,不同距离的聚焦瞄准,这一切对于放松眼部肌肉、缓解视图疲劳、防治假性近视来说是一种很好的眼睛保健方式。台球实为修身养性、陶冶情操的良好运动项目之一。

#### 6. 低碳绿色

除了球台、球杆的初始投入之外,台球的后续活动无需大的消耗投入,是一种低碳环保的运动方式。

### （三）台球的主要作用

① 练习台球带来的不仅仅是身体局部的运动和锻炼，而是全身的协调能力。每击打一个球，眼睛、颈椎和肩部都需要与上肢、腰部以及下肢良好地协调与配合。经常参与这项运动，不但能提高眼力，还能改善自身的协调性和对身体各关节的控制能力。

② 打球的标准姿势不仅让女性的曲线看上去挺直优雅，一举一动都给人美的享受，还能对她们的腰部、臀部以及手臂形成锻炼，让这三部分更趋完美，算得上是塑造形体的一项好选择。

③ 作为一项绅士运动，台球的行为、礼仪无不体现着儒雅之风。打台球可以培养一个人的气质，优雅推杆之间风采尽显。台球会让人克服心浮气躁的缺点，慢慢变得沉着冷静，控制情绪起伏，养成良好的习惯。

## 学习任务二　基本动作

【任务导入】

熟练掌握台球的正确动作和练习方法，能够达到台球准备动作的基本要求。

【知识准备】

台球的基本动作是学好台球、打好台球的重要基础，通过基本动作可以更好、更快地学习台球的技术动作。主要基本动作分为站姿、手架、运杆、击球这 4 个环节。

（一）站姿

① 身体直立面对球桌，双脚并拢，目测母球（主球）、目标球与目标袋口的位置关系，通过目测找好进球线。

② 迈出右脚身体微微向右倾的同时，右脚踩在进球线上，眼不离进球线。

③ 迈出右脚的同时左脚在身体自然带动下向左上方迈出半个脚的位置，左脚与右脚距离大概与肩同宽。

④ 迈出左脚后，左腿微微弯曲，身体自然前倾，手架同时架在进球线上，手架距离母球 15～30cm 为宜。

⑤ 所有姿势摆好后，球杆基本与桌面平行，感觉整个身体舒适平衡，能顺畅地在小臂带动下前后摆动球杆，能通过小臂控制力量大小，顺利运杆。

⑥ 整个姿势需要多加练习，形成习惯固定下来，这样才能为以后提高球技打下坚实的基础。

（二）手架

1. 一般手架

五指张开贴于台球上，拇指贴住食指并跷起，形成手架点，通过掌心隆起的高度，来调节击打主球的位置，形成高、中、低不同的杆法。

2. 兰花指手架

中指与无名指弯曲，这种手架非常适合在击打距离球时杆法的调整，比如想要用高杆击球的时候，中指与无名指第二小关节弯曲；中杆击球时，中指与无名指第一小关节弯曲。

3. 凤眼手架

食指与无名指环住，与中指相贴，无名指弯曲，把球杆放在食指与拇指形成的圈里。这种手架方式非常流行，能更好地固定球杆，使球杆不脱手。

#### 4. 库边手架

（1）击打与库边平行的球

小拇指、无名指放在库边上，中指与食指放在台面上，此方法适合击打贴库且运行方向与库边平行的主球。

（2）击打距库边有一定距离的球

主球与库边的距离在 20～30cm 时适合使用这种手架，拇指弯曲在手心里，其他 4 个手指支撑在库边上，利用食指与中指夹住球杆。这样的手架在打发力球时，球杆不容易离开手指，出杆的稳定性更好。

（3）贴库球手架

手指关节平放在库边上，手掌弯曲下来，将球杆放在食指与拇指之间，皮头离主球 1cm 左右。少运杆，多瞄点，后手微微翘起，能让皮头出杆时打到主球即可。

（4）障碍高手架

手指成三角形的支架，食指弯曲收回，后手抬高，后手出杆时尽量减小动作幅度，以免出杆晃动不稳，造成击球不准的情况。

### （三）运杆

#### 1. 检查母球击打点

检查杆头是否指向想要击打的母球点位。运杆一定要有效，也就是当模拟出杆时一定要让杆头在靠近母球的位置停下来，如果在离母球 1cm 以外的距离停下来，那不是有效运杆，因为没有模拟出击球的位置。

#### 2. 检查击球线路

检查杆头击打母球后母球的运行线路是否是进球线路。杆头击打母球不同点位之后母球的运行轨迹会在后面的内容中介绍，但如果是击打母球的中线，那就看杆头的延长线是否是进球线就好了。

#### 3. 调整呼吸和节奏

运杆时保持呼吸平稳，也要保证运杆的节奏平稳，不宜过快也不宜过慢。过快会导致心率上升，处于不稳定状态，影响出杆方向。过慢会分散注意力，没办法准确检查击球点和线路。

出杆前最后一次运杆，在拉伸到临界点准备出杆之前，需要一个细微的停顿，这对力度和准度都很重要。基本参赛选手每次出杆都会有停顿，具体停顿多久、是什么感觉，大家可以多看比赛视频，然后自己再去体会一下就会明白了。

### （四）击球技巧

最好的出杆法为：当已准备好要出杆时，先暂停 1～5s，此时如感觉一切都很好时，可以击球。但如感觉不对劲时，则应站起，再重新作好瞄准程序。

当仅有一颗球留在顶岸库边附近时，它可能是一颗很有用的球。别动它，一直到所有的球都已散开且可进袋为止。但如有一颗以上的球在顶岸库边附近时，将该数目降低。一般中级选手最容易犯的错误是：当打球顺起来时，速度马上加快，而后失控（失误）则紧接而来。最安全的保障是：在每次打击前，先集中精神去轻轻地、慢慢地放下巧克粉，然后才抬起头来看桌面。

在薄球时，当子球很接近母球且没与库边贴死时，注意应瞄准较靠库边一点，执着于入射角等于出射角是一个很糟糕的方法，较聪明的说法是：当用力时，其折射角度将短，这观念对打小角度灌球时很有帮助。

即使在打最难推的球时，瞄准击球点仍应在母球的中点与其最顶点的中间部位。往上一点并无助益，但却可能滑杆。而在拉球时则正好相反。应尽可能地打最低点，但应记得让杆成水平，且降低架杆之手做球的艺术在于简化过程。

一般而言，在每次出杆时移动的球越少、越近，就越好。同理，母球吃库越少则越好。但这并非铁的规则。因有时情况并不常容许这样做。而这也是为何撞球是那么迷人的地方。

直球时如母球与子球相距一尺以上，则别指望打中杆能将母球定死在原地。当距离越远时，越应打母球的越低点。当打出母球后应保持站姿多久？请由以下数种来选择最舒服的方法。

① 直到子球进洞。

② 子球已进洞，且母球也停止了。

③ 直到母球已停止了，或者已确定母球的新位置即将在哪儿。

我们应认知这些技巧并不能对移动中的球做任何影响，但对建立节奏与自信却有莫大的助益。

## 学习任务三　击球方法

【任务导入】

熟练掌握台球的击球方法，能够达到击球后，母球沿简单线路移动。

【知识准备】

台球的击球方法是在击球过程中，通过改变击球线路完成下一个球的走位。主要基本击球方式为：高杆击球、定杆击球以及缩杆击球。

（一）高杆（推杆）击球

高杆击球就是击母球的上部，可以把能量完全传输到目标球上，母球先静止，而后旋转往前运行，俗称跟杆。

（二）定杆击球

① 前手手法：采用 V 字形或 O 字形架杆都可以。

② 后手手法：出杆延伸和平常一样，母球与子球间的距离越远越用力，从出杆到击球，力道是从头到尾保持一致的。

③ 击球点：击打母球被击打面的球面中心，使得母球平行滑动，去击打目标球的整颗球。

④ 母球与目标球距离不超过半根球杆的长度，即 70cm 以内时，老式定杆可以奏效。

⑤ 当母球与目标球间的距离小于 10cm，甚至更短时，球杆延伸要短，以免发生两次撞击而犯规。

（三）缩杆击球

缩杆击球是在台球中比较常见的击球方式，也是最为复杂的击球方式。台球缩杆也就是我们口中的拉杆，主要是击打母球的下部分，碰到球后产生回旋力，摩擦力较小，从而使母球旋转的方向与前进方向相反。在母球碰触到目标球时，母球前进的力会减小，摩擦力相对较大，使母球产生后退的力。

1. 注意事项

① 打拉杆球时，球杆要和桌面平行，有人为了打到球的下部把球杆后端抬起，这是不正确的。手尽量平铺在桌面，使得皮头能打到球的下部，技术越高，打的点还可以越低。

② 发力的胳膊（通常为右）稍稍紧绷，太紧和太放松都影响打球的质量。发力的大小和球回来的距离成正比。

③ 推杆时要快，造成本球反方向旋转（这是拉杆的必需条件）。收杆不能太急，要给出皮头与球的摩擦时间。

④ 在一开始别忘了打些巧克粉，防止滑杆。

2. 要领

① 发力要迅捷。

② 注意对球杆的延伸，不要马上抽回球杆，不然会造成发力不充分。

③ 多运用小手臂的摆动，除非必要，不要用手腕的摆动来发力，特别是在后手不稳的情况下。

④ 球杆尽量放平，因为若斜放球杆，出杆击打母球时，会造成有一部分向下的分力，从而导致低杆不强。

⑤ 皮头边缘部分多擦巧克粉。

⑥ 瞄球时，最近点尽量靠近母球，不要大于0.5cm。一是有利于提高准度。二是发力会更接近瞄球时的预期值，做到发力充分。

⑦ 除非有必要，尽量少瞄最低点，可以通过控制力度来取得想要的效果。

## 学习任务四　加旋转方法

【任务导入】

熟练掌握台球加旋转，能够达到母球的复杂线路移动。

【知识准备】

台球加旋转的击球方法是在击球过程中，通过改变击球线路完成复杂球的击球或走位。主要基本击球方式为：高杆加旋转、中杆加旋转以及低杆加旋转。

1. 高杆加旋转

俯身击球的时候，想象母球划了正十字，将母球分成了四个区域。高杆打上半区域，如果再加左旋转，就是击打左区；右旋转，就是击打右区。击球点离中心点越远，旋转越高，弧度越大，越容易失误。

2. 中杆加旋转

击打中线区域，如果再加左旋转，就是击打中线左侧；右旋转，就是击打中线右侧。击球点离中心点越远，旋转越高，弧度越大，越容易失误。

3. 低杆加旋转

击打下半区域，如果再加左旋转，就是击打左区；右旋转，就是击打右区。击球点离中心点越远，旋转越高，弧度越大，越容易失误。

## 学习任务五　传球与跳球

【任务导入】

熟练掌握台球的传球与跳球，以便用于复杂球击打。

【知识准备】

台球的传球是无法直接通过母球击打子球进袋，通过击打已方其他子球完成将子球进袋的目的。

（一）传球

对于目标球相贴的情况［图 2-10-1（a）］，一般如果两个目标球中心连线不是正对袋口，都会利用摩擦力而使要进袋的目标球产生一个侧向的偏移。这种相贴球传球的技巧就是清楚目标球与袋口的距离，估计出侧向偏移，利用这个偏移把球打进。

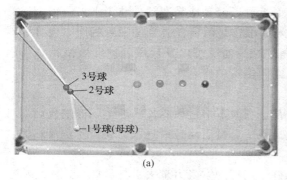 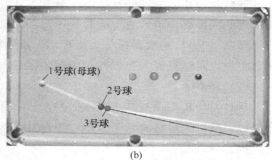

图 2-10-1　目标球相贴

如图 2-10-1（a）所示，因为 2 号、3 号中心连线偏离袋口，初学者就会打 2 号球的右半边，想让 3 号球进袋。而实际上有经验的运动员一般会用低杆去击打 2 号球的左半部分，才能让 3 号球沿着正确的进袋路线走。也可能有的人会加些旋转，不过不管是低杆还是旋转所出的效果都纯凭个人感觉来控制 2 号给 3 号所造成的偏移。如图 2-10-1（b）2 号 3 号相贴，要进 3 号应该击打 2 号球右半边。

对于目标球不相贴的情况，如图 2-10-2 所示，2 号和 3 号不相贴，若想 2 传 3 进右上角底袋。应该先将 3 号球与袋口的中心线，2 号球的中心线计算好，2 号球和 3 号球的中心线的延长线所形成的夹角，该夹角就是 2 号球击打 3 号球的位置，之后要通过母球击打 2 号球，使 2 号球击打到计算好的夹角处，3 号球方可入袋。

（二）跳球

1. 定义

台球的跳球大多数人并不了解，其实在打球的时候，母球在很多情况下是跳离桌面而大家并不知道，用简单一点的字眼来讲就是入射角等于反射角。利用这个原理，当跳球时球杆跟台面所成的角度越小，则跳起来的角度越小。同理可证球杆角度越大，则球弹跳的角度越大。而击球越用力，弹跳的距离越远。跳球所得到的结果是由球杆的角度、击球的强度、出杆的犀利度以及所使用跳杆的品质四大要素所决定。

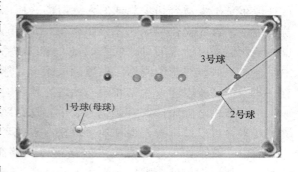

图 2-10-2　目标球不相贴

### 2. 实用跳球方法

其实大家常常可以在节目里看到一些选手以一般握杆的方法来跳球。这种跳球方法也就是我们常见的实用跳球方法。一般来讲，这种击球法适用在母球跳球角度在 20°以上时，也就是说它更适合需要大角度的跳球。在需要较低角度跳球时，仍然可以使用一般的握杆法，而所要做的只是将手腕角度抬高，若拉到最高点仍然不行时，只有请大家把脚跟抬起来了。有些球友在练习后应该会发现，跳球专用杆（比普通打球杆要短很多的球杆）应该很容易在球杆成 45°时轻轻松松地让母球跳起来。

(1) 球杆角度

球杆是以相当完美的垂直角度垂直于球台而且可以轻易地瞄准到母球正中央。也请注意击球者的瞄准线，击球者所能看到球的范围就与一般击球时所能看到的视野相同（包含子球与母球）。如果以一般握杆法跳球时，在球杆角度越高便越可以发现做到预计效果是相当困难的，所以要通过姿势、握杆、瞄准、撞点一系列连贯动作完成。

(2) 站立姿势

跳杆时所用的姿势其实因人而异，使球杆从下颚底下滑过而容易瞄准，就像是我们平时在打球一样。不过这还是需要自行练习以便找出最适合自己而且最舒服的姿势才是最好的。

(3) 握杆

最重要的是要记住下面两点：握杆越松越好，用杆的本身力量去击打母球，这样地跳球效果是最好的；出杆发力一气呵成，千万不要保留，也就是我们所说的把力量发透，不要用力攥杆。

(4) 瞄准

瞄准的方法也有许多，不过只要自己觉得合适就可以了。标准的方法当然是和打球一样，瞄准之后，后手慢慢抬高，不要操之过急。

(5) 撞点

在跳杆击球时，需将注意力放在母球撞点上，一直到球杆击出为止（与一般打球时不同的是，有些球友在打球时会把眼睛的焦点放置在目标球上）。需要注意的是，在举杆跳球时，母球的撞点相当重要，如果打击得偏左或偏右都很容易失败。打得太下方时，会造成"二次撞击"的犯规；而打得太上方时，母球则会被卡住，根本跳不起来。为了得到最好的效果，请记得要打击球的正中央（以视点的角度来看）。

### 3. 如何练习跳球

如果有一块撞球桌布，就会较容易练习。目前国内有些球台布相当薄而且跑得相当快，这种球布是不太适合初学跳球的人练习的。所以如果能够垫一块布再练习，会发现球很轻松就起跳了。首先先让母球和障碍距离 20~30cm，将会容易跳一些，然后先确定母球的点位，也就是我们平时所说的母球的击球点，跟打球一样，母球的击球点瞄到哪就打到哪，这样命中率会高一些。对于刚刚练习跳球的人来说，能跳过去也许很容易，但是能跳到甚至跳进会有一些困难，所以建议大家在刚开始练习跳球时，只摆放 2 个球就可以了（母球和障碍球）。

用母球跳过障碍球，直接跳入袋中，这是跳杆最基本的练习。如果在练习时发现球根本跳不起来，可以试试看把握杆的手放松一点或者角度放低一点，最重要的是一定要专心试着打球的中心点。如果球有跳起来但是跳得不够高，此时可以试试看增加速度或者是加大角度。但是越用力，就会越容易失去准确性。准确性是很重要的，因为一旦学会跳球，就会试着想去控制它的落点而调整力道大小，所以请勿操之过急，慢慢一步一步来。

当完完全全地学会中杆的跳球以后,就可以开始试着跳推杆、跳拉杆甚至下塞。由于球杆是抬起的,所以在跳推或跳拉时都只需要打击距离中心点约半个皮头的位置就可以了。

## 学习任务六  防守与解球

(一) 防守

当没有把握清台的时候,不要先把好打的球打进,先防守。因为本方的球越多,对方的球路被本方的球挡住的可能性越大,对方失误的可能性也就越大。

若本方的球都有一定的难度,有些球和对方的球贴在一起,双方都要碰散那些球才可以继续击打,而本方又实在想不出办法,就应该先防守,把这个难题留给对方。当本方的球有一定难度,正好这个时候可以给对方做一个斯诺克,应防守。当对方给本方做了一个斯诺克,本方这个时候又正好可以给对方做一个更难的斯诺克时,应不要救本方的球,反做对方一个。

1. 怎么样防守

给对方做个斯诺克让对方虽然能打到球,但是难度很大,或者根本就没有下球的线路。把自己的球打到洞口附近,封住对方的球路让对方能打到一些简单的球,但是却不能利用那个球过渡,进而无法连续击球。真正的高手知道什么时候应该防守,什么时候应该进攻。就算是有好打的球也可能不打,因为这个时候做球防守更重要。这就要多积累经验,所以水平差不多的选手,经验多的胜机大。

2. 防守技巧要点

① 把母球放到距离对方目标球最远的库边。
② 把母球击球点贴在某个球旁。
③ 把母球贴到对方目标球边,且两球与球洞三点不成直线或近似直线。
④ 把母球放到袋口,让库边遮住母球击打目标球的路线。
⑤ 让母球与对方目标球之间有其他球遮挡。
⑥ 使母球击打目标球后的行进路线上有其他正在袋口的球,使对方不能按比较理想的进球路线打击目标球。
⑦ 预计母球行走路线,使对方击打目标球后,无法继续击打下一目标球。

(二) 解球

1. 一库解球

(1) 一库解球基本原理

一库解球的基本原理就是瞄准对称点。如图 2-10-3 所示,以上边的"球迹线"为轴,在球台外面做目标球的对称点"1",无论母球在球台中的任何位置,只要瞄准 1 点击打,母球撞边后都会折向目标球方向。所谓"球迹线"是指台球紧靠案边行走的那条直线,如图 2-10-3 中虚线所示,它距离台案内缘半个球的距离。

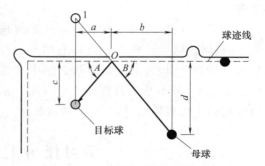

图 2-10-3  一库解球基本原理图

(2) 一库解球方法

一库解球有下列三种方法。

① 对称点法：如上所述，母球瞄准对称点"1"击打。如果用目标球去击打母球，其球路完全相同，只是方向相反。

② 等角点法：对准$\angle A = \angle B$的"$O$"点击打。

③ 距离比法：因为$c/d$为已知，找到$a/b=c/d$的"$O$"点击打。

由于台案有上、下、左、右共4条球迹线，所以可以做出4个不同的对称点，故一库解球共有4条解球路线。

**2．多库解球**

(1) 多库解球基本原理

如果我们以左边迹线为轴，做对称点"1"的对称点"2"，用母球瞄准"2"击打，则会形成二次撞边后再折向目标球的结果，如图2-10-4中粗实线所示。图中的"1"点为目标球的第一次对称点，"2"点为目标球的第2次对称点。

由此可知，解球要领就是瞄准对称点：一库解球瞄准第一次对称点，二库解球瞄准第二次对称点，三库解球瞄准第三次对称点……

(2) 二库解球方法

二库解球也有3种瞄准方法。

① 对称点法：如上所述，瞄准目标球的第二次对称点"2"。

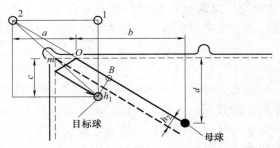

图2-10-4　多库解球基本原理图

② 距离比法：瞄准$a/b=c/d$的"$O$"点。注意$a$的起点为二次对称点"2"。

③ 平行线法：如图2-10-4中粗虚线所示。操作方法为：用球杆头点住两条球迹线的交点$m$点不要动，然后摆动球杆的尾部，使得$h_1 = h_2$，再在台面上找到瞄准点$B$或"$O$"，实践证明它比瞄"2"点更为简单和准确。

二库解球有12条解球路线，三库解球有24条解球路线。我们也可以利用平行线法解三库球，如图2-10-5所示。图中请注意：距离$h_2$并不是从目标球丈量，而是从目标球的1次对称点"1"开始丈量的。

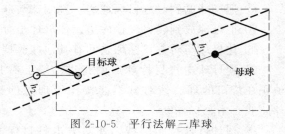

图2-10-5　平行法解三库球

# 学习任务七　台球比赛规则

**(一) 比赛方式**

中式台球比赛使用同一颗主球（白色）及1~15号共15颗目标球，1~7号球为没有白边的球（全色），8号为黑色球，9~15号为带白边的球（花色）。比赛双方按规则确定一种球（全色或是花色）为自己的合法目标球，在将本方目标球全部按规则击入袋中后，再将8号球击入袋的一方获胜该局。若一方在比赛中途将8号球误击入袋或将8号球击离台面，则对方获胜该局。

（二）器材

① 球台：内沿尺寸2540mm×1270mm，从地面到库边顶部高度为800～850mm。

② 球杆：须符合中国台球协会认可的标准。

③ 架杆：比赛须采用赛会所提供的架杆。

④ 置球点：球台长边中线上距顶库635mm的点。

⑤ 开球线：平行于球台底库，距底边450mm，并与左右两库相交的直线。

⑥ 开球区：由赛事组委会在台面上画出有效开球区（一般出现在职业赛事上）。

（三）摆放球

开球前目标球排列为三角形，共5排，每排球数分别为1～5颗。第一排的1颗球置于置球点，8号球位于第三排的中间位置，其他目标球全色和花色间隔开随意摆放，但必须彼此紧贴。比赛双方均有权检查球摆放是否符合规则，并要求修正。

（四）开球

① 首局开球权的确定由双方在开球线后同时分别向底边击打同一规格的两颗主球，碰底边弹回后静止。球离顶边较近的一方获得开球权。若击出的球未触底边或入袋则为犯规，由对方获开球权；若双方球离顶边距离相同则无法判定或双方犯规，可重新进行直到一方获开球权。

② 竞赛组委会可在赛前确定多局比赛时为双方轮流开球或由胜方开球。

③ 开球后，必须使任何一颗目标球入袋或至少4颗目标球碰触台边。若开球后主球跳离台面或主球入袋或碰触台边的目标球数少于2颗，则为犯规。违反本项规则的处罚：对方可要求摆球，由自己或犯规方重新开球；或对方获线后自由击球权。

④ 若开球后8号球直接入袋，则由开球方重新开球。

⑤ 开球后若无进球亦无犯规，则换对方继续击球。

（五）确定花色

① 一方在开放球局中合法进球后，其所进球的种类（全色或花色）为该局该方合法目标球，另一类球为对方该局合法目标球，球局关闭。

② 开球有球入袋，不论数量、花色、先后，开球方继续击球并有权继续选择种类。此后，其所选择的一类球有合法入袋，则球局关闭；若其选择的一类球没有入袋，则球局仍开放，换对方击球可继续选择种类；若其选择的一类球虽有入袋，但同时伴有主球入袋或主球、目标球出台等犯规，则球局仍开放，对方获线内自由击球权。

③ 球局开放时，击球方可用一种花色的球间接将不同花色的球传击入袋或用8号球将其他目标球传击入袋而不处犯规，但该进球不能使球局关闭，换对方击球。

（六）击球

① 选手每次击球无需指定入袋球或袋口（打8号球时除外），其击球全部过程没有犯规，则本方目标球入袋均有效，获继续击球权；若本方目标球入袋同时有对方目标球入袋，对方目标球亦不再拿出；若仅有对方目标球入袋，亦不犯规，换由对方击球。

② 任何一方击球后，主球最先碰触的必须是本方目标球（本方目标球已全部入袋后，8号球为本方目标球），违反本项规则的处罚：对方获自由击球。

③ 一方击打主球碰触目标球后，若没有目标球入袋，必须至少有一颗球碰触台边（含主球）。如果主球是先碰库再碰球，碰球后母球或目标球之一有弹库的，则不算犯规；如果主球是先碰库再碰球，但是碰球后母球和目标球都没有弹库的，则算犯规。违反本项规则的

处罚：对方获自由击球权。

④ 击球后，未入袋的目标球和主球必须停留在台面上。违反本项规则的处罚：若8号球停留在台面以外，则击球方该局负；若其他球停留在台面以外，则对方获自由击球权，跳离台面的目标球合理消失。

⑤ 击球过程中（包括出杆前后），击球者除杆头以外的任何身体部分（包括服饰）、器材（包括杆身、架杆、擦粉）均不得碰触台面上的任何球。

⑥ 在一次击打过程中，杆头不能碰触主球两次以上（含两次）。违反本规则的处罚：对方获自由击球权。

（七）贴球

① 主球与台面上本方目标球相贴时，击球方击打主球后，可以使该目标球移动，且出杆角度没有限制，但击打动作必须明显，若反向击打，该目标球没有移动，并不算已碰触目标球。违反本项规则的处罚：对方获自由击球权。

② 主球与台面上非本方目标球相贴时，击球方击打主球后，该目标球不能因此击而直接移动。

③ 目标球与台边相贴时，主球击打该目标球后，该目标球必须离开台边后再次碰触台边或有其他球碰触台边或有目标球入袋。违反本项规则的处罚：对方获自由击球权。

（八）跳球

① 击球方可根据技术需要将主球击离台面，跃过其他目标球直接击中本方目标球。但第（六）项条款依然适用。

② 跳球时，击球者只能用杆头击打主球球面1/2以上的区域，且所用球杆不能短于90cm。违反本项规则的处罚：对方获自由击球权。

（九）连续三次犯规

连续三次犯规指一方在连续三次击球过程均出现犯规行为，与中间对方击球、进球或犯规与否无关。当一方在同一局比赛中连续三次犯规时，则其该局负。但裁判有义务在一方连续两次犯规后，对其提出警告。若一方已连续两次犯规，轮其上场击球后，一击有合法进球，则犯规不再连续。

（十）输局

① 对方在没有犯规的情况下击打8号球落入指定的球袋或本方连续三次犯规。

② 未将本方目标球全部击入袋中而先将8号球击入袋。

③ 将8号球击出台面（开球时除外）。

④ 击打8号球时，主球落袋或跳离台面。

⑤ 一击使本方最后一颗目标球与8号球同时或先后入袋。

⑥ 打8号球时所进球袋非指定球袋。

## 参 考 文 献

[1] 张宝荣. 台球速成（新编）. 北京：人民教育出版社，2004.
[2] 阿布拉江·尼亚孜. 台球. 成都：成都时代出版社，2014.
[3] 李德昌. 大学台球教程. 北京：北京大学出版社，2011.

# 项目十一 健美操

【案例引入】

健美操是一项深受广大群众喜爱的、普及性极强的，集体操、舞蹈、音乐、健身、娱乐于一体的体育项目。

健美操是一种有氧运动，特征是持续一定时间的、中低程度的全身运动，主要锻炼练习者的心肺功能，是有氧耐力素质的基础。跳健美操有诸多好处，不仅能帮助我们有效的强身健体，而且还有减肥的功效，这种运动减肥方法集健美和健身于一体，特别适合女性，受到了广大女性同胞的喜爱。

竞技健美操竞赛项目包括男子单人、女子单人、混合双人、三人（性别不限）、集体六人等。

## 学习任务一　初识健美操

【任务导入】

了解健美操运动的起源、发展、概念以及特点等。

【知识准备】

（一）国际健美操运动的起源

健美操的起源可追溯到两千多年前。古希腊人对人体美的崇尚举世闻名。他们喜爱采用跑跳、投掷、柔软体操和健美舞蹈等各种体育项目进行人体美的锻炼。而古印度很早就有瑜伽术，其中的一些姿势与当前流行的健美操所常用的基本姿势是一致的。由此可见，古代人对健身健美的追求是现代健美操形成与发展的基础。

19 世纪末、20 世纪初，欧洲出现了许多体操流派，他们在理论和实践上的创新对健美操的发展起到了推动作用。而 20 世纪 80 年代初，随着遍及全球的健身热和娱乐体育的发展，健美操以其强大的生命力风靡世界。美国是对世界健美操的发展有着重要影响的国家，其代表人——影视明星简·方达，根据自己的健身体会和经验，撰写了《简·方达健美术》一书。该书自 1981 年出版后，引起了轰动。她现身说法，促进了健美操在世界范围内的推广。自 1985 年开始，美国正式举办一年一度的健美操锦标赛，并确定了竞赛项目和规则，使健美操发展成为竞技性运动项目。

### (二) 国内健美操的发展

世界性的健美操热是于 20 世纪 70 年代末传到我国的。当时北京、上海、广州等地相继举办了各种健美操培训班。随后通过各种新闻媒介对国外各种健美操的介绍，逐步推动了健美操在我国的广泛开展。

随着人民生活水平的不断提高，健美操所特有的保健、医疗、健身、健美、娱乐的实用价值受到人们越来越多的重视。吸引了不同年龄的爱好者参与，出现了一定规模的消费群体。各级电视台纷纷制作以健美操竞赛、普及为内容的专题节目。由于健美操比赛可在体育馆和舞台上举行，加之健美操运动时场地运用集中的特点，给企业结合比赛进行广告宣传创造了机会。健美操项目受到越来越多的企业的青睐。

### (三) 健美操的概念与特点

#### 1. 健美操的概念

在音乐的伴奏下，以身体练习为基本手段，达到塑造形体、娱乐身心的目的。

#### 2. 健美操的特点

(1) 高度的艺术性

健美操是融体操、舞蹈、音乐于一体的追求人体健与美的运动项目，因此，健美操属于健美体育的范畴，具有高度的艺术性。健美操的艺术性主要体现在其"健、力、美"的项目特征上。"健康、力量、美丽"是人类有史以来所追求的身体状况的最高境地，而健美操运动中，无论是健身健美操、还是竞技健美操，无不处处表现出"健、力、美"的特征，包含着高度的艺术性因素，使健美操不同于其他运动项目，这也正是人们热爱健美操运动的原因之一。健美操运动协调、流畅、有弹性，使练习者不仅锻炼了身体、增强了体质，而且从中得到了"美"的享受，提高了艺术修养。而健美操运动员在比赛中所表现出的健美的体魄、高超的技术、流畅的编排和充沛的体力等，也无不给观众留下深刻的印象，充分体现出健美操运动的"健、力、美"特征和高度的艺术性。

(2) 强烈的节奏性

健美操动作具有强烈的节奏性特点，并通过音乐充分地表现出来，因此音乐是健美操运动不可缺少的组成部分。健美操音乐的特点是节奏强劲有力、旋律优美，具有烘托气氛、激发人们情绪的效果。健美操运动之所以深受人们喜爱，除练习本身的功效性、动作的时代感外，很重要的因素之一是现代音乐给健美操带来的活力。健美操运动与音乐的强烈的节奏性使健美操练习更具有感染力，使健美操比赛和表演更具有观赏性。

(3) 广泛的适应性

健美操练习形式多样，运动量可大可小、容易控制，对场地器材的要求也不高，因此，对各个年龄层次、不同性别、不同身体素质、不同技术水平的人都适宜，各种人群都能从健美操练习中找到适合自己的方式，从中得到乐趣。例如，中老年人可选择低强度的有氧练习，达到锻炼身体、娱乐身心、保持健康的目的；而对具有较好身体素质、有意进一步提高的年轻人来说，可选择难度较高、运动量较大的竞技健美操作为练习的手段，通过竞技健美操练习，不仅锻炼了身体，而且可提高技术水平，满足其进取心要求。因此，健美操运动具有广泛适应性的特点。

### （四）健美操的主要作用

#### 1. 增强体能

健美操可以提高关节的灵活性，使心肺系统的耐力水平提高。由于健美操是由不同类型、方向、路线、幅度、力度、速度的多种动作组合而成的，经常跳健美操可以提高人的记忆力，增强体能，提高神经系统的灵活性、均衡性，从而有利于改善和提高人的协调能力。

#### 2. 塑造迷人的曲线

经常练健美操的女性体态优雅、矫健，魅力四射。健美操还可以延缓衰老，让人更加有活力，拥有迷人的曲线。

#### 3. 缓解精神压力

健美操是一项充满青春活力的运动，可以帮助人们释放压力和烦恼，使精神压力得到很好的缓解，在锻炼的时候能让自己忘却烦恼和压力，使自己拥有最佳的心态。

#### 4. 增强人的社交能力

健美操可以提高人的社交能力，参加锻炼的人来自社会各阶层，所以这种锻炼方式扩大了人们在社会的交往范围，把大家从工作和家庭的压力中解脱出来，从中认识更多的人。大家一起跳、一去锻炼，每个人都能心情开朗，解除戒心，互相交流。这样有助于增进人们彼此之间的了解，产生一种亲切感，从而建立起融洽的人际关系。

#### 5. 拥有乐观的心态

健美操可以让一个人从孤单和烦恼的生活中解脱出来，可以让人打败消极的情绪，拥有美好心情，经常锻炼可以让人拥有一份乐观的心态。

#### 6. 保健功能

健美操是一项有氧运动，它的特点是强度低、密度大、运动量可大可小、容易控制，它对健康的人有良好的健身效果，对于一些身体素质比较差的人说也是一种非常好的锻炼手段，可以帮助他们慢慢调整自身的体能，从而获得健康。

## 学习任务二　健美操分类

### 【任务导入】

熟练掌握健美操的分类，能够达到观赏和区分不同类别的健美操。

### 【知识准备】

健美操可分竞技健美操、健身健美操和表演健美操三大类。竞技健美操根据竞技健美操规则的要求进行编制、训练、比赛。健身健美操是普及性的，没有统一要求，适合所有年龄段的人。

#### （一）竞技健美操

竞技健美操是在音乐伴奏下，通过难度动作的完美完成，展示运动员连续表演复杂和高强度动作的能力。成套动作必须通过所有动作、音乐和表现的完美融合体现。竞技健美操大致分三种比赛：全国健美操比赛、全国职工健美操比赛、全国大学生健美操比赛。

竞技健美操在练习场地的大小、练习人数的多少、特定动作、动作节奏快慢等方面有严格统一的标准，必须按规则进行，不得擅自更改。

竞技健美操起源于传统的有氧健身操。作为竞技运动，它的比赛是由以下几项目组成：男子单人、女子单人、混合双人、三人（三名运动员性别任选）、集体操（五人性别不限）、有氧舞蹈、有氧踏板等。

单人比赛时间限制在 90s（上下浮动 5s）。混双、三人、集体时间限制在 10s（上下 5s 浮动）。单人比赛场地为 7m×7m；混双、三人、集体操场地为 10m×10m。比赛服装也有专门的规定，一般为紧身的专业健美操服装。比赛有专门的竞赛规则，对每一具体细节都作出详细的说明。健美操的动作也有如下特殊要求。

（1）艺术性

成套动作艺术性的要求是：充满活力，有创造性，以健美操方式表现动作设计和流畅的过渡动作。成套动作必须显示身体双侧的力量和柔韧性而不重复同一动作。

（2）完成

任何未按竞技健美操定义完成的动作都将被扣分。混双和三人（六人）成套中最多允许 3 次托举或支撑配合动作，包括开始和结束。

（3）难度

至少每类难度动作各一个，难度分将是 10 个最高难度动作的总分。

（二）健身健美操

健身健美操的目的在于增进健康，可为社会不同年龄层次的人所采用。它根据练习对象的需求进行创编，动作简单易学，节奏稍慢，时间长短不等，可编排 5min～1h。例如，美国著名健美操明星简·方达所编的初级健美操，一套有 27min。在日本，一般的健美操约 1h 左右。目前我国健身健美操运动开展非常广泛，各种成套健美操动作的练习时间、场地、人数、内容、动作名称、节奏快慢等没有统一的标准，可以根据练习者的需要进行编排。健美操除上述分类法外，按一定的特征，还可归为以下几类。

① 根据练习的主要目的和任务，可分为大众健美操和竞技健美操。

② 根据练习形式，可分为徒手健美操、持轻器械健美操和利用专门健美器械进行练习的健美操。

③ 根据练习者的性别特征，可分为女子健美操和男子健美操。

④ 根据练习者不同年龄阶段的特征，可分为幼儿健美操、儿童健美操、少年健美操、青年健美操、中年健美操和老年人健美操。

⑤ 根据人体解剖结构特征，按身体部位常可分为颈部健美操、肩部健美操、臂部健美操、胸部健美操、腰腹健美操、髋部健美操、腿部健美操和足部健美操。

⑥ 根据动作的内容特征，可分为形体健美操、姿态健美操、跑跳健美操和垫面健美操等。

（三）表演健美操

表演健美操的主要目的是"表演"。它是事先编排好的、专为表演而设计的成套健美操，时间一般为 2～5min。表演健美操的动作较健身健美操动作复杂，音乐速度可快可慢，为了保证一定的表演效果，动作较少重复，也不一定是对称性的。参与人数不限，并可在成套中加入队形变化和集体配合的动作。表演者可以利用轻器械，如旗子等，还可采用一些风格化的舞蹈动作，如爵士舞等，以达到烘托气氛、感染观众、增加表演效果的目的。因为表演性健美操的动作比健身性健美操动作复杂多变，所以对参与者的素质要求较高，不仅要具备较好的协调性，还要有一定的表演和集体配合的意识。

以下介绍几种我国人民比较喜闻乐见的健美操。

### 1. 拉丁健身操

拉丁健身操来源于国标中的拉丁舞，但绝对不强调基本步伐，更确切地说，它是健身操的一种，强调能量消耗，对动作的细节要求不高，注重运动量和对髋、腰、胸、肩部关节的活动。

拉丁操自由随意，热情奔放，节奏明显。它的锻炼侧重点在于腰和髋部，同时使大腿内侧得到充分锻炼。拉丁健身操的另一个特点是在热烈奔放的拉丁音乐中感受南美风情，同时在健身操中增加舞蹈元素，在锻炼之外更可自我享受。拉丁健身操要求百分之百的情绪投入，越是淋漓尽致地把拉丁的感觉发挥出来，就越能在音乐中释放情绪，燃烧激情的同时，也让脂肪一起燃烧。

适合人群：运动量少而腰围、臀围过大的白领们。

最好选择鞋底柔软的运动鞋，全情投入跟随音乐扭动髋部和腰部，正常呼吸。

### 2. 街舞

街舞所用音乐一般为"Hip hop"或"punk"，由黑人街头即兴舞蹈演变而来。而现今融入了有氧舞蹈，以明显的节奏搭配，全身上下自由摆动，有更多的趣味性，一样可以达到减肥瘦身的效果。可以增进协调性、心肺功能，甚至肌力等，所以专业有氧教练也逐一将Disco、Jazz等各类型的舞蹈，加以整合，让锻炼者在一堂课里，不断吸收新奇好玩的舞步，还可达到减肥塑身的目的。

适合人群：喜爱欧美流行音乐，有一定健美操基础。

运动强度可根据动作的掌握、对音乐的理解自行调节，可作为提高协调性的减脂运动，最重要的是调节心情、缓解压力、追求与众不同的感觉。

### 3. 搏击操

搏击操最早是由欧洲的搏击选手与职业健身操运动员推出的。其具体形式是将拳击、空手道、跆拳道、武术，甚至一些舞蹈动作混合在一起，并配合强劲的音乐，成为一类风格独特的有氧健身操。一节完整的搏击操会消耗大量的热量，由于搏击操动作多变，包括如直拳、勾拳、摆拳、正踢、侧踢、侧蹬等搏击动作，而且在做每个动作时要求迅猛、有爆发力，所以在锻炼全身每一块肌肉的同时，身体的弹性、柔韧性及反应速度也将得到前所未有的提高。尤其是搏击操中的所有动作几乎都要求腰腹保持平衡并发力，所以一节课下来对腰腹部的锻炼超过了任何其他健身方式。

适合人群：脂肪堆积过多的年轻人。

注意事项如下。

搏击操运动强度较大，如出现低血糖，应先休息片刻后再决定是否继续。若发生以下情况，可停止练习：腿部疲劳、人体局部出现痛状不适、眩晕、心率过快等。

### 4. 温柔健美操

人到中年很容易发胖，不易发觉，而经常练习下列"准"减肥操，则可以防止肥胖的进一步发展。

（1）木偶动作

锻炼上臂及腰腹部。直立，双脚分开，双臂侧平举，肘稍屈。左手指朝上，右手指朝下，同时身体向左倾。继而右手向上转，左手向下转，同时身体向右倾。如此反复。全过程时间：30s。

(2) 屈膝下蹲

强健背、臀部和大腿。双脚分开，双膝略弯，收紧腹肌和臀肌。慢慢屈膝下蹲，至最低点，保持此姿势2s，然后起立至开始姿势。反复5次。全过程时间：30s。

(3) 屈身控制

锻炼小腿肌肉，改善腿的柔韧性。

① 双脚分开，腿伸直，双手自然贴于臀部。背挺直，从髋关节处向前屈。保持此姿势从1数到15。

② 进一步屈体，两手抓住小腿肚。保持腿直，不要紧抱膝盖，也勿试图触碰地面。保持此姿势从1数到10。全过程时间：30s。

(4) 体侧抬腿

体侧抬腿可以调节髋关节。

① 开始姿势：双手撑地，右膝跪地，左腿向体侧伸直。

② 抬起、落下伸直的左腿，做4次，换右腿再做。每条腿反复练2次以上。全过程30s。

(5) 向后踢腿

锻炼臀部、大腿、腹部及上背部。

① 双手直臂撑地，双膝跪地，低头，左膝向鼻尖运动。

② 然后抬头，同时左腿向后上方踢起，达到既舒适而又能及的高度。转而腿向鼻尖运动，接着再向后上方踢起。反复12次。换右腿做同样动作。全过程时间：30s。

(6) 侧卧压腿

侧卧压腿可改善大腿内侧轮廓。

① 右手及前臂支撑身体，右侧卧，左脚放在右腿前的地上。

② 抬右腿15次，换一边再做。全过程时间：30s。

(7) 空中蹬车

锻炼腿部，使腹部扁平。仰卧，下背部着地，双肘支撑身体，右腿屈膝，朝胸前运动，然后伸进腿，保持离地15cm高。同时左腿屈膝，朝胸前运动。不要拱背，如此不断交替屈伸，如同蹬自行车。全过程时间：30s。

(8) 腰背上拱

改善腹部外形，使腰部呈曲线。

① 仰卧，屈膝，双脚稳踏地面。双手置头后。

② 腰背部朝上拱，保持此姿势2s，然后放平，紧贴地面4s重复5次。全过程时间：30s。

# 学习任务三　主要动作及特点

【任务导入】

熟练掌握健美操正确动作，能够准确学习健美操。

【知识准备】

成套健美操的动作是由单个动作所组成的，它来源于徒手体操、艺术体操和舞蹈等的动作。

1. **徒手体操动作**

徒手体操动作是健美操动作最基本的内容，它是由头颈、上肢、胸部、腰部、下肢等部位的屈、伸、转、绕、举、摆、振等基本动作构成的。只有正确地掌握徒手体操动作，才有可能协调、准确地完成健美操动作。

徒手体操与健美操在完成的方法上有较大的区别，主要表现在动作节奏、运动方向、路线以及造型等方面。由于健美操中增加了新颖、独特的手型和步型，特别是髋部动作，所以，健美操动作更加丰富多彩。

2. **艺术体操徒手动作**

波浪动作是艺术体操的典型动作。此外，摆动、绕环、屈伸、平衡、转体、跳步、舞步及近似技巧动作等也是健美操动作的内容。艺术体操的徒手练习不仅能培养人们动作的美感，而且能有效地增强身体素质，提高协调性，增加成套动作的难度价值。

3. **现代舞中的简单动作**

健美操中大量吸收了迪斯科舞、爵士舞、霹雳舞中的上下肢、躯干、头颈和足踝动作，特别是髋部动作，这给健美操增添了活力，同时，也有利于减少臀部和腹部脂肪的堆积，有利于改善动作的协调性和灵活性。

此外，民间舞中的许多动作，基本体操中的队列、队形变化也是健美操的内容之一。

## 学习任务四　基本步法

【任务导入】

熟练掌握健美操基本步法，是学好健美操的重要组成。

【知识准备】

基本步法主要以膝盖的弹动、前脚掌的跳跃为主，健美操的步法分为七大类：踏步、开合跳、弓步跳、吸腿跳、弹踢腿跳、踢腿跳、后踢腿跑。

### 一、踏步

1. **踏步**

种类：有脚尖不离地的踏步、脚离地的踏步、高抬腿的大幅度踏步。

形式：有原位踏步、移动踏步及转体的踏步。

方向：有向前、后、左、右走的踏步。

技术要点：落地时，由脚尖过渡到脚跟着地，屈膝时，胯微收，两臂自然前后摆动。

2. **走步**

种类：一种。

形式：一种。

方向：有前走、后走、斜向走、弧形走。

技术要点：基本上同踏步。

3. "V"字步

种类：有正"V"字步、倒"V"字步。

形式：有平移的、转体的和小幅度跳的正"V"字步、倒"V"字步。

方向：有左、右腿的正"V"字步和倒"V"字步。

技术要点：一脚迈出，另一脚随之迈出成一条平线，两脚距离略比肩宽，两膝自然弯曲，然后依次收回。

## 二、开合跳

种类：双起双落的开合跳（两次开开合合、连续开合）、单起双落的开合跳。

形式：有原位的开合跳、移动的开合跳和转体的开合跳。

方向：向前的开合跳。

技术要点：分腿时，两脚自然外开，膝关节沿脚尖方向弯曲；跳起与落地时，注意屈膝缓冲。

## 三、弓步

种类：有静力性的弓步、动力性的弓步。

形式：有左右弓步移重心的弓步、移动的弓步、转体的弓步、跳的弓步。

方向：有上步弓步、后撤弓步、向侧伸弓步。

技术要点：一腿屈膝，脚尖与膝垂直，另一腿伸直，重心落于两腿之间。由于弓步的形式很多，因此在做法上有所不同。

## 四、吸腿跳

种类：一种。

形式：有原位的吸腿及跳、移动的吸腿及跳和转体的吸腿及跳。

方向：有向侧、向前的吸腿及跳。

技术要点：大腿用力上提，小腿自然下垂。

## 五、弹踢腿跳

种类：一种。

形式：有原位的弹踢腿及跳、移动的弹踢腿及跳和转体的弹踢腿及跳。

方向：有向前的、向侧的、向后的弹踢腿及跳。

技术要点：大腿抬起至一定角度后，小腿自然弹直。

## 六、踢腿跳

种类：有弹动踢腿、一般的直踢腿。

形式：有原位的（弹）踢腿及跳、移动的（弹）踢腿及跳和转体的（弹）踢腿及跳。

方向：有向前的、向侧的、向斜前的（弹）踢腿及跳。

技术要点：腿上踢时，须加速用力，立腰，上体尽量保持不动。

## 七、后踢腿跑

种类：一种。
形式：有原位的后踢腿跳、移动的后踢腿跳、转体的后踢腿跳。
方向：向后的后踢腿跳。
技术要点：髋和膝在一条线上或后提，小腿尽量叠于大腿。

# 学习任务五　注意事项

【任务导入】

熟练掌握注意事项，防止受伤。

【知识准备】

熟练掌握注意事项，是保障健美操练习的必要条件。

1. **动作的规范性**

动作的规范性建立在动作标准性的基础上，因此，练习时肢体的位置、方向及运动的路线一定要准确。注意动作的速度、肌肉力度和动作幅度，使肌肉充分拉长与收缩，这样才能达到动作的整体效果。

2. **动作的弹性**

动作富有弹性是健美操特点之一，动作的弹性所涉及的身体部位很多，因此练习时要注意肌肉的收缩与放松要有控制，使动作富有弹性，节奏均匀，避免动作过分僵硬和关节的过度伸展。

3. **动作的节奏感**

掌握动作节奏对健美操练习非常重要。练习者要想在表演时有较好的动作，必须具有一定的肌肉控制能力、音乐节奏以及动作的完成能力。因此在练习时，要重视开发、训练动作的节奏感，在听懂音乐节奏的基础上慢慢掌握动作的节奏感。

4. **准备活动**

充分的准备活动能使关节、韧带、肌肉温度升高，增加身体灵活性，提高神经系统兴奋程度和心血管活动水平，从而防止运动伤害的发生。

5. **合理安排锻炼计划**

锻炼者要根据自身体质安排健美操运动的时间、强度、练习组数等。有慢性病的人要在医生的指导下进行锻炼，心血管疾病患者应减少剧烈运动，避免快速旋转头部和突发性动作，患重感冒时最好停止健美操运动。

6. **及时补充水分**

在锻炼过程中应注意及时补充水分，以保证身体健康和正常机能的需要。补充水分的方法最好是少量多饮，随时保持体内水的平衡。

7. **进食后两小时进行锻炼**

一般进食后间隔两个小时才可进行健美操锻炼。因为进食后胃中食物充盈，立即运动会影响消化，容易出现腹痛、恶心等症状。而且运动前应吃些易于消化的食物，运动后应休息 30min 后再进食。

### 8. 空腹锻炼不可取

如果长期空腹锻炼，会导致体重急剧下降，脏器功能受损，产生疾病，影响健康。

### 9. 锻炼时服装的选择

最好选择有弹性、纯棉、柔软、舒适的服装。每次练习后，要及时清洗服装，保持服装干爽。鞋子不仅要大小合适，而且要有衬垫，并具备一定的弹性和弯曲性。切忌穿高跟鞋和厚底鞋。

### 10. 时间的控制

并不是跳得越久效果越好。尤其是刚刚开始练习跳健美操的人，应该根据自己的实际身体情况来选择合适的时间。一般最佳跳健美操的时间是下午。

## 参 考 文 献

[1] 张瑞林. 健美操. 第 2 版. 北京：高等教育出版社，2010.
[2] 张桂梅. 现代大学体育选项教程. 北京：人民体育出版社，2001.
[3] 张向阳，张兆才. 大学体育教程. 长春：吉林大学出版社，2012.

# 项目十二 瑜伽

## 【案例引入】

瑜伽能修身养性，平静内心。长期练习能让人心静，陶冶情操，使人更加自信，更加热爱生活。瑜伽能增强抵抗力，不仅提高人的身体素质和机能，还可以调节心理和精神状态。练习瑜伽要同时着眼于身体和心理的健康，两者密不可分。在练习瑜伽过程中，练习者逐渐深化自己内在精神，从内到外，再从外到内，从感觉到精神、理性，而后到意识，最后使自我和内在精神融合，达到身心融合为一的完美境界。

在进行瑜伽练习的过程中，应该学会倾听自己身体的声音，凭直觉去选择让自己最舒服的瑜伽，缓慢且逐渐有控制力地进入和退出体式，这样就能避免伤害，保障练习效果。

本节是从最基础的瑜伽动作出发，对站姿、坐姿、跪姿、仰卧这五大瑜伽体式进行详细阐述。

## 学习任务一 初识瑜伽

### 【任务导入】

了解瑜伽运动的起源、功效、分类以及健康饮食等。

### 【知识准备】

**1. 瑜伽的起源**

瑜伽（Yoga）是一个汉语词汇，最早是从印度梵语"yug"或"yuj"而来，其含意为"一致""结合"或"和谐"。瑜伽源于古印度，是古印度六大哲学派别中的一系，探寻"梵我合一"的道理与方法。而现代人所称的瑜伽则主要是一系列修身养性的方法。

大约在公元前300年，印度的帕坦伽利（Patanjali）创作了《瑜伽经》，印度瑜伽在其基础上才真正成形，瑜伽行法被正式定为完整的八支体系。瑜伽是一个通过提升意识，帮助人们充分发挥潜能的体系。

瑜伽姿势运用古老而易于掌握的技巧，改善人们生理、心理、情感和精神方面的能力，是一种达到身体、心灵与精神和谐统一的运动方式，包括调身的体位法、调息的呼吸法、调心的冥想法等。

2014年12月11日，联合国大会宣布6月21日为国际瑜伽日，2015年举办了首届6.21国际瑜伽日活动。

2. 瑜伽功效

现代社会的快速发展使人们的生活越来越紧张，竞争越来越激烈。长期的精神压力、身体的疲劳状态和健康常识的缺乏，使越来越多的人处于亚健康状态甚至疾病缠身，身心承受焦虑和痛苦的折磨。通过瑜伽的不同练习方法，能把散乱的精神集中并使之平静下来，同时对神经系统起到良好的平衡作用。不仅提高人的身体素质和机能，还可以调节心理和精神状态。

练习瑜伽必须通过自身的体验来领悟其真谛，主动地去除精神和身体的束缚，以积极的态度融入美好的瑜伽世界中。练习瑜伽可使人获得一颗善良、乐观、豁达、善于知足的心，使体内脏器、腺体、骨骼、肌肉、皮肤以及各系统的功能处于一种均衡、稳定、由内向外的整体和谐的状态。

3. 瑜伽的分类

瑜伽经过5000年的演变，博大精深，种类繁多。瑜伽分为三大类：一个是古典瑜伽，一个是现代瑜伽，现在还包括了正位瑜伽，练习的方法也不一样。印度正统古典瑜伽可分为智瑜伽、业瑜伽、哈他瑜伽、王瑜伽、昆达利尼瑜伽五大体系。

现在的大学生大多数是初学者，推荐学习哈他瑜伽。哈他瑜伽节奏舒缓，动作变化多样。哈他瑜伽体位练习包含24个体位动作，主要练习如何控制身体和呼吸，更深一层的效果是使身体各机能有序运转，从而使心灵获得宁静，变得祥和。它可使身心达到和谐与平衡，特别适合刚刚开始练习瑜伽的人群，它不要求做到完美，也不是充满竞争感的训练，而是强调对每一个体式的感觉。

4. 瑜伽体位姿势

瑜伽体位法是一种练习瑜伽的方法。完整、系统、科学的练习可以强健身体，预防疾病和缓解病痛。瑜伽姿势可柔软身体各部位关节，伸展韧带和肌肉，轻柔地按摩体内脏器，使人体的血液循环系统、呼吸系统、消化系统、内分泌系统和神经系统处于平稳状态，使人获得健康的同时也获得精神上的幸福，从而实现身心健康的最终目的。

瑜伽体位练习舒缓柔和，动作过程清晰分明，不会过分地刺激心脏引起粗重急促的呼吸，有些姿势看起来很难，而事实上它的过程是循序渐进的，关键是掌握方法，量力而行，长期坚持。

练习瑜伽体位首先要有正确的认识，不要认为身体不够灵活柔软就不能练习瑜伽，这是非常错误的观念，正是因为身体机能没有处于最佳状态，才要通过练习去改善。急于完成某一个姿势也是不可取的，练习瑜伽是为达到身心健康，而不是用来表演或达成其他目的，急于把一个姿势做"标准"也会给身体带来危害。因此，所有的瑜伽姿势只要做到自己感到舒适的范围内的最大限度就可以。

# 学习任务二　瑜伽坐姿

【任务导入】

坐姿是练习瑜伽的冥想和呼吸前非常重要的预备功，是一种在保持下半身稳定的基础上,充分伸展上半身的"上虚下实"式姿势。练习时必须让脊柱保持挺直,躯干与头部需要长时间保持平稳。

## 【知识准备】

瑜伽的8600个体位动作,最终就是为了让人们能非常好地完成莲花坐。由此可见瑜伽坐姿的重要性。坐式是最方便实施的瑜伽体位法,随时随地都能练习,所有坐姿正位体式都能提高髋部、膝盖和脚踝的柔韧性。通过将脊椎和骨盆结合起来练习,瑜伽的坐式及各种伸展的体位动作可以按摩和滋养人体腹股沟及腋下的淋巴,从而提高淋巴排毒功能,加速循环,排除毒素,减轻疲劳,使人集中注意力。

瑜伽的坐姿一共有十种:简易坐、金刚坐、半莲花坐、全莲花坐、至善坐、英雄坐、狮子坐、吉祥坐、成就坐、散盘坐。

### 1. 简易坐

简易坐是一种舒适安全的坐姿,适合瑜伽初学者。这个坐姿有利于膝盖、脚踝等关节的健康。它能增强两髋、两膝、两踝的灵活性,滋养和加强腿部神经系统,减轻或消除风湿和关节炎,如图2-12-1所示。

### 2. 金刚坐

金刚坐,又称"正跪坐式"或"钻石坐",是练习者要掌握的另一个重要姿势。如果其他坐姿坐久了感到腿麻痛难忍,即可换成正式跪

图 2-12-1 简易坐

坐,可以缓解疼痛。此外,这个坐姿还能帮助消化系统顺畅排气,强健脊椎周围核心肌群。

### 3. 半莲花坐

半莲花坐是瑜伽中最好的坐姿,是从简易坐向莲花坐的过渡形式,适用于柔韧性还不够好的人。从瑜伽的角度来看,这个坐姿极适宜于呼吸、调息练习和冥想。它能放松脚踝、双膝和双腿肌肉,锻炼膝关节,防止老年脱臼、关节炎和风湿痛。

### 4. 全莲花坐

全莲花坐是瑜伽中最重要和最有用的体位法之一,是最佳冥想坐姿。这个姿势极为适宜做呼吸、调息练习和冥想,有益于调整神经和情绪。此外,还能调整骨盆位置,防止内脏器官下垂,美化腿部线条,使双腿更加灵活、柔韧,如图2-12-2所示。

图 2-12-2 全莲花坐

### 5. 至善坐

至善坐被认为是瑜伽中重要的坐姿之一。瑜伽认为人身上有72000条经络,我们的生命之气就在这些经络里流通,而至善坐有助于清理这些经络,使之畅通无阻。经常练习至善坐,能滋养和增强脊椎的下半段和腹部器官,还能防止和消除两膝和两踝的僵硬、强直等。

### 6. 英雄坐

倘若练习者觉得盘坐较为困难,那么英雄坐坐姿是一个很好的选择。它能减少腿部脂肪,缓解膝部因痛风和风湿症而引起的疼痛,促使形成正确的足弓度。它还能按摩盆腔器官和强健脊椎,使心灵宁静平和,如果在饭后练习,它还可以加强整个消化系统的功能。

### 7. 狮子坐

练习狮子坐时,双脚脚踝交叉,脚跟抵在肛门下,能很好地锻炼脚踝关节,且对脊柱根部的脉轮有着很好的刺激作用。练习时,尽量把舌头伸出,双目凝视鼻尖,以加强注意力。

#### 8. 吉祥坐

这个坐姿可以很好地活动髋关节,增加胯部的柔韧度。当双膝及大腿完全着地时,对瑜伽中的大多数体位都有帮助。

#### 9. 成就坐

瑜伽认为人体有若干个能量中心(即脉轮),完成此坐姿时,脚跟位于本质轮上,通过脚对本质轮的刺激,可以把生命的能量从低点引到高处。

#### 10. 散盘坐

散盘坐能够加强两膝和两踝的柔韧性和灵活性,缓解关节疼痛和僵硬。在生理方面,可以改善或增强性功能,是强化会阴部脉轮练习的一种有益坐姿,特别适合初学者掌握和学习。

### 【任务实施】

坐姿练习说明见表 2-12-1。

表 2-12-1 坐姿练习说明表

| 练习方法 | 动作要领 | 分值 | 得分 |
| --- | --- | --- | --- |
| 简易坐 | 双手自然放在双膝上,掌心向下,头、颈、躯干保持在一条直线上 | 30 | |
| 金刚坐 | 放松肩部,收紧下巴,挺直腰背 | 30 | |
| 全莲花坐 | 将右小腿绕过左小腿外侧,搭放在左大腿根部 | 30 | |

## 学习任务三 瑜伽呼吸

### 【任务导入】

呼吸的气息,也可以说是生命之气。对于人类来说只要生命存在,呼吸就一分钟也不能停止。正确掌握瑜伽的调息方法,就可以找回呼吸中浪费掉的潜能。

### 【知识准备】

在练习瑜伽调息功法之前,首先要理解这样几个概念,即吸纳、呼吐和悬息。吸纳是指吸气,呼吐是指呼气,悬息是指蓄气不呼或闭气不吸。在开始时练习者有意识的控制自己的呼吸,练习一段时间之后,练习者可在连续的呼吸过程中体会到一种自然的停顿,这种停顿不需要做出任何努力,也就是说在吸气之后不能马上呼气;反之,在呼气之后不能马上吸气。这种深入延长的呼吸使体内增加了氧气供应,强壮了胸廓,帮助排除体内的浊气和毒素。更重要的是使人们的心境变得平和宁静。

#### 1. 腹式呼吸

腹式呼吸又叫横膈膜呼吸,练习时用肺的底部进行呼吸,感觉只有腹部在起伏,胸部相对不动(图 2-12-3)。通过这种方式对吸入气体进行控制,能使膈肌更为有力,让呼吸的时间和周期变得深长而有规律。一次吸气、呼气和屏气为一个调息周期。腹式呼吸可以锻炼腹部肌肉,按摩腹腔内的器官,增加肺活量,促进全身的血液循环。

## 2. 胸式呼吸

胸式呼吸接近人们日常使用的呼吸方法，只是程度比日常呼吸更深长和专注。练习时用肺部的中上部参与呼吸，感觉胸部、肋骨在起伏，腹部相对不动（图 2-12-4）。胸式呼吸可以稳定情绪，平衡心态，帮助因为呼吸短促而积压下来的废气排出体外。

## 3. 完全式呼吸

完全式呼吸法是瑜伽调息的基础，在熟练了胸式呼吸和腹式呼吸后才可以练习完全式呼吸。呼吸时整个肺部参与呼吸运动，腹部、胸部乃至全身都能够感受到起伏（图 2-12-5）。完整的完全式呼吸可以将呼吸空气的量增大 3 倍，让更多新鲜的氧气供应血液，让心脏更强劲，能缓解内脏压力，调节内分泌失调。

图 2-12-3　腹式呼吸　　　　图 2-12-4　胸式呼吸　　　　图 2-12-5　完全式呼吸

## 【任务实施】

呼吸练习说明见表 2-12-2。

表 2-12-2　呼吸练习说明表

| 练习方法 | 动作要领 | 分值 | 得分 |
| --- | --- | --- | --- |
| 腹式呼吸 | 呼气时，腹部向内、向脊椎方向收紧，横膈膜自然而然地升起，把肺内的浊气完全排出体外，内脏器官复原位 | 25 | |
| 胸式呼吸 | 将手轻轻搭放在肋骨上，两鼻孔慢慢吸气，同时双手感觉肋骨向外扩张并向上提升，但不要让腹部扩张，腹部应保持平坦 | 25 | |
| 完全式呼吸 | 呼气，按相反的顺序，先放松胸部，然后放松腹部，尽量把气吐尽，然后有意识地使腹肌向内收紧，并温和地收缩肺部 | 25 | |
| 三种呼吸 | 根据老师的要求能分别做出三种呼吸的交换 | 25 | |

# 学习任务四　瑜伽身体四肢准备运动

## 【任务导入】

练习瑜伽前做热身运动是做好瑜伽动作的前提。这样可以帮助提高肌肉的温度和自身的体温，保证运动安全性。热身运动可以"预热"身体，缓解身体的僵硬感，能让身体更加轻松地摆出姿势，防止身体受到伤害。

## 【知识准备】

瑜伽身体四肢运动主要包括颈部、肩部、膝部、脚趾和脚踝部位的准备运动。颈部环绕姿势，如头部向后、向侧的转动等，虽然简单易行，但对活动颈部关节和肌肉十分有效。肩部环绕即指双手指尖搭肩为圆心，手臂围绕着肩膀画圈。膝部练习，让双腿通过上下弹动、左右摆动来灵活膝盖和脚踝，消除腿部的紧张感。脚趾和脚踝的练习主要通过身体伸直，两脚同时顺时针旋转或者同时内外旋转来让脚趾和脚踝充分预热,防止做瑜伽动作时受伤,提高瑜伽动作的准确性。

1. 颈部运动动作要领

① 选择一个舒适的盘坐姿势坐好,最好是莲花坐。呼气,肩膀放松且保持平直,双手搭在膝盖上[图 2-12-6(a)]。

② 呼气,头部向左侧下压,左耳靠近左肩,感受颈部右侧的肌肤在慢慢伸展[图 2-12-6(b)]。

③ 吸气,头部回到正中位置,边呼气头边向右肩靠近,感觉颈部左侧肌肤在拉伸[图 2-12-6(c)]。

④ 吸气,头部回到正中位置,挺直脊椎,边呼气头部边下垂,让下巴靠近锁骨,感觉颈后侧肌肉在伸展[图 2-12-6(d)]。

⑤ 吸气,慢慢抬头,边呼气头边向后仰,感觉后脑勺在靠近脊椎。

⑥ 吸气,头部回到正中位置,目视正前方,边呼气头边向左转,眼睛看向左后方。

⑦ 吸气,头部回到正中位置,边呼气头边向右转,眼睛看向右后方。

⑧ 吸气,身体还原至初始姿势。

(a)　　　　　　(b)　　　　　　(c)　　　　　　(d)

图 2-12-6　颈部运动动作

2. 膝部运动动作要领

① 长坐,双腿伸直并拢,腰背挺直,双臂自然垂于体侧,掌心贴地,指尖朝外[图2-12-7(a)]。

② 双手交叉抱住左腿腘窝处,将左腿抬离地面,脚面绷直,自然呼吸,逆时针旋转小腿数圈[图 2-12-7(b)]。

③ 左小腿摆回正中位置后,上下弹动左小腿数次。

④ 自然呼吸,顺时针旋转左小腿数圈[图 2-12-7(c)]。

(a)　　　　　　(b)　　　　　　(c)　　　　　　(d)

图 2-12-7　膝部运动动作

⑤ 左小腿摆回到正中位置后，绷紧脚背，顺时针或逆时针旋转脚踝数圈［图 2-12-7（d）］。
⑥ 将左腿放回地面上，伸直，然后换另一条腿练习。练习完后身体还原至初始姿势。

3. 脚趾和脚踝动作要领

① 坐姿，伸直两腿，两手平放在臀部两侧，支撑身体。
② 向上弯曲脚踝，脚趾尽量向小腿骨的方向接近。
③ 向下弯曲脚踝，脚趾尽量向地面的方向接近。
④ 分开两腿同肩宽。
⑤ 保持双膝伸直，两脚同时顺时针旋转（或同时逆时针旋转）。
⑥ 保持双膝伸直，两脚同时由内向外接近（或同时由外向内旋转）。

【任务实施】

① 脚趾向前和向后缓慢地做屈、伸练习 20 次。
② 脚踝缓慢地做前后屈、伸练习 20 次。
③ 脚踝缓慢地由内而外绕 20 次。
④ 脚踝缓慢地由外而内绕 20 次。
⑤ 膝部缓慢地做屈伸练习。
⑥ 膝部缓慢地做由内而外绕 20 次。
⑦ 膝部缓慢地做由外而内绕 20 次。
⑧ 肘部缓慢地做前后屈、伸练习 20 次。
⑨ 肘部缓慢地做由内而外绕 20 次。
⑩ 肘部缓慢地做由外而内绕 20 次。
⑪ 颈部缓慢地做前后屈、伸练习 20 次。
⑫ 颈部缓慢地做左右侧屈各 20 次。
⑬ 颈部缓慢地做从左到右转 20 次。
⑭ 颈部缓慢地做从右到左转 20 次。
⑮ 蹲式：两脚开立，两臂体后交叉相握，随音乐缓慢地向下直到自己不能下，而后随音乐缓慢地起来回到原来位置，练习 8～12 次。
⑯ 仰卧放松，随音乐听老师的口令放松。

## 学习任务五　语音冥想

【任务导入】

通过瑜伽冥想可以控制心灵，超脱物质欲望，感受自我。瑜伽冥想的目的是使人内心和平与安宁，瑜伽冥想有诸多体系和方法，但其共同特点是把注意力集中到某一特定对象。在瑜伽冥想体系中，最简单易行、效果显著的就是瑜伽语音冥想。

【知识准备】

瑜伽语音冥想能够促使人的精神放松，平息体内的不安情绪，消除肌肉紧张，调节心率和血压。练习冥想的最终目的是体会到天人合一的最佳精神状态，从而促进精神和身体的健康。

【任务实施】

冥想练习：强调呼吸法、体位法、冥想法三合一的训练，达到身心和谐。这种身心整合的原理是：透过呼吸的调节（调息），让身心保持稳定；模仿动物姿势去调适、强化自身机能（调身），帮助身体伸展、放松。缓慢的动作过程配合着深长的呼吸，既可使肢体得到适当伸展，获得平衡，又能按摩各内脏器官，使体内的各种腺体分泌趋于正常。又因神经系统得到调和而使生命中潜在的能量得到激发，从而达到全身心的健康。

坐位练习和仰卧位练习尽量闭上双眼，以便用心去体会身体的变化，随着音乐进行瑜伽完全式呼吸，体会呼吸后身体的感受。

# 学习任务六　站姿体式

【任务导入】

熟练掌握瑜伽站姿的正确动作和练习方法，了解并掌握各种技术要领，能够达到站姿的基本要求。

【知识准备】

站姿体式是瑜伽体位法中最基本的体位，也是练习所有瑜伽动作的基础。练习正确的站式体位，有助于强化锻炼腿部的力量和稳定性，能增强身体的平衡性和柔韧性，为脊柱提供有力的支撑，防治驼背、高低肩、颈椎病等不良体态或疾病。此外，对身体的循环系统、消化系统、呼吸系统、神经系统等也有着积极的强化作用，对保持身体健康发挥着不可忽视的作用。

站姿体式主要有以下几种。

1. 树式

树式对久坐形成的不良形态有很好的纠正作用。

① 挺直腰背站立，两脚并拢。双手放在身体两侧，双肩微微打开放平，目视前方［图2-12-8（a）］。

(a)　　　　(b)　　　　(c)　　　　(d)

图 2-12-8　树式

② 吸气，重心放在右腿，屈左膝，抬高左腿，左手帮助左脚跟放置在右腿根部，身体伸直，呼气［图 2-12-8（b）］。

③ 呼气，双手合十于胸前，大拇指相扣［图 2-12-8（c）］。

④ 双臂高举过头顶，向上延伸。保持单脚站立 5～8s，吸气时收回双臂，恢复开始的姿势换边练习［图 2-12-8（d）］。

2. 战士二式

战士二式增强足弓、脚腕、膝部和大腿的力量，增强意志力。

① 挺直腰背站立，两脚并拢，双手放在身体两侧［图 2-12-9（a）］。

② 双脚左右尽量分开，双臂成一条直线，左脚向左转 90°，左脚稍向内转，深蹲弓步，使左小腿与地面垂直，两臂向左右侧无限延伸［图 2-12-9（b）］。

③ 上半身左转，使胸部和左膝保持与左脚一致的方向。保持数秒，自然呼吸［图 2-12-9（c）］。

图 2-12-9　战士二式

3. 战士三式

① 站姿，吸气，双臂举过头顶向上方延伸，掌心相对［图 2-12-10（a）］。

② 呼气，上半身前倾，伸直右膝，抬高左腿，双臂朝前上方延伸。左腿伸直与地面平行［图 2-12-10（b）］。

③ 吸气，双臂带动身体回正中位置，右腿收回，身体还原。

图 2-12-10　战士三式

【任务实施】

1. 站姿体式练习

站姿体式练习说明见表 2-12-3。

表 2-12-3　站姿体式练习说明表

| 练习方法 | 动作要领 | 分值 | 得分 |
| --- | --- | --- | --- |
| 树式 | 保持身体平衡，眼睛看前方某一点，注意力集中，保持深长而稳定的呼吸 | 30 | |
| 战士二式 | 注意力放在背部和手臂上，动作中呼吸要保持平稳、均匀和深长 | 30 | |
| 战士三式 | 注意力和意念集中在身体平衡上，身体前倾时呼气，抬腿离地面时吸气 | 30 | |

### 2. 易犯错误

① 树式：容易出现的问题是抬高的那条腿无法打开髋部，脊柱弯曲，这些都有可能使人失去身体的平衡，受到伤害。

② 战士二式：双腿打开不够，手臂延伸不平直，让身体失去了正位。前脚内翻，后膝弯曲。

③ 战士三式：整个身体没在一个水平线上，手臂、背部、髋部、腿部都是勉强支撑，前后左右都不稳定，这样的错误动作容易使人摔倒。

## 学习任务七　伸展体式

【任务导入】

在熟练掌握瑜伽站姿的正确动作和练习方法、了解并掌握各种技术要领的基础上，进一步学习伸展动作，纠正各种不正确姿势，使身体变得更轻盈。

【知识准备】

锻炼身体的整体平衡性，伸展背部、髋部以及腘旁腱肌肉。增强腹部器官功能，促进消化，兴奋脊柱神经，消除疲劳。加速面部和头部血液循环，改善面部松弛，使头脑清醒。

伸展动作主要有以下几种。

### 1. 铲斗式

① 挺直腰背站立，两脚分开与肩同宽，双臂放在身体两侧［图 2-12-11（a）］。

② 吸气，双臂举过头顶，肘部伸直，双手腕自然下垂［图 2-12-11（b）］。

③ 呼气，上半身向前弯曲，尽量放松，双脚踩住双掌前部［图 2-12-11（c）］。保持数秒，身体还原基本站立姿势。

### 2. 舞者式

① 站姿，双脚并拢，左腿向后抬起，左手抓住左脚踝，右臂向上伸展，腰背挺直，目视前方［图 2-12-12（a）］。

② 吸气，左手用力将左腿拉起，右臂向斜上方伸展，眼睛看向指尖的方向［图 2-12-12（b）］。

③ 呼气，收回右臂，左腿缓缓放下，身体还原至基本站姿，换另一边练习。

图 2-12-11　铲斗式

图 2-12-12　舞者式

### 3. 鹰式

① 站姿，重心放在双脚上，双手自然放在身体两侧。

② 吸气，左臂下右臂上双臂相互环绕，双掌相对，目视前方 [图 2-12-13（a）]。

③ 双腿夹紧，绷紧右腿的肌肉，向上抬起双臂，左小腿跨过右膝，左脚背勾右腿小腿肚，保持 5～8s，呼气时松开双肘和双腿 [图 2-12-13（b）]。

图 2-12-13　鹰式

## 【任务实施】

### 1. 伸展体式练习

伸展体式说明见表 2-12-4。

表 2-12-4　伸展体式练习说明表

| 练习方法 | 动作要领 | 分值 | 得分 |
| --- | --- | --- | --- |
| 铲斗式 | 背部舒适地延展以及双腿后侧的延伸，颈部要放松低垂 | 30 | |
| 舞者式 | 意识集中在眉心，保持身体平衡，感受大腿前侧的拉伸 | 30 | |
| 鹰式 | 感受脚掌与地面的贴合，当身体重心下降时，感受整个背部被拉伸的感觉。降低重心时呼气，保持动作中呼吸自然深长 | 30 | |

### 2. 易犯错误

① 铲斗式：上半身前倾时，腰背并未挺直往头顶方向延伸，双肩和双肘也没有在正确的位置打开。

② 舞者式：站立的腿向外翻，导致身体整个向一边倒，抬起的腿没有在身体后侧往上延伸。

③ 鹰式：弯曲太高的腿松松地搭在另一条腿上，这样对双腿起不到拉伸收紧的作用。上身前倾，容易造成脊柱弯曲，手肘部无法正确交叠，也不能很好地修饰手臂的线条，使身体失去平衡。

# 学习任务八　坐姿体式

## 【任务导入】

熟练掌握瑜伽坐的正确动作和练习方法，了解并掌握各种技术要领，适合初学者或者腿脚比较僵硬的练习者。

## 【知识准备】

坐姿体式是练习瑜伽的基本要求，是一种在保持下半身稳定的基础上，充分伸展上半身的"上虚下实"式姿势。练习时感受背部的紧张，和肩部及双臂的拉伸，有增加背阔肌和扩张胸部的功效。

### 1. 牛面式

① 腰背挺直坐于地上，双腿交替重叠，左大腿压在右大腿上，双臂自然垂于身体两侧

[图 2-12-14（a）]。

② 吸气，右臂高举过头，屈肘，肘尖正对后脑勺，指尖朝下。弯曲右肘，指尖朝上，双手于右肩附近十指相扣，呼气 [图 2-12-14（b）]。

③ 正常呼吸，保持这个姿势 5~20s。然后放开双肘，换个方向重复动作使双手于左肩处上下相扣。

④ 双臂自然下垂，身体还原到初始姿势。双腿交换位置，重复练习一次。

**2. 盘坐转体式**

① 坐在地上，弯曲双腿，右脚放在左腿大腿上，左脚放在右腿大腿上，以莲花坐坐好。双臂自然放在身体两侧，挺直腰背，目视前方 [图 2-12-15（a）]。

② 右手扶在腰部左侧，左手从背后穿出，手掌触碰左脚脚底。呼气，上身和头部向左后方一起扭转，至极限处停留数秒，吸气还原，然后换另一边练习 [图 2-12-15（b）]。

图 2-12-14　牛面式　　　　　　　　图 2-12-15　盘坐转体式

**3. 动物放松功**

① 长坐，腰背挺直，双手自然垂于体侧。掌心朝下，目视前方 [图 2-12-16（a）]。

② 左脚脚后跟收至右腿大腿根部，右大腿向外侧打开，右膝指向前方。呼气，双臂高举过头顶 [图 2-12-16（b）]。

③ 呼气，上身下倾，尽量将胸部触碰在大腿上，前额触地，双手掌心触地。自然呼吸 [图 2-12-16（c）]。

④ 身体回位，腰背部挺直，还原到初始姿势。

图 2-12-16　动物放松功

**【任务实施】**

**1. 坐姿体式练习**

坐姿体式练习说明见表 2-12-5。

表 2-12-5　坐姿体式练习说明

| 练习方法 | 动作要领 | 分值 | 得分 |
|---|---|---|---|
| 牛面式 | 双手在背后紧扣，腰背挺直，双腿交替重叠 | 30 | |
| 盘坐转体式 | 感受背脊的紧张和腹部肌肉的伸展。呼气时扭转，吸气时还原 | 30 | |
| 动物放松功 | 腰背部挺直，上身尽量触碰到前伸大腿的腿面。头和双手掌心触地。背部尽量延伸，腰部尽量放松 | 30 | |

2. 易犯错误

牛面式：练习时弯腰驼背，达不到练习效果，还会加重驼背及高低肩不良体态，甚至可能诱发肩周炎和颈椎病等病症。

盘坐转体式：腰背部不直，成弯曲状态。造成左手触碰不到右脚脚心。

动物放松功：腰部不直，胸部接触不到前伸腿部。腰部延伸不够，腰部紧张。

# 学习任务九　俯卧体式

【任务导入】

熟练掌握瑜伽俯卧体式正确动作和练习方法，领会俯卧体式的动作要领，能够基本做到俯卧体位的动作要求。

【知识准备】

俯卧体位法大体可以分为两大类：一种用于恢复，能更好吸收之前体位练习的功效和消除身体疲劳；另一种用于强化训练人体背部、手臂及腰部和腿部的力量，能很好地提高脊椎和髋部的柔韧性。

俯卧体式动作有以下几种。

1. 桥平衡式

① 身体俯卧，屈双肘，将双手放于身体两侧，双脚分开与肩同宽［图 2-12-17（a）］。

② 脚尖点地，深吸气，呼气时收腹肌，慢慢带动身体离开地面，头部和腰部及臀部保持在一个平面上。再次呼气时，放落身体，侧脸躺在垫子上休息［图 2-12-17（b）］。

(a)　　　　　　　　　　　　(b)

图 2-12-17　桥平衡式

2. 桥伸展平衡式

① 身体俯卧，屈双肘，将双手放于身体两侧，双脚分开与肩同宽［图 2-12-18（a）］。

② 脚尖点地，深吸气，呼气时收腹肌，慢慢带动身体离开地面，头部和腰部及臀部保持在一个平面上［图 2-12-18（b）］。

③ 在控制好身体的平衡基础上，慢慢地将左手臂抬起，向前延伸，与地面平行。目视前方［图 2-12-18（c）］。

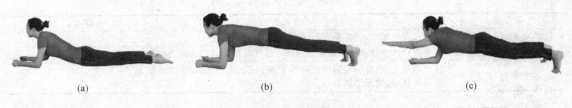

图 2-12-18 桥伸展平衡式

【任务实施】

　　桥平衡伸展式是桥平衡式的延伸。练习时，可以随时自查身体是否在正确位置上。整个身体的侧面呈平直的水平面，同地面平行；感觉腰间像被一根线提拉，向上抬起，注意臀部不要放松也不要高高耸起；腰背稍向上抬起，双脚和双臂不动。在练习桥伸展平衡式时，要控制好两脚和右肘的平衡性，达到可以舒展地伸出左臂。

　　俯卧体式易犯错误有以下几种。

　　桥平衡式：腰部下塌，腹部放松没有收紧，头部无力，身体重量都落在手肘部，身体从侧面看不是平直伸展的。

　　桥伸展平衡式：腰部下塌，腹部放松没有收紧，头部无力，身体重量都落在手肘部，身体从侧面看不是平直伸展的。手臂伸不直，身体歪斜。

## 参 考 文 献

[1] 矫林江. 瑜伽体位法全典图. 南京：江苏科学技术出版社，2014.
[2] 胡海燕，郭健. 瑜伽入门. 长沙：湖南科学技术出版社，2010.
[3] 黄今. 瑜伽理论与实践. 保定：河北大学出版社，2009.
[4] 张斌，李珊珊. 瑜伽从新手到高手. 福州：福建科技出版社，2015.

# 项目十三
# 二十四式太极拳

【案例引入】

太极拳是我国优秀的传统体育项目，是我国宝贵的文化遗产，有着广泛的群众基础，深受广大人民群众的喜爱。几十年来，经过实践证明，二十四式太极拳是重要的健身与预防疾病的锻炼项目，经常练习二十四式太极拳不但能增强体质，更重要的是对人们的身心健康有着积极的促进作用。

## 学习任务一 初识二十四式太极拳

【任务导入】

了解二十四式太极拳的起源和发展。

【知识准备】

太极拳是我国的国粹，它综合了各家拳法之长，结合导引吐纳，采用腹式呼吸，能在练拳时汗流浃背而不气喘，动作畅通气血。它也融合了以阴阳为基础的经络学说，成为内外双修，身心并练，将意识、呼吸、动作三者结合为一的内功拳法。其动作以松柔入手，练劲养气，可缓可快，柔中寓刚，刚中有柔。后来经过各路名师发展，自成流派。其中流传较广或特点较显著的有以下五式：陈式、杨式、吴式、孙式、武式。

太极拳适合任何年龄、性别、体型的人练习。经常练习太极拳，对于身心健康有意想不到的收获。

二十四式太极拳，因其是太极专家从杨式太极拳中精简而来，又仅二十四个招式，故常被叫做"简化太极拳"。二十四式太极拳虽然动作不多，但能充分展现太极拳运动的特点，与传统的太极拳法相比，内容更精练，结构更合理，动作更规范，在满足太极拳爱好者锻炼身体需要的同时，又便于掌握，易学易懂，费时少，收效快，所以流传极广，尤其为太极拳初学者所喜爱。

## 学习任务二 二十四式太极拳的动作

【任务导入】

熟练掌握二十四式太极拳的正确动作和练习方法，了解并掌握二十四式太极拳的动作技术要领，能够达到动作的基本要求。

**【知识准备】**

1. **起势**

身体自然直立，两脚开立，与肩同宽，两臂自然下垂。然后，两臂慢慢向前平举与肩同高同宽，手心向下，上体保持正直，两膝屈膝下蹲，两臂下落和身体下蹲的动作要协调一致，如图 2-13-1 所示。

(a)        (b)        (c)

图 2-13-1　起势

2. **左右野马分鬃**

上体微向右转，身体重心移到右腿上，同时右臂收在胸前平屈，手心向下，左手经体前向右下划弧放在右手下，手心向上，两手心相对成抱球状。左脚随即收到右脚内侧，脚尖点地左脚向左迈出，右脚跟后蹬，成左弓步。接下来动作相同方向相反，如图 2-13-2 所示。

技术要点：上体不要前俯后仰，必须宽松舒展胸部，两臂分开时要保持弧形，身体转动时要以腰为轴。

(a)        (b)        (c)

图 2-13-2　左右野马分鬃

3. **白鹤亮翅**

上体微左转，左手翻掌向下，左臂平屈胸前，右手向左上划弧，与左手成抱球状，左腿跟进半步，上体后坐，脚尖点地，成左虚步。

技术要点：完成姿势胸部不要挺出，两臂上下都要保持半圆形左膝要微屈。如图 2-13-3 所示。

图 2-13-3 白鹤亮翅

### 4. 左右搂膝拗步

右手从体前下落，左手由左下向上，同时上体先微向左再向右转，上体左转时右手屈回由耳侧向前推出。接下动作相同动作方向相反，如图2-13-4所示。

技术要点：前手推出时，身体不可前俯后仰，要松腰松胯。

图 2-13-4 左右搂膝拗步

### 5. 手挥琵琶

左脚跟进半步，上体后坐，身体重心转移到右腿上成左虚步，脚跟着地，左手由左下向上挑举，右手收回放在左臂肘部里侧，如图2-13-5所示。

技术要点：身体要平稳自然，沉肩垂肘，胸部放松。

### 6. 左右倒卷肱

上体右转，右手翻掌经腹前由下向后上方划弧平举，臂微屈，左手随即翻掌向上，右臂屈肘折向前，右手由耳侧向前推出，手心向前，左臂屈肘后撤，手心向上，撤至左肋骨外侧，同时左腿轻轻提起后退一步，如图2-13-6所示。接下来动作相同，只是左右相反。

图 2-13-5 手挥琵琶

技术要点：前推的手不要伸直，后撤手也不可直向回抽，随转体仍走弧线。

### 7. 左揽雀尾

上体微向右转，同时右手随转体向后上方划弧平举，手心向上，左手放松，手心向下，

图 2-13-6　左右倒卷肱

身体继续向右转，左手自然下落，逐渐翻掌经腹前划弧至左肋前，手心向上，右臂屈肘，手心转向下收至右胸前成抱球状，左脚向左前方迈出，上体继续向左转，右腿自然蹬直，左腿屈膝，成左弓步，同时右臂向左前方掤出，左手随即前伸翻掌向下，右手翻掌向上，经体前然后两手下捋，右臂屈肘折回，右手附于左手腕里侧，双手同时向前慢慢挤出，同时身体重心逐渐前移变成左弓步，左手翻掌，手心向下，右手经左手腕上方向前、向右伸出与左手同高，上体慢慢后坐身体重心移至右腿上，同时两手屈肘回收至腹前，身体重心慢慢前移，同时两手向前、向上按出，如图 2-13-7 所示。

技术要点：掤出、下捋、向前挤出、向前按时，要弓步松腰，动作连贯协调。

图 2-13-7　左揽雀尾

### 8. 右揽雀尾

体后坐并向右转，身体重心移至右腿，右手向右平行划弧至右侧，然后由右下方经腹前向左上划弧至左肋前，手心向上，左臂平屈胸前，左手掌向下与右手成抱球状，然后动作与"左揽雀尾"相同，只是左右相反。

技术要点：均与"左揽雀尾"相同，只是左右相反。

### 9. 单鞭

上体后坐，身体重心逐渐移至左腿上，同时上体左转，向左两手弧形运转，直至左臂平举，右手经腹前运至左肋前，身体重心再渐渐移至右腿上左脚向右脚靠拢，脚尖点地，右手向右上方划弧至右侧方时变勾手，左手向下经腹前向右上划弧停于右肩前，上体微向左转，左脚向左前方迈出，右脚跟后蹬成弓步，在身体重心移向左腿的同时，左掌随上体继续左转慢慢翻转向前推出，如图 2-13-8 所示。

技术要点：上体保持正直，松腰。

(a)   (b)   (c)   (d)

图 2-13-8 单鞭

### 10. 云手

身体重心移至右腿上，身体渐向右转，左手经腹前向右上划弧至右肩前，同时右手变掌，手心向右前，上体慢慢左转，身体重心随之渐渐左移，左手由脸前向左侧运转，手心渐渐转向左方，右手由右下经腹前向左上划弧，至左肩前，同时右脚靠近左脚，成小开立步，如图 2-13-9 所示，接着重复动作三次。

图 2-13-9 云手

技术要点：身体转动要以腰脊为轴，松腰、松胯，不可忽高忽低。

### 11. 单鞭

上体向右转，右手随之向右运转，至右侧方时变勾手，左手经腹右上划弧至右肩前，手心向内，重心落在右腿上，左脚尖点地，上体微向左转，左脚向左前侧方迈出，成左弓步，在身体重心移向左腿的同时，上体继续左转，左掌慢慢翻转向前推出，成"单鞭"式。

### 12. 高探马

右脚跟进半步，身体重心逐渐后移至右腿上，右勾手变掌，两肘微屈，同时身体微向右转，左脚跟渐渐离地，眼看左前方。上体微向左转，右掌经右耳旁向前推出，手心向前，左手收至左侧腰前，手心向上，同时左脚微向前移，脚尖点地，成左虚步，如图 2-3-10 所示。

技术要点：上体自然正直，双肩要下沉，右肘微下垂，身体不要有起伏。

### 13. 右蹬脚

左手手心向上，前伸至右手腕背面，两手相互交叉，随即向两侧分开并向下划弧，手心斜向下，同时左脚提起向左前方进步，身体重心前移，右腿自然蹬直，成左弓步，两手由外圈向里圈划弧，两手合抱于胸前，右手在外，手心均向后，同时右脚向左脚靠拢，脚尖点地，眼平看右前方，两臂左右划弧分开平举，肘部微屈，手心均向外，同时右腿屈膝提起，右脚向右前方慢慢蹬出，眼看右手，如图 2-13-11 所示。

技术要点：不可前俯后仰，两手分开时，腕部与肩齐平，蹬腿时，左腿微屈，右脚尖回勾，分手和蹬脚必须协调一致。

图 2-13-10 高探马

(a) (b)

图 2-13-11 右蹬脚

图 2-13-12 双峰贯耳

### 14. 双峰贯耳

右腿收回，屈膝平举，左手由后向上向前下落至体前，两手心均翻转向上，两手同时向下划弧分落于右膝盖两侧，眼看前方，右脚向右前方落下，身体重心渐渐前移，成右弓步，同时两手下落，慢慢变拳，分别从两侧向上向前划弧至面部前方，成钳形状，两拳相对与耳同高，拳眼都斜向内下，眼看右拳，如图 2-13-12 所示。

技术要点：完成式时，头颈正直，松腰松胯，两拳松握，沉肩垂肘，两臂均保持弧形。

### 15. 转身左蹬脚

左膝屈膝后坐，身体重心移至左腿，上体左转右脚尖里扣，同时两拳变掌由上向左右划弧分开平举，眼看左手，身体重心再移至右腿，左脚收到右脚内侧，脚尖点地，同时两手由外圈向里圈划弧合抱于胸前，左手在外，手心均向后，两臂左右划弧分开平举，肘部微屈，手心都向外，同时左腿屈膝提起，左脚向左前方慢慢蹬出，眼看左手，如图 2-13-13 所示。

技术要点：与右蹬脚式相同，只是左右相反。

图 2-13-13　转身左蹬脚

### 16. 左下势独立

左腿收回平屈，上体左转，右掌变勾手，左掌向上向右划弧下落，立于右肩前，掌心斜向后，眼看右手，右腿慢慢屈膝下蹲，左腿内向左侧伸出，成左仆步，左手下落向左下顺左腿内侧向前穿出，眼看左手。身体重心前移，左脚跟为轴，脚尖尽量向外撇，左腿前弓，右腿后蹬，上体微向左转并向前起身，同时左臂继续向前伸出，掌心向右，右勾手下落，右腿慢慢提起平屈，成左独立式，同时右勾手变掌，并由后下方顺右腿外侧向前弧形摆出，屈臂立于右腿上方，肘与膝相对，手心向左，左手落于左胯旁，手心向下眼看右手，如图 2-13-14 所示。

技术要点：右腿全蹲时，上体不可过于前倾，完成独立式时上体要正直，独立的腿要微屈，右腿提起时脚尖要自然下垂。

图 2-13-14　左下势独立

### 17. 右下势独立

右脚下落于左脚前，脚掌着地，然后左脚前掌为轴脚跟转动，身体随之左转，同时左手向后平举变成勾手，右掌随着转体向左侧划弧立于左肩前，掌心斜向后，眼看左手，接下同左下势独立动作相同，只是左右相反。

技术要点：右脚尖触地后必须稍微提起，然后再向下仆腿，其他均与"左下势独立"相同。

### 18. 左右穿梭

身体微向左转，左脚向前落地，脚尖外撇右脚跟离地，两腿屈膝成半坐盘式，同时两手在左胸前成抱球状，然后右脚收到左脚内侧，脚尖点地，身体右转，右脚向右前方迈出，屈膝弓腿成右弓步，同时右手由脸前向上举并翻掌停在右额前，手心斜向上，左手先向左下再经体前向前推出，与鼻子同高，手心向前，身体重心略向后移，右脚尖稍向外撇，随即身体重心再移至右腿，左脚跟进停于右脚内侧，脚尖点地，同时两手在右胸前成抱球状，眼看右前臂，接下来动作与前一个穿梭相同，只是左右相反，如图 2-13-15 所示。

技术要点：完成姿势面向斜前方，手推出后上体不可前俯，手的动作与弓步要协调一致。

(a)　　　　　　　　　(b)　　　　　　　　　(c)

图 2-13-15　左右穿梭

### 19. 海底针

右脚向前跟进半步，身体重心移至右腿，左脚稍向前移，脚尖点地成左虚步，同时身体稍向右转，右手下落经体前向后向上提抽至肩上耳旁，再随身体左转，由右耳旁斜向前下方插出，掌心向左，指尖斜向下，左手向前向下划弧落于左胯旁，手心向下，眼看前下方，如图 2-13-16 所示。

技术要点：身体要先向右转再向左转，完成姿势时上体不可太前倾。

(a)　　　　　　　(b)　　　　　　　(a)　　　　　　　(b)

图 2-13-16　海底针　　　　　图 2-13-17　闪通臂

### 20. 闪通臂

上体稍向右转，左脚向前迈出，屈膝弓腿成左弓步，同时右手由体前上提，屈臂上举停于右额前上方，掌心翻转斜向上，左手上起经胸前向前推出，与鼻尖齐平，眼看左手，如图 2-13-17 所示。

技术要点：完成姿势上体自然正直，松腰松胯，左臂不要完全伸直，推掌举掌和弓步动作要协调一致。

### 21. 转身搬拦捶

上体后坐，身体重心移至右腿上，左脚尖里扣，身体向右后转，然后身体重心再移至左腿上，与此同时，右手随着转体向右向下（变掌）经腹前划弧至左肋旁，拳心向下，左掌上举于头前，掌心斜向上，眼看前方。向右转体，右拳经胸向前翻转撇出，掌心向上，左掌落于左胯旁，掌心向下指尖向前，同时右脚收回后即向前迈出，脚尖外撇，眼看右拳。身体重心移至右腿上，左脚向前迈一步，左手上起经左侧向前上划弧拦出，掌心向前下方，同时右拳向右划弧收到右腰旁，掌心向上眼看左手，左腿前弓成左弓步，同时右拳向前打出，拳眼向上与肩齐平，左手附于右前臂里侧，如图 2-13-18 所示。

技术要点：右拳不要握得太紧，右拳回收时前臂要慢慢内旋划弧，然后再外旋停于右腰旁，拳心向上，向前打拳时，沉肩垂肘右臂要微屈。

(a) (b) (c)

图 2-13-18 转身搬拦捶

## 22. 如封似闭

左手由右腕下向前伸出，右拳变掌，两手手心转向上并慢慢分开回收，同时身体后坐，左脚尖翘起，身体重心移至右腿眼看前方，两手在胸前翻掌，向下经腹前再向上向前推出，腕部与肩平，手心向前，同时左腿前弓成左弓步，如图 2-13-19 所示。

(a) (b) (c)

图 2-13-19 如封似闭

技术要点：身体后坐时，避免后仰，臀部不可凸出，两臂随身体回收时，肩、肘部略向外松开，不要直着抽回。

## 23. 十字手

屈膝后坐身体重心移向右腿，左脚尖里扣，向右转体，右手随着转体动作向右平摆划弧，与左手成两臂侧平举，掌心向前，肘部微屈，同时右脚尖随着转体稍向外撇，成右弓步，眼看右手，身体重心慢慢移至左腿，右脚尖里扣，随即向左收回，两脚距离与肩同宽，两腿逐渐蹬直成开立步，同时两手向下经腹前向上划弧交叉合抱于胸前，两臂撑圆，腕高与肩平，右手在外成十字手，手心均向后，眼看前方，如图 2-13-20 所示。

图 2-13-20　十字手

技术要点：两手分开和合抱时，上体不要前俯，站起后身体自然正直，两臂环抱时须圆满舒适，沉肩垂肘。

24. **收势**

两手向外翻掌，手心向下，两臂慢慢下落，停于身体两侧，眼看前方，如图 2-13-21 所示。

技术要点：两手左右分开下落时，要注意全身放松，同时气也要徐徐下沉，呼吸平稳后，把左脚收到右脚旁，再走动休息。

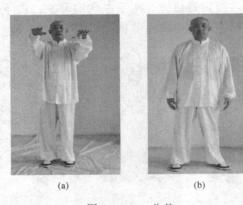

图 2-13-21　收势

## 参 考 文 献

武术编写组. 武术. 北京：人民教育出版社，1980.

# 项目十四 蹴球

## 【案例引入】

蹴球，原称踢石球，是古代蹴鞠运动的一种形式。现在的蹴球运动来源于清代的踢石球，是北京市民族体育协会挖掘整理的一个体育项目，经过十几年的不断表演和竞赛，现已形成了比较完善的规则，在群众中广泛普及。

## 学习任务一 初识蹴球

### 【任务导入】

了解蹴球运动的起源、特点、作用以及基本技术等。

### 【知识准备】

（一）蹴球运动的起源与发展

蹴鞠所用的运动器材石球，早在西安半坡文化遗址发掘中就有实物发现。到了汉代，蹴鞠游戏更加普及，其规则传说为黄帝所作，有二十五法。到了宋代，民间有专事蹴鞠的行会组织叫"圆社"。元代杂曲更有大量关于蹴鞠游戏的描写。到了清代，古代蹴鞠方法已大部分失传，只有在踢石球、夹包、花毽等游戏中还可以看到蹴鞠二十五法的一些影子。

蹴鞠原有二十五法，踢石球只是其中一法而已。关于踢石球，在古典小说《红楼梦》第二十八回中有这样的描写"……往东边二门前来，可巧门上小厮在甬路底下踢球……"这里写的踢球，就是踢石球。清末《北京民间风俗百图》第六十四图《踢石球》写了踢球之法：二人以石球二个为赌，用些碎砖瓦块铺地，用一球先摆一处，二球离七、八尺远，每人踢两次。踢中为赢，不中便输。关于清代踢石球的方法，有人曾向爱新觉罗·溥任先生请教，溥任先生系末代皇帝溥仪的四弟，从小在醇亲王府生活，他曾看到太监踢石球，所踢的球是老人们用以活动筋骨的手握健身球，踢的方法是先用脚尖踩住球，然后用力向前踹，以击中对方为胜。无论是图画记载，还是老人的描述，均是用脚踹球，不是我们现在看到的类似足球运动的踢球。踢石球实际是"踹"石球，因此踢石球游戏经过挖掘整理后，在成为正式群众比赛的体育项目时，用了"蹴鞠"的"蹴"字，定名为蹴球。

蹴球是中华民族的体育明珠，它的成功挖掘整理，使千年古书上记载的蹴鞠以新的面目得到新生，为新形势下的全民健身运动做出贡献。1995年第四届北京市民族传统体育运动会上，北京的重要区县均组织参加了比赛。1998年，全国许多省市民运会均设有蹴球比赛项目，蹴球运动得到广泛开展，运动技术逐渐提高。在北京市民委和北京市体委的积极努力下，1999年，蹴球被定为中华人民共和国第六届少数民族传统体育运动会的比赛项目。

### （二）蹴球运动的特点

同其他一些近似的球类项目相比，不难看出，蹴球运动最突出的特色是融竞技与娱乐于一体。现将蹴球运动的具体特点简述如下。

#### 1. 民族性

蹴球运动在满族等民族较为普及，具有鲜明的民族特色。蹴球运动体现的是中国的和合文化，动作文雅，智体结合，娱乐性和观赏性均很强，是中华民族共有的财富，是具有中国传统体育文化特色的非物质文化遗产。

#### 2. 户外性

蹴球与门球运动较为相似，都是以球的碰撞等技术达到得分取胜的目的，对抗是以球的对抗方式出现，没有选手间的身体接触，场地都设在沙质土地的户外球场上。不同的是门球以手持球棒击球，而蹴球则直接用脚踹击球。户外活动可以使运动员吸入新鲜空气，接受阳光的照射，改善人体的血液循环与新陈代谢。但也易受自然条件的限制，如风雨天就无法进行，天气过于寒冷或炎热也难以进行。

#### 3. 自娱性

蹴球是非身体对抗的运动项目，以球的碰撞和位置变化象征人的竞争，以智力性和战术性为特色，无需身体的剧烈活动，不像足球、曲棍球、手球那样通过身体的直接对抗来吸引观众，属表演性运动项目，具有强烈的可观赏性。蹴球属于参与性运动项目，它的趣味主要在于自娱性。

#### 4. 简便性

足球、曲棍球等需要高难的技术；高尔夫球对场地要求很高，占地很大；台球也需要较为昂贵的球台；门球场地也远远大于蹴球场地，还需要球棒等器材。相比之下，蹴球则简便多了。技术上，由于非身体直接对抗，它属于休闲性运动技能，也不需持杆持棒来击球，而是抬腿即蹴，简便易学，体力消耗也不大，几乎经过短期练习，便可以披挂上阵。这就是蹴球运动便于普及推广的一个重要原因。

#### 5. 大众性

由于蹴球运动的自娱性、简便性等特点，它既不像足球、篮球运动那样对运动员的身体素质有着近乎苛刻的要求，也不像台球、保龄球那样属于消费较高的休闲体育方法，又有别于麻将、电子游戏机等不良的休息娱乐方式，作为一种既高雅又普通的锻炼方式，蹴球完全可以成为我国广大群众体育消费的对路项目，将会在广大百姓的认可下焕发无限生机。

### （三）蹴球运动的作用

#### 1. 强身健体

作为一项户外运动，蹴球运动可以增加人们与新鲜空气和阳光接触的机会，吐故纳新，加强新陈代谢，增强人体的免疫力。这一点对老人、儿童及长期从事室内或地下工作的人来说是必不可少的。蹴球运动强度不大，主要是通过眼睛与腿脚的配合来完成动作。人的视觉同中枢神经有密切联系，在蹴球活动中，人们通过眼睛来判断方位，设计击球角度，瞄准击球点，从而使视觉功能得到改善，增强眼睛对外界的判断能力。

踢球运动对预防老年性脑血管硬化症有明显的益处。踢球活动主要靠腿的力量击球，踢球时形成的一腿支撑、一腿上抬前摆的动作，需要腰部、腿部的力量较大，同时还需上体及上肢力量的配合。因此，可以使腰、髋、膝、踝等部位关节和肌肉得到一定程度的运动，起到利关节、活筋骨的作用，防止一些老年性关节疾病，对骨折、韧带拉伤、肌肉损伤、脑血栓后遗症等都具有康复疗效。同时，长期从事踢球运动还可以提高肌肉的弹性和力量，提高身体平衡能力，增进健康。

2. 悦心寄情

人的本性是自由、富于创造性的。自由、创造性的生活使人精神充实，有所寄托。人们寄情于体育，从而在竞争的游戏中克服各种心理和生理的障碍，使人自由、创造的本性复归。心灵的构建，是人性塑造的重要课题，踢球作为一项愉悦身心的体育项目，在这方面开辟了一条通道。

3. 开发智力

踢球运动包含复杂的战术意图和对各种战机的把握、对战术组合的选择等智力因素。经常从事踢球运动可以使人思维敏捷果断。它对于培养人的直觉力、领悟力和理解力是有积极作用的。所谓直觉力就是一种直观感受反应的能力，在踢球运动中，对方位的判断、战机的捕捉、战术的应用，都是通过直观感受做出的。经常练习会使人某一方面的感受力敏锐，能够迅速地对外界做出较为准确的反应。所谓领悟力，实际上是通过情感方式对外界的一种整体把握。踢球比赛是按顺序轮流上场踢球的，踢球动作在一瞬间完成，没有太长的控制球的时间，能否实现预期目的，除了直觉力外，情绪的选择也有重要意义。踢球训练和比赛在调整人们情感的同时，也培养了人的领悟力，建立人对外界反应和判断的情感逻辑。所谓理解力则是一种理智能力。踢球运动是在一定规则制约下的活动，训练和比赛中要正确地运用规则，理解各种战术的特点，了解本方和对方的优势和劣势，并能根据临场实际迅速地作出有效的战术方案，以达到"克敌制胜"的目的。理解力是重要的智力因素，通过战术性特征明显、以巧取胜为特色的各种体育锻炼，可以得到强化，从而起到开发智力的作用。

4. 寓教于乐

踢球是融竞技与娱乐于一体的运动项目，其中隐含着深刻的教育意义，具体表现在：第一，在竞争中强化进取意识和奋斗精神；第二，作为非身体接触直接对抗的运动，它排除了身体对抗所引起的亢奋，使人的智、勇、技等方面的竞争与对抗以间接的方式表现出来，人的情绪可以控制在理智范围内，可以帮助人们在进取、拼搏中建立一种理性的态度；第三，其以智取胜、以技取胜、以巧取胜，而不凭借体力夺标的特点，使人们通过训练和比赛，培养出一种高尚、文明的情趣，建立一种新型的健康快乐的生命价值观。

（四）踢球的基本技术与练习方法

踢球技术是指运动员在踢球比赛中所采用的合理动作的总称。从踢球比赛队员在场上的技术特点可分为踢一般球及踢非撞击球。

1. 踢一般球

眼视进攻目标，凝神静气，踢球腿腹肢直肌、髂腰肌等用力收缩使髋关节做屈曲即大腿向前上方抬腿的动作，同时脚掌压紧球使之向前滚动，朝进攻目标奔去。

2. 踢非撞击球

踢非撞击球是指运动员在比赛中，发球、回避球、前进1m球等技术。

## 学习任务二　蹴球基本动作

【任务导入】

熟练掌握蹴球的正确动作和练习方法，了解并掌握各种蹴球动作技术要领，能够达到蹴球动作的基本要求。

【知识准备】

蹴球就是指蹴球脚脚跟触地再用脚前掌压住球面后向前蹴出。由于脚触球后一旦使球发生位移即为蹴球一次，因此，脚触球后不能发生晃动，然后用不间断的连续动作一次性将球向前蹴出。根据这个要求，现将蹴球技术分成五个部分分述如下。

#### 1. 准备姿势

蹴球前的准备姿势系指运动员从自己的发球区场外步入场内本方球后50cm左右，面向进攻方向站立的姿势。要求两脚左右自然开立，或右（左）脚稍前左（右）脚稍后开立，全身放松，镇定自若，目视对方球（图2-14-1），根据临场情况对本次进攻目标与战术布置进行积极思考，拿出本次进攻的战术方案，用于指导技术应用的选择。此外，在重大比赛和关键球时，准备姿势还有心理调节和情绪控制的作用，它对于稳定情绪、树立信心及对正确技术的"过电影"式想象都有积极的意义。

#### 2. 支撑脚站位

一旦确定进攻战术方案，对技术应用迅速做出选择，即以左脚（以右脚蹴球为例）前跨一步，在球侧后方20cm处站定，脚尖外展，与出球方向成45°夹角，左膝微屈，重心落在左脚上，右脚跟提起，脚尖着地，收腰含胸，松腹敛臀，两臂自然下垂，全身放松，目视本方球，如图2-14-2所示。

图2-14-1　准备姿势　　　　　　　　　　图2-14-2　支撑脚站位

#### 3. 蹴球脚压球与瞄准

支撑站定寻得身体平衡后，蹴球脚提起，以脚跟在球正后方15cm处着地，脚掌前部在球上方距球2cm左右，脚的方向瞄准进攻方向，方向调正后，即以脚掌轻轻压住球，不能使球发生任何移动，压紧后眼睛转视进攻目标。此时，支撑腿膝关节微屈，支撑全部体重，维持身体平衡；蹴球腿膝关节自然弯曲，脚踝勾起，脚掌压在球上，如图2-14-3所示。

图 2-14-3　蹴球脚压球与瞄准　　　　　　　　图 2-14-4　蹴球

#### 4. 蹴球

抬腿蹴球是蹴球技术各个环节中最重要和最关键的，动作是否正确直接影响出球的准确性和力量，即影响进攻的效果。抬腿方向直接影响出球准确性，因此，抬腿前踹方向应与进击目标方向完全一致；抬腿速度及脚掌对球面压力直接影响出球力量和速度，因此，要根据攻击目标的距离及其在场上的位置按照战术布局需要，蹴出不同速度和不同滚动方向的球。一般有7m以上的远距离大力球，3～7m的中距离一般球，3m以内的近距离轻球，及超近距离最轻球和进攻边线附近的超近距离回旋球。除回旋球外，其他四种球动作方法均一样，仅仅只是抬腿用力大小不同（图2-14-4）。

蹴回旋球时，脚掌比蹴一般球稍偏后一些，即以脚趾部位压住球即可，目视进攻目标，凝神静气，脚掌用力下压。随着用力的增大，球以回旋（下旋）的形式向前滚出，在向前移动的过程中保持回旋滚动，撞击目标球后，前移的动能即传给目标球，主球则以回旋的形式滚回来。在进攻对方处于边线附近的球时，这种回旋球不会出界，使本方处于优势地位。

#### 5. 维持平衡

蹴球后的身体平衡，虽然是全过程的结束动作，但是能否维持身体平衡却关系到进攻的成功与失败。规则规定，队员蹴球后身体不能触及场内其他球，因此抬腿蹴球结束后，应保持身体重心落在支撑腿上。蹴球脚摆至膝关节部位时应及时制动，随即自然放下，形成双脚支撑的姿势，保持身体平衡，并注意不要触及场内其他球。目视进攻方向，了解进攻效果，做好下次进攻的准备或离场回到自己的场外位置，身体不能触及其他球。蹴回旋球时，球蹴出后，蹴球脚应迅速提起以防球滚回时碰到脚而犯规，然后自然放下，形成双脚支撑。

### 【任务实施】

#### 1. 蹴球练习

蹴球练习说明见表2-14-1。

表 2-14-1　蹴球练习说明表

| 练习方法 | 动 作 要 领 | 分值 | 得分 |
|---|---|---|---|
| 蹴球的准备姿势模仿 | 假设地面有一枚蹴球，在地面做蹴球的无球模仿，先学好基本技术动作，一定要注意全身放松，镇定自若，目视对方球 | 25 | |

续表

| 练习方法 | 动作要领 | 分值 | 得分 |
|---|---|---|---|
| 蹴球压球与瞄准 | 此方法应注意蹴球脚压球与蹴球脚部位的正确与否,同时还要检查其支撑位置的状况 | 25 | |
| 蹴球 | 注意动作要领,抬腿蹴球方向应与进击目标方向保持一致,两人一组,面对面做蹴出1m练习,保证蹴出的位置与目标位置一致 | 25 | |
| 回旋球 | 注意脚掌用力下压,挤压脚的力量是不够的,必须全身协调用力,在边线处主球与目标球相距1m,做回旋球练习 | 25 | |

**2. 应注意的主要问题**

① 蹴球既可用右脚,也可用左脚,一般要求左右两脚要较熟练掌握,以适应赛场纷繁复杂的情况。

② 支撑脚站位位置以20cm左右为宜,且站在球的侧后方。站近了完成蹴球动作受到限制,动作拘束、紧张,不易于控制出球方向和力量大小；站远了则用力分散,且易造成上体后仰,难以维持身体平衡。

③ 脚掌触球部位可根据临场需要,进行适当调整,如蹴回旋球时,可偏于脚掌前部靠脚趾部位。主球两侧有被保护的球时,可偏内或偏外脚掌缘,以不触及或影响其他球为宜。

④ 抬腿前蹴是蹴球技术的主要环节,是出球准确与否及力量大小的关键,要根据临场不同战术需要打出不同力量的球,原则是既有利于本方下一次进攻,又能将对方球击出界而保持本方不出界。

⑤ 蹴回旋球时,要保持脚跟不动,脚掌用力下压将球挤出,不能以脚跟移动,脚向后拉的方式使球回旋前滚,否则即为违例。

⑥ 攻方球出界,本次进攻队员必须在15s内将球捡回并在球的同号发球区将球蹴入场内；守方出球,球的同号队员必须在15s内将球捡回放置在中心点上（一次进攻中的第一个出界球）,或在球的同号发球区将球蹴入场内（第二个出界球）。

⑦ 一次蹴球结束后回到本号发球区场外,在未得到许可情况下,不许擅自进入场内或在场外任意走动。

**3. 游戏比赛**

蹴球游戏比赛说明见表2-14-2。

表2-14-2 蹴球游戏比赛说明表

| 名称 | 任务实施 |
|---|---|
| 游戏方法 | 四人一组,某一人拍掌,其中一名同学蒙着眼睛听着声音运用蹴球的基本动作将球蹴出,看谁蹴出的球更接近目标地点 |
| 游戏规则 | ①不能随意起哄<br>②注意蹴球的基本动作<br>③每一名同学都不能触碰主球,不能阻挡主球 |
| 要求 | 认真听老师讲解游戏方法与规则,并在游戏中遵守游戏规则,发扬团结互助的精神,互相鼓励 |
| 结果点评 | 教师宣布比赛结果并点评学生在游戏中运用技术的情况 |

## 学习任务三　蹴球碰撞与力量分析

【任务导入】

熟练掌握蹴球的碰撞及力量的分析,了解并掌握各种蹴球基本技术要领,能够达到蹴球动作的基本要求。

【知识准备】

蹴球是以本方球击中对方球而得分的运动。按规则规定,击中对方球一次可得 1 分,将对方球击出界可得 4 分,而本方球出界,对方得 2 分。可见,蹴球技术特点是攻击准确而且力量适当。只有攻得准,击中对方方可得分。且只有力量适当,将对方击出界外,并保持本方不出界,才可得高分,并不给对方加分。蹴球技术的这种准确性和力量性特征以及战术变化万端的特点,使其具有无穷的趣味和魅力。通过对蹴球的了解,做出如下的技术分析。

（一）蹴球碰撞分析

纵观蹴球比赛的整个过程,不外是队员根据规则给予的权利,合理有效地利用蹴球权,准确地选位、撞击,从而得分获胜。整个竞技过程,是为了实现取胜目的而合理利用各种蹴球方法展开进攻和防守的过程,是运用规则斗智斗勇的过程。在整个过程中,一切技战术的目的就是为了使自己的球撞击对方的球,只有实现了撞击,才能得分获胜,因此,球的碰撞是蹴球运动主要特点。下面就对碰撞现象进行分析。

1. 主球与目标球

轮及队员蹴球时,根据规则规定,队员可以蹴本方两球中的任何一球,队员选蹴的那一球即为主球。主球以外的球,包本方另一球和对方两球统称为目标球（或称他球）。蹴球比赛中运动员要么将主球蹴出去撞击目标球,要么将主球蹴出推送到有利本方的位置上去。

2. 蹴球的形式

（1）非撞击球

球蹴出后,不以撞击他球为目的,而是将球送往预定区域完成规则要求或做战术配合。如发球、回避、由停球区向外蹴球、前进 1m 的进攻球等。

（2）撞击球

主球蹴出直接碰撞目标球。这是蹴球竞赛中最常见的蹴球形式,通过碰撞实现得分和获连蹴权,继续蹴球撞击再得分,造成一次进攻连续得分的局面。

3. 正撞与分球

撞击是指经发球进入场内成为有效球后,再用主球撞击目标球,并使主球停在场内,对方目标球击球场外。

撞击技术是蹴球最重要的技术之一。规则规定只有本方球撞对方球后才能得分,并获连蹴权。如果一蹴直接撞击两球,则可用此球连蹴两次。在蹴球时,除了要求撞中 1~2 个目标外,还要求将主球与目标送到有利于下一蹴的好位置,或使主球停在场内,对方球滚出场外。因此,撞动击技术好,可以使本队在比赛中从劣势变优势或者继续扩大优势,为全场比赛的胜利创造有利条件。

撞击方式可分为正撞与侧撞。正撞是指主球撞击目标球正后中部,撞击后,目标球沿主球原来的运动方向前进，而主球上旋以较小速度继续前滚一小段距离后停住。回旋球则撞击后沿原来路线滚回。侧撞是指主球一侧撞击目标中心外一侧的某一点，侧撞后，主球与目标按各自不同的方向滚动，出现分球的现象。按分球的不同情况可将其分为半球、厚球、薄球三种。比赛中应根据不同的球势，不同的战术需要踢出不同的撞击球。

（1）正撞

正撞踢球时，要求用主球的球心瞄准目标球的球心，使脚跟中心点、脚的中轴线、主球球心、目标球球心处在一条直线上，球踢出后沿着这一直线滚动触及目标球正后中部。撞击后，目标球沿主球原来的运动方向以接近主球原来的速度前进，以上旋形式滚动的主球则由于自转的前冲力继续跟目标球前进一段距离，即所谓的跟球。前进速度的快慢、距离的大小，由撞击前的自转速度决定。自转速度快则跟进速度快，跟进距离大；反之则跟进速度慢，跟进距离小。

而以回旋形式滚动的主球则由于自身产生逆旋的力量沿着原来的路线退回，即所谓的缩球。退回的速度快慢、距离大小亦由撞击前回旋自转的速度决定。回旋速度快则退回的速度快，退回距离大；反之则退回速度慢，退回距离小。

（2）半球

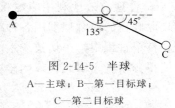

图 2-14-5 半球
A—主球；B—第一目标球；
C—第二目标球

与正撞的情况不同，踢半球时，主球撞击目标半只。要用主球的球心瞄准目标球的一侧边缘，使踢球脚脚跟中心点、脚的中轴线、主球球心、目标球一侧边缘处在一条直线上，这样主球与目标球相撞时，正好是目标球的一半球，因此就叫做半球（图 2-14-5）。半球是分球的典型形式。

在半球踢法中，主球撞击目标球后，按碰撞规律，主球按半球的正常分球角度 45°自然运行。如果第二目标球与第一目标球及主球的球势如图 2-14-5，那么运用半球的踢法，就能达到主球击中两个球而获两次连踢的机会的效果。懂得踢半球的原理后，就能利用半球的特点创造多得分和连踢两次的机会，更重要的是半球的分球角度可为下面要介绍的厚球和薄球踢法提供参考。

（3）厚球与薄球

掌握了半球踢法后，再来谈谈厚球和薄球就容易了。主球撞击目标球半只以上直至全只的，都称为厚球。主球撞击目标球少于半只直至擦一层皮的，都称为薄球。实战中，凡是分球角度小于半球的分球角度 45°的球，就应选择用厚球或薄球的踢法。利用半球的 45°分球角度作参考是较为理想的确定分球角度与瞄准点的办法。因为半球的瞄准点正好是目标球的一侧边缘，这个瞄点最明显，最好找。至于是用厚球踢法还是用薄球踢法，则要根据厚球与薄球撞击后主球与目标球的前进速度特点及当时的球势来决定。

踢厚球时，要用主球的球心瞄准目标球一侧边缘至球心之间的某一点，这样主球就会撞击目标球的半只以上直至全只（即半球与正撞之间）。撞击越厚，分球角度越小，目标球前进速度越快，主球分球跟进速度越慢。

踢薄球时，要用主球的球心瞄准目标球一侧边缘至边缘以外球的半径的距离之间的某一点，这样主球就会撞击目标球的半只以下直至擦一层皮（即半球与擦皮球之间）。撞击越薄，分球角度越小，主球的前进速度越快，目标球的前进速度越慢。有时目标球只稍动一下，这就是擦皮球。

这两种踢法，在同一球势下，可产生两种不同的效果，因此，实战中应根据不同球势和战术需要，适当选用。

由于判定分球角度是凭运动员的肉眼，不可能像仪器仪表那样精确。特别是当目标较远时，更是如此。瞄准点的选择也是凭运动员的肉眼进行，只能确定大致在什么地方，很难精确到几点几厘米。因此，判定分球角度和选择瞄准点的精确程度，是人们在运动实践中总结出来的，在实践中反复练习反复体会反复思考，逐渐积累经验，提高分球效果，才能在实践中多使用双球战术，提高攻击威力。

### （二）踢球力量分析

在评定踢球技术质量的指标中，除了出球方向准确外，出球力量也是重要的指标之一。高质量的球应该是符合战术要求的，既有准确的方向又有适当力量的到位球，到位包括非撞击形式的球的到位和撞击形式的球撞击后主球与目标球的到位。由于球是否能准确到位不仅受出球方向的影响，还受到出球力量的影响，现将踢球力量分析如下。

#### 1. 踢出距离

球被踢出的开始位置到球停止的位置，球心到球心之间的长度叫踢出距离，控制踢出距离对比赛的战术布局有非常重要的作用。在方向准确的情况下，球是否能准确到位主要就取决于踢出距离的大小。踢出距离是由踢球腿抬腿前踹力量决定的。这个力量主要表现为抬腿前踹的速度和脚掌压住球面的力量。

#### 2. 非撞击球的力量

控制好非撞击球的力量，使技术运用符合战术要求，可抑制对方的进攻，为本方赢得有利的局面。在踢出方向准确的情况下，本方进攻不利，如给对方有利则更糟。比如发球战术，用力重了球出界，给对方加 2 分，轻了未触及中圈线，给对方加 1 分，且球不到战术需要的位置。这类球的到位情况直接由踢出距离决定。因此掌握踢球力量与踢出距离的关系至关重要，一般踢球力量与踢出距离成正比，力量越大，踢出距离越远，反之则近。运动员应在反复的实践练习中体会这种关系，并根据场地光滑平整情况、个人水平情况以及当时风向风力情况进行适当调整，使用适当的力量，打出理想的到位球。

#### 3. 撞击球的力量

与非撞击球情况不同，撞击球还要求撞击后主球和目标球的到位要准，撞击球的到位不仅与踢球力量有关还与撞击形式有关，情况变得更为复杂。

（1）正撞球的力量

正撞后，目标球以略小于主球原来速度的速度沿主球原来方向前进，上旋的主球继续跟进一小段后停住，回旋球按原来方向退回。主球上旋的正撞：撞击后，主球与目标球的距离同撞击前瞬间的球速度成正比，主球速度越大，则主球与目标球距离越远，反之则近。主球回旋的正撞：撞击后，主球与目标球的距离除同撞击前瞬间主球前进速度成正比外，还同主球回旋强度成正比。

主球被踢出时的位置与目标球停止的位置之间的距离略小于相同力量下非撞击球的踢出距离。实践中应根据这些情况控制踢球力量。踢出高质量的到位球，是满足本方制胜的战术布局的需要。

（2）分球的力量

侧碰撞击后，主球与目标球按各自的方向前进，这时对球的到位要求不仅包括目标球和主球的到位，有时还要考虑到第二目标球的到位情况，即要考虑三个球的到位情况。这时球的到位情况既受踢球力量的影响，也受撞击的厚薄情况影响。因此，实践中要应用半球、厚球、薄球的知识来指导蹴球力量控制，根据临场不同球势，采用不同蹴球方法，用适当的力量实现战术目的。

## 【任务实施】

### 1. 练习蹴球

① 两人一组，一人单脚踩球，另一人将球蹴出，击打目标球，然后观察主球的轨迹。
② 两人一组，一人将球蹴出，另一人观察主球及目标球的轨迹。
③ 四人一组，采用四球制，互相做蹴球练习，控制主球力量，观察球的运动轨迹。

### 2. 游戏环节

蹴球游戏说明见表 2-14-3。

表 2-14-3 蹴球游戏说明表

| 名称 | 任务实施 |
|---|---|
| 游戏方法 | 四人一组，将目标球摆在特定的位置，通过对球的碰撞和力量的控制，将主球蹴出，击打目标球，并能控制主球停球的位置 |
| 游戏规则 | ①不能随意起哄<br>②注意蹴球的基本动作<br>③四名同学不能触碰主球，通过对主球的控制，掌握蹴球技术 |
| 要求 | 认真听老师讲解游戏方法与规则，并在游戏中遵守游戏规则，发扬团结互助的精神，互相鼓励 |
| 结果点评 | 教师宣布比赛结果并点评学生在游戏中运用技术的情况 |

# 学习任务四 蹴球战术

## 【任务导入】

运动员蹴球战术能力是指运动员掌握和运用蹴球战术的能力，是运动员整体蹴球竞技能力水平的重要构成部分。

## 【知识准备】

蹴球战术是蹴球比赛过程中为了战胜对手，根据蹴球竞赛规则、蹴球运动的规律及彼我双方情况和临场的发展变化，所采取的制约对方、争取胜利的蹴球计谋与策略。

战术是以技术为基础的，技术越高超越能发挥战术的威力。此外，战术质量、战术水平的高低还与队员的心理品质、智力水平、身体素质密切相关。比赛过程中，技术、心理素质、智力水平、身体素质总在具体的战术行动中体现出来。竞赛实质上是技术、战术、心理、智力等诸因素的有机组合和全面较量。

### （一）蹴球战术特点

#### 1. 单独性

蹴球竞赛规则规定，无论是单蹴、双蹴或是团体赛，队员只能按顺序单独进场蹴球。战术的实施只能由一个人来完成，场上总是一个人在单兵作战。因此，在双蹴的比赛中，应将技术精良、头脑清醒、心理素质较好的队员做 1 号队员（首发球队）或 2 号队员（次发球队）。这样，在比赛的开始就可以打出漂亮的球，既鼓舞了士气，也为本队拿到高分，为比赛胜利打下基础。由于单独性的特点，队员在场上要沉着冷静、审时度势、扬长避短，选择最佳的战术方案，完成每一轮次、每一蹴球权的具体任务。

**2. 多变性**

体育比赛的偶然性是众所周知的，由于队员水平发挥的情况不同，场地及对手情况的变化，比赛常常会出现许多意想不到的局面，因此事先制定的战术也不是一成不变的。能够不断根据赛场情况调整战术是一个球员成熟的表现。

**3. 智慧性**

每一种战术的实施，不仅仅是技术、心理素质、身体素质的综合反映，而且也显示了队员的智慧程度。对某种战术的选择与运用，常常与球员的经验和智力程度密切相关。作为轻体能、重技巧、重智慧的一项运动，更需要经验和知识，这样才能提高应变能力。

**4. 整体性**

比赛过程中，虽然队员只能单独按顺序进场蹴球，但这并不意味着每个人都是各干各的。战术布局应体现出相互间的衔接与配合。队员上场时，就应看清场上的形势，既要考虑到自己本次蹴球权的情况，也要考虑到下一个对方队员的情况及本方另一队员将要面临的形势。要从全局出发，突出二人的配合，不计较一球的得失，确保本队从整体上战胜对方。如1号队员上场时，双方球相距7~8m之外，本人没有把握得分，而对方2号队员蹴远球技术也不过硬，1号队员应将球向对方推进1~2m，造成对方攻击无把握，而再向前进1m也不利的被动局面。

掌握好蹴球战术可以制造更多的得分机会，而且增强比赛的趣味性和刺激性，使蹴球的健身、悦志、娱情、启智、美育等功能得到充分发挥。

**（二）蹴球技术与蹴球战术的关系**

蹴球技术是蹴球战术运用的基础，蹴球战术则是整个蹴球比赛的灵魂。没有良好的技术作为基础，蹴球战术便不能很好发挥。只有精准的技术而不能灵活地运用战术，比赛也无法取得更好的成绩。因而，蹴球技术与蹴球战术之间是辩证的关系，二者相辅相成，缺一不可。在训练中，既要重视蹴球技术水平的提高，也要加强蹴球战术运用能力的培养。

**（三）蹴球常用战术**

**1. 首轮发球战术**

首轮发球是指比赛开始按1、2、3、4号顺序每人将自己的球从同号发球区蹴入场内。经发球进入场内的球即为有效球，有进攻和被进攻权。由于蹴球比赛按顺序上场进攻的特点，首轮发球后即由首发队的1号先进攻，因此，首轮发球的战术思想应是①、③号占据场上有利进攻的位置，②、④号尽可能远离①、③号，避开①、③号的进攻，具体布局如图2-14-6。①、③号球穿过中心圆或在中心圆内，占据场地中央地区，便于向各个方向发动进攻；②、④只好选择对角场区，远离中央地区，处在①、③号较难进攻的位置。

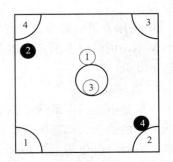

图2-14-6 首轮发球战术示意图

注意事项：

a. ②、④既要向对角场区靠，又要注意不能出界，由于是远距离球，蹴球力量控制显得非常重要。

b. 发球不能触及场内其他球,以免被处罚给对方加分。

**2. 五分球战术**

五分球战术是指根据临场球势,在连蹴也只能攻击对方同一球的情况下,第一蹴不将对方球蹴出界,而在第二蹴时再将对方球蹴出界,造成得1+4=5分的机会。如一蹴即将对方蹴出界,连蹴时又无法击到对方另一球,这样只能得到4分。

如图2-14-7所示,③号球如果一蹴即将④号球击出界,这时②号球处于7~8m之外的对角场区,连蹴没有意义,只得4分。因此,应选择5分球战术,第二蹴再将④号球蹴出界,可得5分。

**3. 八分球战术**

八分球战术是指在第一蹴和连蹴时都能将对方球蹴出界的情况下,决不手软,要果断地第一蹴就将对方一球蹴出界,第二蹴时又将对方另一球蹴出界,造成得4+4=8分的机会。如图2-14-8所示,②号球先将①号球蹴出界外得4分,连蹴时再将③号球蹴出界外再得4分。此时,①号球放入中心停球区,③号球从③号发球区发球,对②、④号球不会构成威胁。因此,②、④既得高分又既处于有利球势。

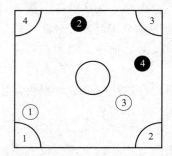
图2-14-7 五分球战术示意图

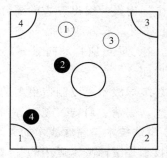
图2-14-8 八分球战术示意图

注意事项:

a. 击球准确性要高。在要蹴正撞才能有利于第二次进攻时,绝对不能使球偏离远;在要分球才能有利于第二次进攻时,既要保证第一蹴就将对方一球击出界,同时使主球分至有利位置。

b. 击球力量要适当。只有用力适当才能使主球撞击后处于有利位置,目标球出界。如用力偏小,则目标不出界;用力过大,主球也可能出界,如此第一蹴则失去连蹴权,还给对方加了2分。

**4. 双球战术**

双球是指在一次蹴球过程中,利用分球技术使主球先后连续撞击两个目标球,造成获得连蹴两次的机会。比赛中获得两次连蹴权,即一次蹴球中有三次蹴球机会,大大增强了攻击力量,有时可以使场上形势大大改观,因此,蹴球比赛中大家都积极利用双球战术。如图2-14-9所示,利用分球技术,④号球撞击①号球后,再分球撞击③号球,即可得1+1=2分,并获两次连蹴权。然后,先将③号球蹴出界外,再将①号球蹴出界外。这样,这一次进攻可得2+4+4=10分。

注意事项:

a. 要有强烈的双球战术意识,根据临场球势,只要有机会就要大胆使用,如蹴保守球,有些机会就会放过了。

b. 要提高双球战术的有关技术基础，即提高分球技术水平。双球是三个球的精确碰撞，除了要求能碰到第二目标球外，还要求碰撞后三个球的到位形势要有利于紧接着的两次蹴击。因此，双球战术对分球的准确性和力量的适当性要求极高。

c. 要考虑到万一双球未成的安全问题。即要做到万一未打成双球也要使球处于有利第二次进攻的位置，决不能弄巧成拙使自己处于不利局面。

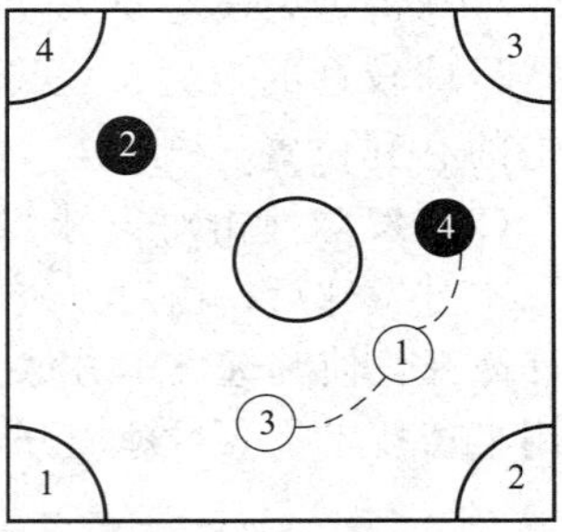

图 2-14-9　双球战术示意图

### 5. 前进1m战术

当双方球相距在7～8m之外，攻击无把握时，可以采用规则允许的向对方球方向前进1m以上的战术行动。具体前进多少要根据双方球的实际距离及下一个对方队员蹴远球进攻能力而定。以两球相距9m为例，如下一个对方队员攻击远球较差，则可将球向前推进3m左右，此时两球相距6m，对方想攻没有把握，如对方也推进1m，那么轮到本方另一队员进攻时，两球仅相距5m左右，进攻就容易多了。如对方队员攻击远球能力较强，则只能将球向前推进1～2m，此时两球相距还有7～8m，对方也难以进攻，只好向前推进1m左右，这样轮到本方进攻时，两球相距在6m左右。

### 6. 回避球战术

回避球是指本方对较远距离进攻无把握，而采用前进1m战术又会将本方球推至对方容易进攻的范围时，队员提出申请，经裁判员同意，可以不向对方球进攻而蹴向任何方向、任何距离以避开对方进攻的球。每局比赛每个队员享有1次回避球申请权。

利用规则给予的回避球申请权，实施回避球战术，能变被动为主动，掩饰自己蹴远球技术不过硬的不足，给对方制造不利的局势，调节进攻节奏，为本方赢得有利形势。

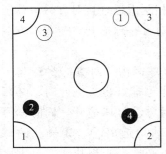

图 2-14-10　回避球战术示意图

如图 2-14-10 所示，四个球散居场地四角，轮到1号队员进攻时，如采用向②号或④前进1m的战术，则将球推至④号球易进攻的范围，此时采用回避球战术，①号球蹴向③号发球区附近，为对方2号队员进攻制造难度，使本方处于有利形势。

### 7. 回旋球战术

当对方球处在边线附近或压在边线上，而本方球与对方球相距30cm左右，用上旋球撞击可能使本方球也出界时，采用回旋球战术，由于回旋球的性能特点，撞击后主球沿原来的方向滚回，将对方击出而自己不会出界。

### 8. 犯规战术

出于战略目的的考虑，或为破坏对方有利球势，或为本方获取某种局部利益，在万不得已的情况下可以用积极的犯规手段来取得战术效果。犯规战术需要高度的判断力和决心，并要冒一定的风险。利用犯规战术有以下几种形式。

（1）发球不到位

本方发球后，由对方进攻时，在本号发球区的有效范围内对方球已占据，此时，利用发球不到位的犯规战术，将本方球发至远离对方球的位置，增加对方进攻难度。

如图 2-14-11 所示，图中阴影部分为②号球的有效发球范围，而此区域已被对方①号球和③号球占据，②号球发至区内任何位置都易被攻击。因此，可以选择犯规战术，将球蹴在离③号球较远的位置，也可轻轻蹴一下，球几乎不动，给对方加1分，而使己方处于不易被攻击的有利位置。

（2）发球撞击对方球

本方发球后，由对方进攻时，可将对方距本方另一球较近的球用分球技术或大力正撞技术将其撞开，使其远离本方球。如图2-14-12所示，对方③号球距本方④号球较近，②号发球时，可用半球技术将③号球撞开，给对方加1分，但避免了对方进攻④号球得5分的局面发生。

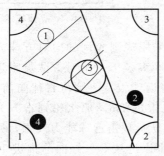

图2-14-11　发球不到位

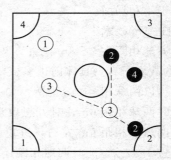

图2-14-12　发球撞击对方球

注意事项：

a. 一定要将对方球撞得远离本方二球，因此，用力要适当，分球角度要合理。决不能弄巧成拙，撞击后，使对方更容易进攻本方。

b. 不能将对方球撞出界，规则规定，发球直接或间接将对方球击出界外，罚给对方加4分。

（3）出停球区撞击对方或本方球

从停球区向外蹴的球无攻击权。但在本方另一球与对方一球相距太近，且对方另一球距停球区的球也很近时，可选择出停球区时将本方另一球撞开或将对方一球撞开，造成本方二球均远离对方二球的球势。

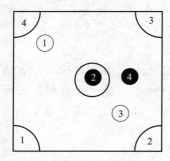

图2-14-13　出停球区撞球

如图2-14-13所示，②号球在停球区内，对方③号球与本方④号球相距较近，且对方①号球距停球区也近。此时，②号球出停球区时，可将本方④号球或对方③号球撞开，同时②号球也远离了①号球，形成②、④号球均远离①、③号球的球势。如果①号球离停球区较远，则不必选择犯规战术，可大胆用④号球进攻③号球。

（4）前进不足1m

双方球相距在5～6m左右，轮及本方进攻时，由于本人蹴远球技术不过硬，信心不足，弄不好会使本方球出界给对方加2分，或给对方造成进攻机会。因此，可选择前进不足1m的犯规战术。

注意事项：

a. 对方下一个进攻队员如果蹴远球技术较差时，可大胆使用本战术，而如果其蹴远球技术扎实过硬时，则须慎用。

b. 双方球相距在7～8m以外时，不必使用犯规战术，而可大胆前进1m，即使用前进

1m 战术。

#### 9. 孤注一掷战术

双方球相距较远，本方又处在边线附近，前进 1m 会将本方球推至对方易攻范围，后退回避又无余地，且对方下一个队员远距离进攻能力较强时，可采用孤注一掷战术，既不回避也不前进 1m，而果断地直接攻击对方。孤注一掷战术需要坚定的信心和良好的远球技术作基础，一旦决定采用，就要用较大的力量来蹴球，即树立击中将对方击出界外、不击中则自己出界给对方加 2 分的信念，而决不停在场内给对方进攻得 4~5 分的机会。此战术一旦成功则会鼓舞本方士气，打击对方锐气，为本方争取胜利打下基础。

#### 10. 同归于尽战术

所谓同归于尽战术是指将对方球蹴出界的同时，本方球也出界的战术。具体应用在以下几种情况。

a. 本方已得 46 分以上，对方得 47 分以下，此时，本方再得 4 分即先达 50 分为胜方，为确保一击将对方球击出界外，在瞄准精确无误的情况下，可以用大力量蹴击球，将对方擅出界，即使本方球出界给对方加 2 分，对方也不足 50 分。本方即取得胜利。

b. 如图 2-14-14 所示，阴影部分为①号球的有效发球范围，②号球先将③号球击出界外，③号被放置在停球区内；②号球再将①号球击出界外。此时，如果②号球仍停在场内①号球的有效发球范围内，则 1 号队员将①号球发到②号球附近，然后由 3 号队员进攻，3 号队员可用①号球进攻②号球得 4~5 分。如采用同归于尽战术，②号球在将①号球击出界外的同时自己也出界，则在③号球发球后，再将②号球发到远离①号球的位置，仅给对方加 2 分，而自己处在对方无法攻击的好位置上。如果②号球（进攻球）不在①号球（第二出界球）的有效发球范围内，则不应使用同归于尽战术。

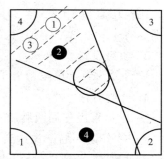

图 2-14-14　同归于尽战术示意图

### 【任务实施】

蹴球得分球练习说明见表 2-14-4。

表 2-14-4　蹴球得分球练习说明表

| 练习方法 | 任务实施 | 分值 | 得分 |
| --- | --- | --- | --- |
| 练习发球战术 | 每人 1 球，每组 4 人，在发球区向场地发球并达到不失分 | 20 | |
| 练习五分球和八分球 | 8 人一组，每组 4 个球，在场地中通过发球后做五分球和八分球练习，看哪个组能够在"50 分"制的比赛中，得到的分数多 | 20 | |
| 前进 1m 和回避球 | 8 人一组，每组 4 个球，在场地中练习前进 1m 和回避球，达到任务目标 | 20 | |
| 回旋球 | 8 人一组，每组 4 个球，在场地的端线外做回旋球的练习 | 20 | |
| 停球区 | 停球区向外蹴球或者蹴出犯规球，做相应的练习 | 20 | |

## 学习任务五　蹴球竞赛规则

### 【任务导入】

能够了解蹴球竞赛的相关规则，并能在裁判工作中熟练的运用。

【知识准备】

1. 比赛场地

（1）场地面积

10m×10m 的正方形、平坦地面。

（2）画线

线宽不得超过 5cm，边线及各线段均为场内和各区内的一部分。

（3）停球区

在场地正中心，为一个半径 20cm 的圆圈。

（4）中心圆

在场地中央，为一个半径 2~4m 的圆圈。

（5）发球区

在场地四角，每角一个，为 50cm 半径的扇面，按逆时针方向编为 1、2、3、4。

2. 比赛用球

比赛用直径 10（±0.2）cm、重量 920（±10）g 的硬塑实心球。球分两种鲜明颜色，分别标有 1、2、3、4 号，1、3 号为同一颜色，2、4 号为同一颜色。

3. 项目设置

项目分为男子单蹴、男子双蹴、女子单蹴、女子双蹴、混合双蹴等几种。

4. 计胜方法

① 比赛采用三局两胜制。

② 50 分为一局，先达到 50 分为胜。在达到 50 分之前的比赛，按球的止点判定胜负。如同时达到 50 分或 50 分以上仍平局时，比赛继续进行，以先得分者为胜。

③ 胜一场积 2 分，负一场积 1 分，弃权为 0 分。

④ 名次排列有以下几种判定方式。

ⅰ. 按比赛结束时积分多少排列名次，积分多者名次列前。

ⅱ. 如遇两队或两队以上积分相等时，则按相互间的净胜局确定名次，净胜局多者列前。

ⅲ. 如再相等，则按相互间的净胜球确定名次，净胜球多者列前。

ⅳ. 如再相等，则按整个比赛的净胜局确定名次，净胜局多者列前。

ⅴ. 如再相等，则按整个比赛的净胜球确定名次，净胜球多者列前。

ⅵ. 如仍相等，则采用抽签确定名次。

5. 发球方法

① 在主裁判主持下由各队队长抽签，确定发球顺序，先抽到者为首发队，用 1、3 号球。第二局交换，第三局决胜局采用重新抽签，确定发球顺序。

② 上场队员编为 1、2、3、4 号，队员编号与发球区号相同，开局按 1、2、3、4 号顺序发球。单蹴比赛，队员仅分 1、2 号。

③ 首轮发球前，每名队员均应将球放在自己的同号区内，不得再移动，并将球蹴出。

④ 发球必须触及中心圆线或穿过中心圆线。

⑤ 发球不得触及场内任何球。

⑥ 经发球进入场内的球为有效球，有进攻和被进攻权，并按规则得失分。

**6. 蹴球方法**

① 蹴球时以脚跟先着地，由脚掌触及地面，稳定后将球向前蹴出。

② 蹴球后击中任何一球，可以连蹴一次；一蹴直接击中两球，可以用此球连蹴两次；未触及任何一球，无连蹴权。

③ 将对方两球蹴出界，先出界球由当号队员放置停球区，另一球则由当号队员在同号区重新发球。

④ 放置停球区的球一经放置不得再变动位置，也不许触及区内任何球。

⑤ 由停球区向外蹴的球可以随时向任何方向前进，无攻击权。

⑥ 队员可以蹴本方任何一球。

⑦ 球距若超过 2m，蹴球必须向对方球前进至少 1m 方视为进攻球。

⑧ 蹴球移动距离以止点到起点为准。

⑨ 因被蹴出界而被放置停球区的球，若进攻方仍有连蹴权时，当次不得向其攻击。

⑩ 连蹴权仅指第一次蹴时。

**7. 回避球**

① 回避球是指队员申请，经裁判员同意，可以不向对方球攻击而蹴向任何方向，任何距离的球。

② 每局只允许每个队员享有 1 次回避球申请权。

**8. 球出界**

① 球体着地点脱离场地冲出边线即为出界。

② 以球的最后停止点为判定点。

③ 自己蹴出界的球，应由蹴球队员在 15s 之内用手将球放在与球同号的发球区，然后按发球的规则将球发入场内。

④ 被击出界外的球，应由与球同号队员在 15s 之内放置中心圆停球区内。

**9. 得分**

① 蹴球击中对方一球得 1 分。

② 蹴球将对方一球击出界得 4 分。

③ 如遇两种或两种以上情况同时出现，按事实，相应累计得分。

**10. 罚则**

（1）1 分处罚

如遇下列情况，将由对方得 1 分，蹴球队员不再重蹴。

① 发球未到规定位置。

② 发球直接或间接触及对方任何一球。

③ 未向对方球发动攻击或者在向 2m 以外的对方球进攻时前进不足 1m。

④ 蹴球后又连续触及球。

⑤ 不按规定的蹴球方法蹴球而未触及任何球。

⑥ 比赛中用身体或其他物体触及场内任何一球。

⑦ 直接或间接击到本方球。

⑧ 有意击本方球而未中。

⑨ 蹴球前使球滚动。

⑩ 出停球区时，触及任何一球。

⑪ 将对方球击出界后，再次攻击已放入停球区内当次免受攻击的球。如遇此类情况，在由对方得 1 分后，允许队员重新按规定比赛。被触到的标球，由裁判员回位。

⑫ 未经裁判员允许队员擅自进入场内者。

⑬ 未经裁判员允许踢球者。

⑭ 未按时完成踢球者。

⑮ 用声音或其他方式间接影响对方踢球者。

⑯ 擅自更换人。

⑰ 擅自更换比赛用球。

⑱ 对裁判员的判决不满者。

⑲ 未按规则踢球，而击到任何一球者。

⑳ 放定球后，又触及球者。

㉑ 放置停球区内的球时，触及任何球，如所放球与其他球连在一起时，应重新放置。

(2) 2 分处罚

如遇下列情况，由对方得 2 分。

① 将本方球踢出界。

② 发球出界，应重新发球。

③ 发球直接或间接触及本方球。

④ 发球直接或间接将本方球触出界。

(3) 4 分处罚及其他处罚

如遇下列情况，由对方得 4 分。

① 发球直接或间接将对方球踢出界。

② 比赛中故意用身体或借助外力破坏对方正在前进的球，而取得利益者，将按当时可能出现的最高得分，给对方加分。

如遇两种或两种以上情况同时出现时，按事实，累计给对方加分。

11. 队员装备

① 上场队员须佩戴大会统一号码布。

② 号码布按 1、2、3、4 排列。号码布长 20cm，宽 14cm。

③ 运动员必须穿着本队统一样式和颜色的运动服装。

④ 运动员必须穿平底运动鞋。

⑤ 每局交换发球顺序后，同时交换号码。

12. 暂停与换人

① 比赛过程中，因故需要暂停，由教练员向裁判员提出请求，经主裁判允许后在本方取得踢球权时方可叫暂停。

② 每局比赛每队只能暂停 1 次，暂停时间 2min。暂停时可以进行换人或技术指导等。

③ 换上场的运动员必须佩戴被换下场运动员原号。

④ 因意外情况需做处理，裁判可要求暂停。

13. 抗议

① 比赛结束后，对裁判员的判决有争议时，可以提出抗议。

② 抗议必须在比赛结束后半小时内，向仲裁委员会提出书面材料同时交纳保证金（保证金金额由主办单位确定）。

③ 仲裁委员会根据仲裁工作程度，对抗议的内容进行调查和审理。如胜诉则退回保证金。

④ 仲裁委员会的判决为终审裁决。

14. **裁判**

每场比赛设主裁判1人，裁判员1人，记录员2人。

(1) 主裁判职责

① 确定双方发球顺序和队员用球。

② 宣布比赛开始和结束。

③ 宣布得分。

④ 宣布弃权、中断比赛、比赛结果。

(2) 裁判员职责

① 检查运动员佩带号码、服装、鞋子。

② 向主裁判提出每次所得分数并核实记录员所累计的分数。

③ 判断球体是否出界。

(3) 记录员职责

① 赛前登记双方队员的姓名、号码，并核对两队教练员签字。

② 比赛中，记录队员每次击球所得分数。

③ 记录暂停、换人和回避球（暂停记T，换人记S，回避球记H）。

④ 比赛后将记录表交主裁判签字后备查。

(4) 裁判员手势

① 上场：单臂前伸五指并拢、掌面向上、面向上场队员。

② 得分：得1分，单臂上举伸1个手指；得2分，单臂上举伸2个手指；得4分，单臂上举伸4个手指。所有得分，主裁判必须口喊×队"踢球"或"他踢"得×分。

③ 允许连踢：左手握拳，右手掌击左拳两下。允许两次连踢，右手也握拳，与左拳相碰两下。

④ 踢球出界：左手握拳，右手五指并拢掌心面向左拳，小臂上下晃动。

⑤ 得分无效：两臂体前交叉摆动。

⑥ 球被击出界：左手握拳，右手五指并拢掌心面向左拳，然后将左拳伸向右小臂前面。

⑦ 违规上场：单臂左右平行晃动，五指自然张开。

⑧ 犯规或违例：单臂前伸五指分开。

## 参 考 文 献

[1] 邹继豪. 全国普通高等学校体育理论教程. 大连：大连理工大学出版社，1993.

[2] 张丽丽. 踢球运动. 北京：北京体育大学出版社，2014.